»Godfather«, »Mr. Dynamite« und »Da Number One Soul Brother«: James Brown war eine der exzentrischsten und wirkmächtigsten Figuren der Popmusik. Doch es gab auch den anderen James Brown, das Kind schwarzer Landarbeiter in den ärmlichen Verhältnissen von Augusta, Georgia. James McBride begibt sich in Interviews mit ehemaligen Bandmitgliedern, Managern und Familienangehörigen auf seine persönliche Suche nach dem Mann hinter dem Mythos James Brown – und nimmt uns mit auf eine Reise durch das ganz andere Amerika: die Südstaaten, Heimat der Unterdrückten, der Magier, Trickster und Gestaltenwandler. Vom Leben des zerrissenen Musikers weitet sich dabei der Blick auf die kulturelle Landschaft einer zutiefst gespaltenen Nation.

James McBride – Autor, Musiker, Drehbuchschreiber, Journalist – wurde weltberühmt durch seinen autobiografischen Roman »Die Farbe von Wasser«. Das Buch gilt inzwischen als Klassiker in den Vereinigten Staaten, es stand zwei Jahre lang auf der New York Times Bestsellerliste. McBrides Debüt »Das Wunder von St. Anna« wurde vom amerikanischen Kultregisseur Spike Lee verfilmt. Für »Das verrückte Tagebuch des Henry Shackleford« erhielt McBride den renommierten National Book Award.

James McBride

BLACK AND PROUD

Auf der Suche nach James Brown
und der Seele Amerikas

*Aus dem Amerikanischen
von Werner Löcher-Lawrence*

btb

Die Originalausgabe erschien 2016 unter dem Titel »Kill 'Em and Leave. Searching for James Brown and the American Soul« bei Spiegel & Grau, New York.

Sollte diese Publikation Links auf Webseiten Dritter enthalten, so übernehmen wir für deren Inhalte keine Haftung, da wir uns diese nicht zu eigen machen, sondern lediglich auf deren Stand zum Zeitpunkt der Erstveröffentlichung verweisen.

Verlagsgruppe Random House FSC® N001967

1. Auflage
Genehmigte Taschenbuchausgabe Juni 2019
Copyright © der Originalausgabe 2016 by James McBride
Copyright © der deutschsprachigen Ausgabe 2017
by btb Verlag in der Verlagsgruppe Random House GmbH,
Neumarkter Str. 28, 81673 München
Covergestaltung: semper smile, München
Covermotiv: © Getty Images/Michael Ochs Archives
Druck und Einband: GGP Media GmbH, Pößneck
CB · Herstellung: sc
Printed in Germany
ISBN 978-3-442-71840-5

www.btb-verlag.de
www.facebook.com/btbverlag

Professor Logan und seiner verstorbenen Frau Bettye gewidmet.

Wenn's dir nicht um die Wahrheit geht,
bist du nicht qualifiziert,
irgendwelche Musik zu machen.

> Prof. Wendell Logan (24. November 1940 – 15. Juni 2010),
> Gründer des Jazz Department am Oberlin Conservatory of Music

Inhalt

Vorwort: Das Gemurmel   13
Das wütende Gemurmel darüber, was in Amerikas Süden unausgesprochen bleibt, lastet schwer auf Barnwell, South Carolina. Es ist ein Land des Grinsens und des Nickens. Die Straßen sind nicht gekennzeichnet. Plastiklächeln und eine Warnung: »Sieh dich vor hier bei uns.«

Teil I. Den Takt einzählen

Kapitel 1.   Das geheimnisvolle Haus   23
Das allgegenwärtige Vermächtnis James Browns, seine Bedeutung für die amerikanische und die schwarze Kultur und die Angst, die dahinterstand. »Immer schön auf der Schule bleiben, Dot-tay!«

Kapitel 2.   Fluchen und Lärmen   34
Jeder Geschichtenerzähler kommt an die tief hängenden Früchte des afroamerikanischen Lebens, nur nicht die, die es leben. »Ich hasse fast alles, was über ihn geschrieben wird«, sagt Emma Austin, siebzig, die Brown mehr als vierzig Jahre kannte. »Das meiste kann ich mir kaum ansehen.«

Kapitel 3.   American Jive   42
*Brown hinterließ seinen Reichtum den Armen, aber
Klagen und Gerichtsverfahren um seinen wertvollen
Nachlass haben Jahre nach seinem Tod 2006 genau das
geschaffen, was er einst vorausgesagt hat. »Ein Chaos«,
sagte er zu seinem Manager. »Mr Bobbit, das wird ein
Riesenchaos, wenn ich sterbe.«*

Teil II. Los geht's!

Kapitel 4.   Nebel   57
*Ein Päckchen Kool für eine Geschichte, und dann eine
Version der Wahrheit heraussaugen. »Eigentlich bin ich
aus Versehen hier.«*

Kapitel 5.   Six Gaines   68
*Die Zerstörung der Geschichte James Browns. Die
Kinder zweier Schwestern. »Junior hat vergessen, woher
er kam«, sagt er ruhig. »Und seht euch an, was dabei
rausgekommen ist. Nichts Gutes.«*

Kapitel 6.   Das Land verlassen   81
*Der Gaines-Scott-Clan und Tausende kleine schwarze
Pachtbauern, ein verlorener Stamm, der aus Ellenton,
South Carolina, hinausgezwungen wird. »Alle müssen
dieses Land verlassen.«*

Kapitel 7.   Bro   91
*James Brown trifft seinen besten Freund, Leon Austin.
»Du musst arbeiten. Das tun wir alle.«*

Kapitel 8. Aufrecht leben 114
Velma Brown, der junge James Brown, und wie sie Teddy verlieren. »Teddy«, sagt sie ruhig, »war gerade dabei, sich zu finden. Wie junge Leute es eben tun.«

Kapitel 9. Die letzte Flamme 133
Nafloyd Scott, auf Tour mit James Brown im rassengetrennten Süden. »Lauf, Nigger, wenn du das lesen kannst. Wenn du es nicht lesen kannst, lauf erst recht.«

Kapitel 10. Der Reverend 150
Das kreative Bündnis von James Brown und Reverend Al Sharpton. »Kill sie, und weg, Rev. Kill sie, und weg.«

Kapitel 11. Der Money Man 174
David Cannon, die Steuerbehörde und ein finanzielles Chaos. »Bewahren Sie das für mich auf, Mr Cannon. Bewahren Sie es für mich auf.«

Kapitel 12. Der Boden unter seinen Füßen 189
Alfred »Pee Wee« Ellis und die kreativen Kräfte hinter Soul Brother Number One. »Für den König musst du eine Armee aufstellen.«

Kapitel 13. Mehr Geld 215
Die Kosten eines Vermächtnisses, und wie David Cannon alles verlor. »Nein, nein. Ich will erst raus und den Himmel sehen, wenn ich wieder frei bin.«

Kapitel 14.   Der Hundert-Dollar-Mann   236
*Charles Bobbit, der Mann der tausend Gesichter und
der Tod James Browns.*

Kapitel 15.   Das Schundblatt, das niemand liest   257
*Die Journalistin Sue Summer und das Geld, das nie bei
den armen Kindern ankam. »Wenn Sie mich fragen, ob
ich viel bete«, sagt sie, »ist die Antwort ja.«*

Kapitel 16.   Sis   273
*Miss Emma, Danny Ray, Michael Jackson, Jobs, Freude
und das widersprüchliche Herz James Browns. »Er wollte
immer, dass die Menschen ihn für ›sauber und ordentlich‹
halten.«*

Teil III. Und Schluss!

Kapitel 17.   Verabschiedet euch vom King   291
*Michael Jackson kommt, um sich persönlich zu
verabschieden. »Wer hat den vergoldeten Sarg gewollt?«*

Kapitel 18.   Der Traum   304
*James Browns privater Stolz und seine Freude. »Golf«,
sagt W. Forlando Brown, »ist ein ehrliches Spiel.«*

Epilog: Schwester Lee   311
Werden sie sich an ihn erinnern?

Dank   317

Vorwort

Das Gemurmel

Die Statue steht mitten in der Innenstadt von Augusta, Georgia, auf Augenhöhe, denn der alte Mann wollte nie über anderen stehen, er wollte bei den Leuten sein. Und wenn du ihm so gegenüberstehst, an einem heißen Augustnachmittag in dieser verlassenen Straße mit ihren billigen Läden und alten Theatern, sagst du dir: »Das haben sie dir auf der Journalistenschule nicht beigebracht« – durch das Gerippe eines kaputten, zerstörten Lebens zu irren, dieses einen Lebens und all der anderen, die damit verknüpft sind, durch ein Gewirr schonungsloser Anwälte, die sich an dem Gerippe gütlich tun, den Geschichten bankrotter Musiker zuzuhören, die ruhmreich um die Welt tourten, nur um am Ende mit leeren Taschen nach Hause zu kommen, und das Gerede sogenannter Musikexperten zu verstehen, die die persönliche Geschichte eines Mannes fleddern, nur damit ein paar Dollar in ihre Taschen wandern. Alle machen ihre Geschäfte in dieser Welt, wohingegen der, der die Show geliefert hat, toter ist als tot und sein Erbe überall verstreut liegt, nur nicht da, wo er es wollte.

James Brown, der Godfather of Soul, Amerikas größter Soul-Sänger, wollte, dass der Großteil seiner Hinterlassenschaft, vorsichtig geschätzt einhundert Millionen Dollar, in die Schulbildung armer Kinder in South Carolina und Georgia fließt. Zehn Jahre nach seinem Tod am 25. Dezember 2006 hat nicht ein Cent davon auch nur ein einziges armes Kind erreicht. Unsägliche Millionen wurden und werden von Anwälten und Politikern verschleudert, die von den verschiedenen Teilen seiner zerfallenen Familie aufeinandergehetzt wurden.

Es ist das traurige Ende eines so außergewöhnlichen wie tragischen Lebens, wobei man doch denken sollte, dass irgendjemand angesichts der zahllosen armen Kinder in South Carolina und Georgia die Integrität aufbringt, eine Lösung für diese Sache zu finden. Aber das ist viel verlangt dieser Tage, weil es nicht zuletzt bedeuten würde, dass wir eine Lösung finden für das Rätsel James Brown. Doch um James Brown zu verstehen, müssten wir uns selbst erst mal verstehen. Alles andere ist wie der Versuch, ein zweiköpfiges Baby mit Aspirin zu behandeln.

Es ist schon komisch. Hier in Augusta, seiner Wahlheimat, scheinen sie ihn zu mögen. Sie haben eine Arena und eine Straße nach ihm benannt und einen James-Brown-Tag gefeiert mit den üblichen Tribute-Konzerten. Die Wahrheit ist allerdings, dass trotz dieser komischen Statue eigentlich nichts von James Brown in der Stadt zu spüren ist, man bekommt keinerlei Gefühl für ihn. Er hat sich aufgelöst in eine der vielen tragischen schwarzen Geschichten, die gekauft und verkauft und wieder gekauft werden wie die Sklaven einst bei der »Haunted Pillar«, einer angeblich mit einem Fluch belegten Säule, nur zwei Straßen von seiner Statue entfernt. Browns Saga hat industrielles Potenzial, sie ist ein riesiges Kaufhaus voller billigem Zeug für Schreiberlinge aller Art, die nach dem Stoff für die obligatorischen fünf Minuten Gospel suchen, die es heute in so gut wie jeder Broadway-Show gibt. Eine miese Story, super Musik. Und alle sind Experten, mit einer Dokumentation hier, einem Buch und einem Kinofilm da, alles von Leuten produziert, die ihn »kannten« und »liebten« – als wäre das möglich. Tatsächlich ist es egal, ob sie ihn kannten oder nicht, liebten oder nicht, ob sie ihn für seinen Mut hassten oder hofften, jemand würde ihn an einen Pick-up binden und seine Leiche über die Auslinie schleifen. Denn das Kind liegt längst im Brunnen. Der Mann ist tot. Weg. Ausradiert. Ihm die Ehre zu erweisen kostet niemanden mehr was. Da geht es ihm wie John Coltrane, Charlie Parker, Louis Jordan oder sonst einem von den Dutzenden Musikern, deren Musik unsterblich ist – was die Gemeinden, aus denen sie stammen, keinen Deut weitergebracht hat. Im Grunde ist James Brown in Augusta vergessen. Die Stadt zerfällt wie die Erinnerung an ihn. Er ist Geschichte. Sicher unter der Erde.

Aber drüben in Barnwell County, direkt hinter der Staatsgrenze nach South Carolina, wo Brown geboren wurde und auch vor seinem Tod wieder lebte, dort gibt es keinerlei Unsicherheit darüber, wer James Brown ist. Da ist er kein bloßer Nebel, sondern quicklebendig.

In Barnwell, in der Allen Street, gab es einen alten Soul-Food-Laden namens Brooker's, nicht weit von Browns Geburtshaus, und jedes Mal, wenn ich in der Stadt war, um nach alten James-Brown-Geschichten zu wühlen (dem, was noch davon übrig ist), bin ich zu Brooker's, um Schwein mit Grütze und Kohl zu essen, oder was Miss Iola und ihre Schwester Miss Perry sonst noch anzubieten hatten. Ich hatte viel Spaß da, saß an meinem Tisch und sah die Leute hereinkommen, jung und alt, einige stumm wie Bettwanzen, andere gesprächig und freundlich, manche auch argwöhnisch, Leute aller Art: kleine Geschäftstreibende, Arbeiter aus dem Viertel, Bauern, ein Bestatter, Friseusen. Ich bin immer lachend dort wieder hinaus und hab mir gesagt: »Auch das bringen sie dir in der Journalistenschule nicht bei« – in der Heimatstadt von jemandem zu stehen und immer noch das Lachen und den Stolz herauszuhören. In Barnwell lieben sie James Brown und sehen das Kaputte nicht. Die widerlichen Anwälte, die an seinen Knochen herumzerren, sind den Leuten egal, genau wie Browns Kinder, die sich wegen der Millionen in den Haaren liegen, die er nicht ihnen, sondern den Armen hinterlassen hat. Die Leute haben selbst genug Übles erlebt, seit Generationen, traurige Geschichten kennen sie zur Genüge. Warum darüber reden? Lache, sei glücklich und preise den Herrn! James war ganz oben, bis zum Schluss. Da können die Weißen sagen, was sie wollen. Schreib's dir in dein kleines Notizbuch, mein Junge: Es ist uns egal. Wir wissen, wer James Brown war. Er war einer von uns und schläft heute im Himmel. Er ist in guten Händen! Und jetzt komm, iss noch ein Stück Kuchen.

Sie lachen und grinsen und sorgen dafür, dass du dich gut fühlst. Aber hinter dem Lachen, dem Kuchen, dem Hallo und dem Nachschlag, hinter den riesigen Hähnchenportionen und dem ständigen Schmunzeln vernimmt man ein stummes Gemurmel. Wenn du am Tisch die Ohren spitzt, kannst du es fast hören, etwas Wogendes, Mahlendes, ein Rumoren und Knurren, und wenn du die Augen schließt und genau hinhörst, klingt es ganz und gar nicht angenehm. Ausgesprochen wird da nichts, nichts ist sichtbar, denn die Schwarzen in South Carolina sind Experten darin, den Weißen eine Maske zu präsentieren. Seit Generationen haben sie Übung darin. Das Lächeln verstellt ihr Gesicht wie ein Heizungsgitter. Kommt ein weißer

Kunde zu Brooker's rein, geben sie sich glücklich. Sie sagen: »Ja, Sir«, und: »Genau«, und lachen und scherzen und sagen: »So ist es!«, und: »Tatsächlich?«, und es ist ein einziges Hallo und Jaja, und du stehst völlig perplex da, weil du etwas anderes hörst. Du hörst das Gemurmel und weißt nicht, kommt es vom Tisch oder vom Boden unter deinen Füßen, oder ist es das Tempo, mit dem so viel Geschichte zwischen ihnen hindurchrauscht, zwischen dem Schwarzen und dem Weißen, genau in dem Augenblick, in dem der Weiße für seinen Blattkohl zahlt und dich sein Lächeln nicht loslässt, weil du das Grollen des nach wie vor wütenden Krieges hörst – des großen Krieges, den die aus dem Norden den Bürgerkrieg nennen und die Südstaatler den Aggressionskrieg des Nordens, sowie des jüngeren Krieges, des Propagandakrieges, mit dem der Schwarze im Weißen Haus einige Leute mit allem, was er tut, in Rage versetzt. Es geht immer um die Rasse. Alle wissen es, und es gibt keinen Raum zum Atmen. Und du sitzt da vor deinem Teller und kriegst kaum Luft, während du die beiden über die tiefe Kluft hinweg lachen und schwatzen siehst. Du staunst und denkst, du sitzt auf einer Rasierklinge, und du wartest darauf, dass der eine oder der andere eine Kanone zieht und seinem Gegenüber das Gesicht wegbläst. Du denkst, du wirst wahnsinnig, während das Gemurmel in deinen Ohren immer lauter wird und zu einem unsichtbaren Dröhnen absoluter Wut und Entrüstung anschwillt, nur erkennbar an dem Blick stummen Verstehens, der zwischen dir und dem Rest der Schwarzen im Raum hin- und herwechselt wie der Dollarschein, der jetzt von der Hand des Weißen in Miss Iolas alte Kasse wandert, die sich mit einem leisen Klicken wieder schließt.

Wenn du wartest, bis der Weiße geht, und nach der Kluft fragst, der Kluft zwischen den weißen und den schwarzen Leuten in South Carolina, sagen die Schwarzen: »Oh, das ist okay, So-und-so ist mein Freund. Ich kenne ihn seit vierzig Jahren. Wir verstehen uns alle hier.« Erst nachts, wenn sie nach Hause kommen und die Lichter erloschen sind, die Kirchentüren geschlossen, der Gesang vorbei und der Fernseher aus, wenn der Wein fließt und die Zungen sich lösen, ändert sich im Schutz von Haus und Familie der Ton, und dann ist das Gemurmel kein Gemurmel mehr, sondern das Tosen eines wütenden Sturmes voller Abscheu und über vierhundert Jahre angestauter Bitterkeit.

Es gibt keinen einzigen öffentlichen Hinweis auf James Brown in Barnwell, sagen die Schwarzen. Keinen Ort, um seiner Geburt zu gedenken, kein Haus, das sie nach ihm benannt haben, keine Schule, keine Bibliothek, keine Statue, kein gar nichts. Und selbst wenn sie etwas nach ihm benennen und ihn staatlicherseits feiern würden, änderte das nichts. Bei Tageslicht lächeln sie, doch bei Nacht verfluchen sie, was an ihn erinnert, und das so heftig, dass es ganz von selbst den Schwanz einzieht und wie eine Schlange im Gebüsch verschwindet. Es gibt in dieser Stadt, aus der der größte Soul-Sänger stammt, den dieses Land je hervorgebracht hat, nicht einmal eine Tafel mit seinem Namen. Warum sollten sie auch eine aufhängen? Sie hassen ihn. An der Staatsgrenze gab es mal ein Schild, aber nach Browns letzter Verhaftung haben sie auch das entfernt. Der weiße Mann und sein Staat vergeben sich die eigenen Sünden millionenfach und schreiben Geschichte, wie sie ihnen gefällt. Ganz am Ende werden die Anzug tragenden Hexen im Gericht jeden einzelnen Cent geraubt haben, den Mr Brown verdient hat, ihr werdet es sehen. Die Armen haben keine Chance gegen sie, egal, welche Farbe sie haben, und wer immer hier dumm genug ist, dagegen aufzustehen und den Mund aufzumachen, wird dermaßen in die Mangel genommen, dass ihm der Eiter aus den Ohren spritzt.

Das Ganze holte auch mich eines heißen Nachmittags ein, als ich im Brooker's saß, mit Miss Perry Lee herumalberte und ein Riesenkerl namens Joe Louis Thomas hereinkam. Joe ist ein gut gebauter, gut aussehender braunhäutiger Mann, der früher mal in New York als Profi-Wrestler gearbeitet hat. Als er es leid war, für ein paar Dollar gesagt zu bekommen, ob er verlieren oder gewinnen soll, kam er zurück nach Hause, nach Blackville, South Carolina, heiratete und schickte zwei seiner drei Kinder aufs College, von denen eines, Joe Thomas jr., 2014 bei den Green Bay Packers einstieg. Dann nahm Joe selbst noch mal ein Studium auf, an der South Carolina State University, und kam mit einundfünfzig Jahren in die Leichtathletik- und die Footballmannschaft. Als Kind hatte er mit seinen elf Geschwistern auf den Feldern eines weißen Mannes Baumwolle gepflückt. Die längste Zeit seines Lebens hielten sie ihn für taub, und nur sein außergewöhnliches Football-Talent sorgte dafür, dass er weiter zur Schule gehen durfte: In der Highschool lief er die vierzig Yard in vier Komma dreifünf Sekunden. Mit siebzehn sah sich ein Arzt Joes Ohren einmal genauer an und holte siebzehn Jahre Müll heraus: Baumwolle, Schmier und Dreck, und plötzlich hörte Joe Thomas Dinge, die er nie zuvor gehört hatte. Und er sah Dinge, die er nie gesehen hatte.

Joe setzte sich mir gegenüber an den Tisch. Miss Perry Lee sagte: »Hey, Joe, dein Kumpel ist wieder da.«

Joe sah mich an. »Arbeitest du immer noch an dem Buch?«, wollte er wissen.

Ich sagte ja und erklärte ihm ausführlich, wie schwer es sei, die ganze, die wahre Geschichte zu erzählen. All die schrecklichen Gerichtsmanöver. Die ganze Streiterei. Und dass ich einen

Sack voller Fragen hätte, ohne Antworten zu bekommen, der Sache aber auf den Grund gehen wolle, und so weiter und so fort.

Joe hörte mir schweigend zu und hielt seine Gabel locker in der Hand. Sie hing in der Luft, während ich redete, und als ich endlich fertig war, schwebte sie immer noch über seinem Teller Leber und Kohl.

»Sieh dich vor hier bei uns«, sagte er leise.

»Ich hab nichts Unrechtmäßiges getan«, sagte ich. »Es ist nur ein Buch.«

Er sah mich ruhig und unverwandt an, deutete mit seiner Gabel auf mich und sagte: »Sieh dich vor hier bei uns, junger Mann.«

Teil I

Den Takt einzählen

Kapitel 1

Das geheimnisvolle Haus

Damals in den 1960ern, als ich ein Kind in St. Albans, Queens, war, in New York City, gab es in einer hübschen Straße nicht weit von mir zu Hause ein großes, verbotenes, schwarzgraues Gebäude. Das Haus lag auf der anderen Seite der Gleise der Long Island Rail Road, die mein Viertel in zwei Hälften teilte. Ich wohnte auf der armen Seite, mit dicht gedrängten, kleinen, erschöpft wirkenden Häusern, manche hatten einen ordentlichen Rasen und gepflegte Blumenbeete, andere waren wie unseres ein einziges Chaos. Die meisten unserer Nachbarn gehörten zur schwarzen Arbeiterklasse, Beamte der Post und im städtischen Nahverkehr, die ursprünglich aus den Südstaaten stammten und es aus der Enge und dem Trubel Brooklyns, Harlems oder der Bronx ins relative Glück von Queens geschafft hatten. Es waren stolze Leute. Wir hatten uns verbessert. Wir lebten den amerikanischen Traum.

Auf der anderen Seite der Gleise lebte man auf großem Fuß. Da standen prächtige Häuser mit üppigen Rasenflächen, und lange, glänzende Cadillacs glitten durch die hübschen, ruhigen Straßen. Es gab eine gigantische, komplett verglaste Kirche, einen schönen Park und einen brandneuen *Steak N Take*-Diner, der von der *Nation of Islam* betrieben wurde und wochenends rund um die Uhr geöffnet war. Dazu sei gesagt, dass die *Nation* in jenen Tagen allen in der Nachbarschaft eine Heidenangst einjagte und nicht mal der schlimmste, verzweifeltste Junkie auf die Idee gekommen wäre, in ein *Steak N Take* reinzumarschieren und seine Kanone zu ziehen. Kaum hätte er die Tür auf gehabt, wäre er schon tot gewesen. Viele der im *Steak N Take* arbeitenden Männer waren Ex-Sträflinge, ernste, lässige Kerle mit weißen Hemden und Fliege, die dich über die Sünde Schweinefleisch aufklärten, während sie dir so viele Cheesesteaks servierten, wie du nur wolltest. Die Geschäfte gingen gut. Und dann waren da noch die Berühmtheiten, die sich gleich in der Nähe Häuser gekauft hatten: Roy Campanella, Lena Horne, Count Basie. Ella Fitzgerald, Fats Waller, Milt Hinton. Alles Stars. Superstars.

Aber keiner von ihnen wohnte in dem mächtigen verbotenen Haus in der Murdock Avenue mit dem Spiraldach, an dem Ranken emporwucherten, einem Graben, durch den ein Bächlein floss, einem in der Weihnachtszeit illuminierten schwarzen Weihnachtsmann und einer schwarzen Markise, die wie eine wilde Haartolle über den Vorgarten herunterhing.

Denn keiner von ihnen war James Brown.

Wie oft standen wir draußen vor diesem Haus und träumten, ich und mein bester Freund Billy Smith. Manchmal standen wir in ganzen Gruppen dort herum, Kinder aus unserer und aus anderen Nachbarschaften, darunter gelegentlich ein Junge aus dem nahen Hollis namens Al Sharpton, den ich aber damals noch nicht kannte. Billy war von unserer Seite der Gleise in ein Haus nur ein Stück von James Brown die Straße hinunter gezogen, und um ihn zu besuchen, stieg ich im Sommer ganz allein über die Gleise, was eine gefährliche Geschichte war. Tagelang hingen wir vor dem verbotenen schwarzgrauen Anwesen herum und warteten darauf, dass sich der Godfather of Soul zeigte. Manchmal kamen noch andere von Billys Bekannten dazu, Beanie, Buckie, Pig, Marvin, Emmitt und Roy Benton, der Sohn des großen Sängers Brook Benton, der direkt gegenüber von James Brown wohnte. Die Kinder kamen von überallher, aus South Jamaica, aus Hollis und Far Rockaway. Es gab das Gerücht, und zwar über Jahre, dass der Godfather abends aus dem Haus schlich, um die Ecke in den Addisleigh Park ging, sich auf eine Bank setzte und mit den Kindern redete – und Geld verteilte, Zwanziger und Fünfziger, wenn du ihm dafür versprachst, die Schule nicht zu schmeißen.

Wir hingen im Park herum und warteten und warteten. Wir warteten monatelang, den ganzen Sommer, den ganzen Winter, bereit, alles zu versprechen, doch er tauchte nie auf.

Ich kannte niemanden in unserer Nachbarschaft, der den großen Mann tatsächlich einmal getroffen hatte, bis meine elfjährige Schwester Dotty eines Nachmittags außer Atem und schwitzend ins Haus gerannt kam und rief: »Oh mein Gott! Oh mein Gott! Ihr werdet es nicht glauben! *Ohhh mein Gooott!!! Helennnn!*«

Helen, Dottys nächstältere Schwester und Dots großes Vorbild zu der Zeit, kam angelaufen, und auch der Rest von uns versammelte sich. Dotty brauchte ein paar Minuten, um sich zu beruhigen. Dann platzte sie mit ihrer Geschichte heraus:

Sie und ihre beste Freundin, Shelly Cleveland, waren nach der Schule über die Gleise, um vor James Browns Haus herumzuhängen, wie alle es taten. Natürlich kam er nicht heraus. Aber an dem Nachmittag beschlossen Dotty und Shelly, etwas zu tun, was kein Kind aus unserer Gegend, kein Kind aus New York – kein Kind der Welt, wie ich mit meinen acht Jahren zu wissen glaubte – je getan hatte, nicht mal in Gedanken.

Sie gingen an die Haustür und klopften.

Eine weiße Hausangestellte machte auf und sagte: »Was wollt ihr?«

»Könnten wir mit Mr Brown sprechen?«, fragte Dotty.

»Einen Moment«, sagte die Frau und verschwand.

Kurz darauf kam James Brown selbst an die Tür, mit zwei weißen Frauen, in jedem Arm eine, beide im 60er-Jahre-Look, einschließlich hochtoupierter Frisuren.

Dotty und Shelly fielen beinahe in Ohnmacht. Der Godfather of Soul schien amüsiert. Er begrüßte sie warmherzig und fragte Dotty: »Wie heißt du?«

»Dotty...«

»Immer schön auf der Schule bleiben, Dotty. Sei keine Närrin!« Er schüttelte ihr die Hand und schüttelte Shelly die Hand. Die beiden flohen.

Wir hörten atemlos zu, als Dotty uns das erzählte. Es schien unglaublich, selbst meine Mutter war beeindruckt. »Siehst du?«, blaffte sie. »Hör auf James Brown. Bleib auf der Schule!« Aber wen interessierte schon, was sie sagte. Wichtig war, dass *James Brown es sagte!* Dottys Stern stieg steil auf. Sie war immer schon ein besessener James-Brown-Fan gewesen, und in einem Haus mit zwölf Kindern, in dem es wenig zu essen gab, und noch weniger Beachtung, und wo die neueste James-Brown-Single eine Art heiliger Gral war, gewann Dotty einen besonderen Status – als Botschafterin der Welt der Ruhmreichen, als erwähltes Stammesmitglied, Teil des Syndikats, der Mafia. Mit anderen Worten: Dotty, die Große, mit Gold-Status.

Der Glanz strahlte monatelang. Wenn es an kalten Winterabenden nichts zu essen gab und wir nirgends hinkonnten, wofür sowieso kein Geld da gewesen wäre, spielte sie uns die Szene in unserem eisigen Wohnzimmer noch einmal vor. »Er ist so klein«, erklärte sie. »Er ist ein kleiner Mann.« Sie sprang in die Höhe, wischte sich das Haar im James-Brown-Stil nach hinten, schob das Kinn vor und rief mit einem Südstaatenakzent: *»Immer schön auf der Schule bleiben, Dot-tay! Sei keine Närrin! Ha!«* Wir johlten. Besucher, Nachbarn, sogar mein ruppiger Stiefvater und die ernsten Leute aus der Kirche baten sie, es noch mal vorzuführen. Was sie tat, indem sie einen detaillierten Bericht darüber lieferte, wie *The Hardest Working Man in Showbusiness*, Mr Dynamite persönlich, an die Tür seines Hauses gekommen war und es ihr direkt ins Gesicht gesagt hatte: *»Immer schön auf der Schule bleiben, Dot-tay!«*, und die griesgrämigen alten Kirchgänger lauschten und nickten ernst. James Brown hatte recht. *Immer schön auf der Schule bleiben, Dotty, immer schön auf der Schule bleiben.*

Ich verfolgte das alles mit grimmigem Schweigen. Meine lausige Schwester war mir zuvorgekommen. Sie hatte den schwarzen Stein geküsst. Sie hatte James Brown getroffen. Mein Neid hielt sich über Jahre.

Jeder Mann, jede Frau in diesem Leben hat einen Song, und wer Glück hat, erinnert sich noch an ihn. Den Song deiner Hochzeit, deiner ersten Liebe, deiner Kindheit. Für uns Afroamerikaner verkörpert James Brown diesen Song, nicht nur unseres Lebens, sondern unserer ganzen Geschichte.

Er ist sicher einer der berühmtesten Afroamerikaner der Welt und wohl der einflussreichste in der Geschichte der Popmusik. Sein Bild hängt an den Wänden afrikanischer Häuser und Hütten, wo die Leute nicht mal wissen, womit er eigentlich sein

Brot verdient hat. Sein Einfluss reichte bis nach Westeuropa, nach Asien und in den Fernen Osten. Sein Tanz, seine Sprache, seine Musik, sein Stil, sein bahnbrechender Funk, seine gesamte Ausdrucksweise haben sich so tief in das amerikanische Bewusstsein eingegraben wie die Worte und Taten der großen Bürgerrechtsführer und Sporthelden wie Muhammad Ali, Michael Jordan, Martin Luther King und Malcolm X. Darüber hinaus ist er die wohl am meisten missverstandene und falsch dargestellte afroamerikanische Persönlichkeit der letzten dreihundert Jahre, wobei ich annehmen würde, dass er fast so wichtig und maßgebend für die amerikanische Sozialgeschichte ist wie, sagen wir, Harriet Tubman oder Frederick Douglass. Als sein Beerdigungszug 2006 langsam durch Harlem steuerte, kamen Männer mit Rasierschaum in den Gesichtern aus den Friseurläden gelaufen, Kinder schwänzten die Schule, und alte Leute weinten öffentlich auf der Straße. Die Apollo-Theater-Gänger säumten fünf Blocks weit die Straßen, zu Tausenden, von der 125th bis zur 130th Street. Das gesamte schwarze Amerika ging auf die Knie und verbeugte sich. Der *King of Pop*, Michael Jackson höchstpersönlich, flog nach Augusta zur Trauerfeier, was so etwas wie die Krönung des einen Königs durch einen anderen war. Die schwarzen Amerikaner liebten Michael, aber während er das Kind des schwarzen Amerika war, mitunter verloren, verlassen, neu adoptiert, in, out, schwarz, weiß und unentschieden, bestand keine Frage, wer James Brown war: Er war unsere Seele. Er war zweifellos schwarz, zweifellos stolz, zweifellos ein Mann. Er war echt, und er war witzig. Er war der Onkel unten aus dem Süden, der plötzlich vor deiner Tür steht, sich betrinkt, das Gebiss herausnimmt, dich vor deinen Freunden in Verlegenheit bringt und »Immer schön auf der Schule bleiben!« grunzt. Aber du liebst ihn. Und du weißt, dass er dich auch liebt.

Aber da ist noch mehr, und hier wachsen der Geschichte extra Glieder. Während seiner fünfundvierzigjährigen Karriere verkaufte James Brown mehr als zweihundert Millionen Platten, nahm dreihunderteinundzwanzig Alben auf, sechzehn davon wurden Hits. Er schrieb achthundertzweiunddreißig Songs, und bekam fünfundvierzig Goldene Schallplatten. Er revolutionierte die amerikanische Musik: Er war der Erste, der Jazz in den populären Funk mischte, und der Allererste, der mit einem Live-Album eine Nummer eins landete. Durch seinen Einfluss entstanden ganze Musikkategorien, die heute von *Billboard*, *Variety*, *Downbeat* und *Rolling Stone* gelistet werden. Er sang mit allen, vom Schöpfer des Hiphop, Afrika Bambaataa, über Pavarotti bis zum wegweisenden Jazz-Arrangeur Oliver Nelson. Seine Band war revolutionär, sie bestand aus herausragenden Instrumentalisten und Sängern, darunter die besten, die die Popmusik dieses Landes je hervorgebracht hat. Sein Auftritt vor den Rolling Stones beim T.A.M.I.-Konzert in Santa Monica 1964 war so überwältigend, dass Keith Richards später zugab, nach James Brown zu spielen sei die schlechteste Entscheidung in der Geschichte der Stones überhaupt gewesen. Trotzdem schaffte es James Brown zu seinen Lebzeiten nie auf den Titel des *Rolling Stone*. Für die Musikwelt war er ein merkwürdiges Anhängsel, eine Art Freak, ein Gesteinsbrocken auf der Straße, an dem du nicht vorbeikamst, ein Clown, aus der Sparte der Schwarzen. Er war ein Supertalent. Ein toller Tänzer. Ein echter Showman. Einer, der lachte. Ein Drogenabhängiger, ein Unruhestifter, bestehend nur aus Haaren und Zähnen. Ein Mann, der den Ärger nur so anzog. Schlicht ein Mann, der sich jeder Beschreibung entzog.

Der Grund? Brown war das Kind eines Landes im Verborgenen, des amerikanischen Südens.

In den USA ist nichts mit dem Süden vergleichbar. Kein Ort ist schwerer zu verstehen und voll zu erfassen. Kein Buch kommt wirklich nahe an den Mann heran, weil er aus einem Land stammt, das kein Buch erklären kann, einem durch seine Geschichte, durch Sklaverei, Unterdrückung und Missverstehen geprägten Land, dessen Selbstdefinition jeder einfachen Erklärung trotzt und jeden Eindruck, den man von ihm haben mag, von sich weist. Der Süden ist einfach ein Rätsel. Er gleicht einer etwas wunderlichen, treuen Hausfrau, die vierzig Jahre lang dabei zugesehen hat, wie ihr Mann sonntagnachmittags auf der Couch liegt und Football guckt, bis es plötzlich aus ihr herausplatzt: »Ich hab deinen Daddy nie gemocht«, worauf sie ein Messer zieht und die Footballsaison ihres Mannes ein für alle Mal beendet. Sich den Gründen dafür auch nur nähern zu wollen gleicht dem Versuch, die Sonne mit der bloßen Hand zu fassen zu bekommen: Warum sich die Mühe machen? Du kannst James Brown nicht verstehen, wenn du nicht begreifst, dass das Land, aus dem er stammt, ein Land der Masken ist. Die Menschen dort, Schwarze wie Weiße, tragen Masken und immer noch mehr Masken, hinter jeder Maske eine weitere. Sie sind Schwindler und Gestaltenwandler, Magier und Marktschreier, die sich vor deinen Augen in gute Jungs verwandeln können, in ehrbare Anwälte, formvollendete Salonlöwen, brillante Akademiker, große Musiker, Menschen, die Geschichte schreiben, und Alles-kommt-in-Ordnung-Maya-Angelou-Doppelgängerinnen, obwohl rein gar nichts in Ordnung kommt. Dieses Land der Illusionen bringt äußerst talentierte und beliebte Menschen hervor, Oprah Winfrey ist dafür ein leuchtendes Beispiel. Es ist bevölkert von einer Legion Geister, die mit der gleichen Zähigkeit und spannungsgeladenen Kraft darüber wachen wie jene kleine Gruppe armer weißer Soldaten, die, an

Männern und Waffen vollkommen unterlegen, im Bürgerkrieg vor anderthalb Jahrhunderten der Armee der Nordstaaten drei Jahre lang die Hölle heiß machte.

Fast hätte der Süden den Bürgerkrieg gewonnen, und vielleicht hätte er es tatsächlich tun sollen, denn die amerikanischen Südstaatler schauspielern und verstellen sich mit unübertroffener Brillanz. Sie verstellen dir den Blick mit einer Freundlichkeit und Beflissenheit, die kaum etwas von ihrer Kraft erahnen lässt. Von außen betrachtet sind sie Chamäleons, pfeifen Dixie und tun langsam, harmlos und ein wenig trottelig. Aber hinter ihrer ach so bescheidenen Fassade, hinter ihrer unterwürfigen Art, hinter Moon Pies, Zigaretten und dem Geplauder über die Mannschaften der guten alten Alabama Crimson Tide, hinter allen Anrufungen des Herrn ballen sie im Verborgenen grimmig die knotige Faust, jederzeit bereit, dir mit der Kraft eines Dieselmotors einen Schlag zu versetzen. Und wenn die Hand in deine Richtung schnellt, geh ihr aus dem Weg, oder du wirst dich wahrscheinlich den Rest deines Lebens durch einen Strohhalm ernähren.

Niemand ist sich der Macht der Südstaatler bewusster als die Schwarzen, die unter ihnen leben. Es gibt ein altes Sklavensprichwort: »Geh hierhin, geh dorthin und unternimm nichts«, und die Nachkommen jener Sklaven sind Experten darin. Sie tun, was getan werden muss, sagen, was gesagt werden muss, und dann steuern sie auch schon auf die Tür zu, um der Bösartigkeit des weißen Mannes zu entgehen, die sie eines Tages, da sind sie sicher, treffen wird wie ein Regen aus heiterem Himmel. Brown wuchs in einem zerrütteten Zuhause auf, verbrachte drei Jahre in Jugendhaft und war geschult darin, sich vor der Bösartigkeit der Weißen wegzuducken. Bereits mit achtzehn hatte er jahrelange Erfahrung damit, Dinge zu verbergen, sich zu verschließen, in sich zu verkriechen, alle und alles auszusperren, Spiegel aufzuhängen, falsche Zugänge und doppelte Böden zu schaffen und so allen, die in seine Seele blicken wollten, eine Falle zu stellen. Ähnlich hielt er es mit seinem Geld. Schon als Junge, der als Tänzer und Schuhpolierer für die farbigen Soldaten von Fort Gordon bereits genug verdiente, um sich einen eigenen Baseball und einen Schläger zu kaufen, behielt er sein Geld immer nahe bei sich. Später, als Star, bewahrte er es in einem geheimen Zimmer seines Hauses auf, vergrub es in Hotelzimmern, trug Zehntausende, ja Hunderttausende in einem Koffer mit sich herum und hatte immer ein Bündel Barschecks dabei. Immer gab es eine Hintertür, einen schnellen Fluchtweg, denn hinter den vernagelten Fenstern seines Lebens waren die Verlustängste des Godfather of Soul so überwältigend, dass sie ihn ganz verschlingen konnten und einige irre Verhaltensweisen annehmen ließen. Auf meine Frage hin, was Brown tatsächlich tief in sich in Bezug auf die Weißen fühlte, hielt Charles Bobbit, sein Manager, der ihn über einundvierzig Jahre kannte wie sonst niemand auf dieser Welt, einen Moment lang inne, sah auf seine Hände und sagte dann nur: »Angst.«

Diese Angst, das Wissen, dass ein einziger falscher Schritt im Labyrinth der weißen Wirklichkeit dich mit der Wucht einer menschlichen Kanonenkugel dahin zurückbefördern kann, wo du hergekommen bist, war und ist der Sprengsatz unterm Bett jedes großen schwarzen Künstlers, angefangen mit dem Radiostar Bert Williams in den 1920ern über Miles Davis bis zu Jay Z. Wenn du keinen kleinen Schutzraum findest, in den du vor dieser Panik und ihren giftigen Strahlen fliehen kannst, bestimmt sie dein Leben. Deshalb schienen sich die mitunter als übellaunig und unverschämt verschrienen Miles Davis und James Brown auch so zu ähneln. Die beiden bewunderten sich aus der

Distanz. Wer sie kannte, beschrieb sie ähnlich, als nach außen hin harte, tatsächlich aber empfindsame, gutherzige, loyale, stolze, bekümmerte Seelen, die mit allen möglichen Tricks und Taschenspielereien gegen den Schmerz ankämpften und sich »cool« zu geben versuchten, wobei es sie von innen her auffraß. Der Kampf gegen den Schmerz war ein Fulltime-Job, und Brown arbeitete härter daran als jeder andere schwarze Star vor und nach ihm. »Du konntest James Brown nicht wirklich kennen«, sagt sein Anwalt Buddy Dallas, »weil er es nicht wollte. In den vierundzwanzig Jahren, die ich für ihn gearbeitet habe, ist mir niemand begegnet, der so viel dafür getan hat, sich von den Menschen nicht durchschauen zu lassen.«

Ich komme immer noch an seinem alten Haus in Queens vorbei. Ich weiß nicht, wer dort heute wohnt. Es heißt, dass es vor Brown vier andere Besitzer hatte, unter anderem Cootie Williams, einen Trompeter aus Duke Ellingtons Orchester. Alle vier, so hat man mir erzählt, haben es verloren, bis Brown es kaufte, und dem gehörte es fast zehn Jahre, bevor er es 1968 mit Gewinn weiterverkaufte, drei Jahre, nachdem er meiner Schwester Dotty die Hand geschüttelt hatte.

Jahrelang war das Haus ein Mysterium für mich. Jahrelang wollte ich hinein, um zu sehen, was hinter den Mauern vorging. Heute nicht mehr. Heute weiß ich es.

Kapitel 2

Fluchen und Lärmen

James Brown erzählte gern diesen Witz: Ein Anwalt arbeitete fünfundzwanzig Jahre lang am selben Fall. Währenddessen bekam er einen Sohn, kaufte ihm Weihnachtsgeschenke, ein Fahrrad, eine Modelleisenbahn und Bücher. Später dann ein Auto. Er schickte seinen Sohn aufs College und ließ ihn Jura studieren. Sein Traum war, dass der Sohn eines Tages in seine Kanzlei eintreten würde, und der Sohn erfüllte seinem Vater den Wunsch. Direkt nach dem Studienabschluss fing er bei ihm an, und der Vater freute sich sehr. »Das ist wunderbar, mein Sohn!«, sagte er. »Jetzt muss ich nicht mehr so viel arbeiten.« Er fuhr in den Urlaub und überließ seinem Sohn den Fall, an dem er schon so lange arbeitete. Als er aus dem Urlaub zurückkehrte, sagte der Sohn: »Dad, ich habe eine Überraschung für dich. Ich habe den Fall gelöst. Er ist beendet«, und der Vater sagte: »Du Narr! Seit fünfundzwanzig Jahren leben wir von dem Fall. Jetzt sind wir pleite.«

So war es auch im Leben des größten Soul-Sängers der modernen amerikanischen Geschichte. James Brown lebte von seinem »Fall«: der moralischen Überlegenheit der afroamerikanischen Lebensart.

Während der Bürgerrechtsbewegung, seinen Glanztagen, verkörperte er das Streben und den Stolz des afroamerikanischen Kampfes. Doch seit seinem traurigen, resignierten Tod in einem Krankenhaus in Atlanta 2006 sind die Umstände seines Lebens bis zur Unkenntlichkeit verdreht worden, wie es leider einem großen Teil schwarzer Geschichte ergeht – auf dem Schneidetisch irgendeines Hollywood-Regisseurs, eingeordnet in die Rubrik »schwarze Wut« oder »schwarze Geschichte«. Hinter solchen Schlagwörtern bleibt kein Platz für die vielen Details, die einen Mann oder eine Frau wirklich ausmachen. Die schwarze, amerikanisch-christliche Kultur mit all ihrem fürsorglichen Engagement, ihrem Feingefühl, ihrer Zuversicht und ihrer Differenziertheit ist ein perfekter Nährboden für die Erzählmaschine der großen Studios. Mit alten Stereotypen und Ansichten wird da ein Gefühlsbrei angerührt, der am besten kalt serviert wird, wenn überhaupt.

Heute, zu Beginn des einundzwanzigsten Jahrhunderts wird Brown, einer der charakteristischsten Entertainer Amerikas, als großes Rätsel von der Geschichte geschluckt. Die Öffentlichkeit, insbesondere die armen Kinder aller Hautfarben und Herkünfte, denen er sein Vermögen hinterlassen hat, hat keine Vorstellung davon, wer er war. Die Geschichte seines Lebens wurde in einer Unmenge von Filmen, Büchern und Dokumentationen erzählt, die nichts als Futter für die Unterhaltungsindustrie waren und sind und eine komische Mischung aus Fiktion und Realität verbreiten, statt diese aufgewühlte Seele zu erfassen zu versuchen, die sich unter seiner Pompadour-Frisur versteckte. Aber noch einmal: Warum sich die Mühe machen? Die schwarze Geschichte ist in den USA eine leicht zu pflückende Frucht für alle, die im Dschungel des afroamerikanischen Lebens Tarzan spielen und sich vor allem nicht anstrengen wollen. Da lässt sich leicht ein paar Dollar verdienen. Ohne großen Aufwand.

Ein typisches Beispiel ist die Filmbiografie *Get On Up*, mit der sich der große Häuptling Hollywood Brown im Jahr 2014 zuwandte. In der Eröffnungsszene marschiert James Brown im Trainingsanzug und mit einer Flinte in der Hand in ein Bürogebäude in Augusta, Georgia, das ihm gehört, und platzt in ein Seminar weißer Versicherungsangestellter, die einen seiner Konferenzräume gemietet haben. Zu Tode erschrocken müssen sie eine Schimpftirade über sich ergehen lassen, die in den Worten gipfelt: »Wer von euch feinen Leutchen hat einen Haufen in meinem Klosett versenkt?« Dabei geht versehentlich seine Flinte los, und der Schuss reißt ein Loch in die Decke, was Brown mit einem »Großer Gott, das muss ich reparieren lassen« quittiert. Er betrachtet die zitternden Angestellten vor sich und entdeckt die Übeltäterin, eine auf dem Boden kauernde, vor Angst bebende weiße Frau. Brown geht zu ihr, sagt, sie soll sich wieder auf ihren Stuhl setzen, klopft ihr väterlich aufs Knie und hält ihr einen strengen Vortrag. »Sie haben getan, was richtig für Sie war.« Dann hört er Polizeisirenen und sagt: »Oh, Scheiße ... Ich sollte gehen.« Darauf gibt es eine wilde Verfolgungsjagd, die später im Film eingebaut wird und bei der er durch zwei die Straße versperrende Polizeiwagen bricht und sie komplett zerstört.

Es ist eine witzige Szene.

Das Problem ist nur, dass sie frei erfunden ist.

Gemäß der FBI-Unterlagen zu dem Vorfall im Jahr 1988 hat James Brown keinen Schuss in dem Raum abgegeben. Er kam mit einer alten Jagdflinte herein, die, wie sein Manager

Buddy Dallas sagt, nicht mal einen Schlagbolzen hatte, stellte sie in eine Ecke, bat die Anwesenden, doch bitte nicht seine private Toilette zu benutzen und wandte sich auch schon wieder zum Gehen. Jemand im Raum erinnerte ihn, doch seine alte Flinte nicht zu vergessen, und er sagte danke, nahm sie und ging hinaus. Da gab es kein »Oh, Scheiße... Ich sollte gehen«, James Brown fluchte nur selten. »Ich kannte ihn mehr als vierzig Jahre«, sagt Charles Bobbit, »und habe ihn vielleicht dreimal fluchen hören.« Auch Buddy Dallas sagt: »In den gesamten vierundzwanzig Jahren ist Mr Brown kein Fluch über die Lippen gekommen.« Und die Polizeibarrikade und die beiden zerstörten Streifenwagen? Nicht in Georgia, nein. Brown war ein Schwarzer aus dem Süden. Er war nicht dumm. Tatsächlich verhielt es sich andersherum: Die Cops zerstörten *seinen* Pick-up. Sie stellten ihn nach einer langsamen »Verfolgungsjagd« nicht weit entfernt, nachdem sie, wie dokumentiert ist, siebzehn Kugeln in seinen Wagen geschossen hatten, von denen zwei im Tank landeten, während Brown noch am Steuer saß. Er wurde panisch und beschwerte sich später, dass ihm nach seiner Festnahme, als er in Handschellen auf der Wache saß, ein Polizist in Zivil mit einem Hieb gegen den Kiefer einen Zahn ausschlug. Der Schläger wurde nie identifiziert.

Die Polizei war sauer. Was ich verstehen kann. Vor Jahren, als ich als junger Reporter für das *News Journal* in Wilmington, Delaware, arbeitete, erklärte mir ein freundlicher Polizist ein paar Dinge, was Verfolgungsjagden anging. »Wir mögen das nicht«, sagte er, »weil es uns das Leben kosten kann, irgendeinen Idioten einzufangen.« Das ist das, was sie uns im Fernsehen nicht zeigen: Wie ein Polizist mit zitternden Händen und nervlich am Ende nach Hause kommt, nachdem sie einen Betrunkenen gestellt haben, der mit hundertvierzig durch eine

Vierziger-Zone in einem Vorort voller Kinder gerast ist. Brown war in dem Jahr an einem absoluten Tiefpunkt. Sein Leben zerfiel. Seine wunderbare Band hatte sich aufgelöst, und die Steuerbehörde hatte ihm das Haus ausgeräumt, gleich zweimal. Er war seiner eigenen musikalischen Revolution davongelaufen, geriet mit fünfundfünfzig Jahren fast in so etwas wie Vergessenheit und rauchte PCP, ein Halluzinogen, nachdem er jahrelang allen Drogen aus dem Weg gegangen war. Seine Karriere befand sich im Sturzflug, und er litt unter Depressionen. Die Ehe mit seiner ebenfalls drogenabhängigen dritten Frau Adrienne war ein einziges Chaos. Sein Vater Joe Brown, dem James sehr nahestand, lag im Krankenhaus, und als Brown nach dem Verlassen des Bürohauses die Polizei hinter sich sah, versuchte er gerade verzweifelt zu ihm zu kommen. Er war in einem jämmerlichen Zustand, und sein Vater einer der wenigen Menschen auf dieser Welt, die ihn vorbehaltlos liebten, während ihm alle anderen, die ihm sonst wichtig waren, mit Ausnahme einiger enger Freunde und Familienmitglieder, den Rücken gekehrt hatten, mit oder ohne sein Zutun. Körperlich war er am Ende: Seine Knie wollten nicht mehr, die Arthritis brachte ihn halb um, und seine Zähne schmerzten nach einigen Operationen so sehr, dass er mitunter kaum essen konnte. Als er an diesem Tag in sein zum Teil an andere Firmen vermietetes Bürogebäude in Augusta gekommen war, sah er eine nicht verschlossene Tür und, so sagt es sein Sohn Terry, erinnerte sich in seinem drogenwirren Kopf, dass kürzlich jemand in sein Büro geschlichen war und ihm die Brieftasche gestohlen hatte. Im Glauben, schon wieder bestohlen worden zu sein, wurde er wütend und tat, was viele auf dem Land geborene gottesfürchtige Bürger South Carolinas getan hätten. Er nahm sein Gewehr und ging da rein – und verbrachte die nächsten drei Jahre im Gefängnis.

Aber das zeigen sie im Film nicht. Wie auch? Filme sind einfach, und Browns Leben war alles andere als das. Und so wurde einer der demütigendsten Momente in James Browns Leben zur Lachnummer in einem Film, den Millionen von Menschen rund um den Erdball sahen, einem Film voller Halbwahrheiten, der zum Beispiel unterstellt, dass seine geliebte Mutter, die ihn als Kind verließ, eine Hure und Trinkerin war, die ihn, mittlerweile ein Star, im Apollo um hundert Dollar anschnorrte. Ausgelassen wird dabei, dass er sie nach ihrer Wiederbegegnung zurück nach Georgia brachte und mit seinem Vater wiedervereinte, einem sanften, witzigen, schwer arbeitenden Mann vom Land, der seinen Sohn zutiefst liebte, im Film aber als stereotyper Hinterwäldler dargestellt wird, der Frau und Kind schlägt, eine tickende Zeitbombe schwarzer Wut. Der mit seinem Sohn James an einem Tisch in einer tristen Hütte im Wald sitzt und ein Lied aus der vom Anthropologen Alan Lomax am Mississippi aufgenommenen Sammlung von Sträflingsliedern singt. Was James Brown, sähe er den Film, jedoch am meisten schmerzen würde, ist das Bild, das von ihm selbst gezeichnet wird, einem stolzen Mann, der während seiner gesamten Karriere, wie es Südstaatler nun mal tun, immer sein bestes Gesicht zu zeigen versuchte, der nach jeder Show drei Stunden unter einer Trockenhaube saß, weil die Öffentlichkeit ihn »sauber und ordentlich« sehen sollte. Nachdem er seine Kindheit ungepflegt und oft im Schmutz verbracht hatte, hielt er sein Haus für den Rest seines Lebens blitzsauber, putzte sich selbst aufs Akribischste heraus, bestand darauf, »Mr Brown« genannt zu werden, und redete auch selbst, sogar Freunde, mit dem Nachnamen an. Trotzdem wurden den Kinogängern auf der ganzen Welt zwei Stunden Film vorgesetzt, in denen James Brown als völlig Irrer erscheint. Vierzig Prozent der Geschichte sind reine Erfindung und ohne jedes Gespür für den Facettenreichtum des schwarzen Lebens und der schwarzen Kultur, die den Mann hervorgebracht haben. Der Film stellt die schwarze Kirche, genauer gesagt, das United House of Prayer, eine der ungewöhnlichsten und populärsten Bewegungen unter den schwarzen Christen im zwanzigsten Jahrhundert und eine wichtige Quelle afroamerikanischer Musik, als ein großes Sammelsurium aus den gewohnten Stereotypen und Platitüden dar, die massige schwarze »Tante«, die dem jungen James Brown verkündet: »Du bis' was Besond'res, Junge!«, und der gute, treue Weiße als Manager. Die schwarzen Musiker, die Brown halfen, eine für Amerika bahnbrechende Kunstform zu schaffen, scheinen nichts als ignorante Hohlköpfe zu sein, und Alfred »Pee Wee« Ellis, ein musikalischer Vorreiter und Mitbegründer des amerikanischen Soul, macht sich in einer Szene, die laut Pee Wee nie stattgefunden hat, komplett zum Affen. Tate Taylor, der weiße Regisseur von *Get On Up*, hat auch *The Help* gemacht, groß gefeiert, aber doch nur eine weitere weiße Version schwarzer Geschichte. »Ich hasse fast alles, was über ihn geschrieben wird«, sagt die siebzigjährige Emma Austin, die Brown länger als vierzig Jahre kannte. »Das meiste kann ich mir kaum ansehen.«

Aber so ist Showbusiness, und an vielem in seiner öffentlichen Darstellung hat Brown seinen Anteil. Wobei es da etwas gibt, das womöglich nur einem Musiker auffällt: Koproduziert wurde der Film von Rolling-Stones-Chef Mick Jagger. Mehr als vierzig Jahren zuvor hatten Brown und seine Band aus Nobodys, unbekannte schwarze Musiker, die sich die Flames nannten, Jagger und den Stones bei einem T.A.M.I.-Konzert komplett die Show gestohlen. Vor dem Konzert war Brown von den Produzenten gesagt worden, dass die Stones, die neue Rockband der Stunde, ein paar Kids aus England, die Ehre haben würden, das Konzert zu beenden. Laut Charles Bobbit hatten die Produzenten nicht mal eine Garderobe für Brown, und er musste seine Tanzeinlagen auf dem schräg abfallenden Teppich des Zuschauerraums proben. (Der Film *Get On Up* zeigt ihn in seiner Garderobe.) Die Sache brachte Brown so auf, dass er die Bühne wie ein Besessener stürmte und sie mit seiner Band in Schutt und Asche legte. Als danach Jagger und die Stones kamen, klangen sie im Vergleich wie eine brave Schülerband, und Jagger wankte wie die Vogelscheuche aus dem *Zauberer von Oz* über die Bühne. Das steht alles online. Ihr könnt es euch ansehen.

Oder seht euch Jaggers Version in *Get On Up* an. Hört euch an, was er in der Dokumentation *Mr Dynamite: The Rise of James Brown* von 2014 sagt, die er ebenfalls mitproduziert hat. Jagger gehört heute zum Rockadel, James Brown ist tot, und die Inaudible Productions, die sich um die Lizenzen von Jaggers Rolling Stones kümmern, haben auch James Browns Musik mit auf der Liste.

Für alle, die den wirklichen James Brown kannten, ist das eine bittere Pille. »Mr Brown mochte Mick Jagger nicht mal«, schäumt Charles Bobbit. »Er hatte nichts für Mick Jagger übrig.«

Kapitel 3

American Jive

So funktioniert Musikgeschichte in Amerika: 1945 spielt ein Trompeter in einem Nightclub in Philly ein Solo. Irgendwer presst es auf eine Platte, und fünfzig Jahre später wird es Teil der Abschlussprüfung des Jazz-Departments eines Colleges. Dein Kind zahlt sechzigtausend Dollar im Jahr, um diese Prüfung machen zu können, während der Mann, der sich mit diesem Solo damals die Seele aus dem Leib gespielt hat, toter als tot ist und seine Familie noch immer an der gleichen sozialen Krankheit leidet, die ihn damals dieses tolle Solo hat blasen lassen. Kein Hahn krähte danach, als er starb, und seine Familie interessiert heute sowieso niemanden mehr. So was nennt man Kapitalismus, den Lauf der Dinge, Showbiz oder, und das ist mein Favorit: Kulturgeschichte. Ich nenne es Angst, und sie lebt seit hundert Jahren im Herzen eines jeden schwarzen amerikanischen Musikers.

Diese Angst ist kaum jemandem zu erklären, der nicht selbst Musiker ist und den Schweiß kennt, den es kostet, Musik zu machen. Die Musikpresse schreibt selten darüber, sondern macht dabei mit, so zu tun, als gäbe es in der Branche kein Rassenproblem. Warum auch nicht? Schließlich werden Musiker aller Hautfarben vom Biz herumgestoßen. Wir alle hinterlassen unser Blut auf der Tanzfläche für die großen Konzerne, für Big Brother, das Plattenlabel, die Country-&-Western-Gemeinde, wie immer man es nennen will. Der Unterschied ist der: Die meisten von uns laufen nicht durch Kaufhäuser und hören im Hintergrund Nonakkorde, die der eigenen Geschichte entwendet wurden. Die meisten von uns kennen das Gefühl nicht, Stunden über ihrer Musik zu schwitzen, und dann kommt ein Ausländer, sagen wir, ein Engländer oder Australier, der sie kopiert, seine eigene Version daraus macht und Millionen damit verdient. Klar, er nennt dich ein Genie, aber während er in Saus und Braus lebt, hast du kaum genug zum Überleben. Die meisten von uns können nicht nachvollziehen, wie schmerzhaft es ist, wenn die Blues-Größe Robert Johnson eine »Legende« genannt wird, während er doch nicht mehr ist als eine 1920er-Version von, sagen wir, Afrika Bambaataa oder Kool Herc, den Rap-Pionieren aus der South Bronx, die ziemlich in Vergessenheit geraten sind, nachdem die Plattenindustrie aus ihrer Musik – die ursprünglich den armen Jugendlichen und Arbeiterfrauen der South Bronx Kraft geben sollte – Gesänge gemacht hat, die die Kids dazu ermutigen, ihre Nachbarn zu verprügeln, Frauen Gewalt anzutun, so viel zu trinken wie möglich und sich wegen ein paar Tennisschuhen die Schädel einzuschlagen. Die meisten von uns kennen das stille Leiden der klassisch ausgebildeten schwarzen Sänger und Musiker nicht, die zusehen müssen, wie die großen Dampfer der Opernensembles und Orchester ohne sie den Hafen verlassen. Sie wissen, dass es an Bord genauso wenig schwarze Gesichter wie vor fünfzig Jahren gibt, und hören die gleichen ein halbes Jahrhundert alten

Entschuldigungen dazu, warum kein Platz für sie ist in diesen Brutstätten der Vetternwirtschaft und Klüngelei.

Es ist verzwickt. Machst du den Mund zu dem Thema auf, bist du ein Rassist und Miesmacher. Sagst du nichts, bist du der Dumme, denn wenn die Münze auf die andere Seite fällt, und das tut sie dieser Tage gern, stellst du fest, dass Schwarze oder Vertreter anderer Minderheiten, wenn sie im Showbiz oder der Kunstszene ganz nach oben kommen, genauso übel sind wie ihre weißen Gegenstücke, manchmal sogar noch viel übler.

Tatsache ist, dass Brown, eines der größten »kulturellen« Geschöpfe Amerikas, ein schrecklicher Geschäftsmann war. Und mitunter auch ein schrecklicher Mensch, was mit daran lag, dass er große Angst hatte vor der Welt, aus der seine Musik hervorging. In dieser Welt definierte der weiße Mann, wofür immer dieser Ausdruck heute stehen mag, die Wirklichkeit. Aus Browns Sicht ging in dieser Welt weder die Sonne auf, noch nahm der Mond zu oder sprang eine rote Ampel auf Grün, wenn es die Weißen nicht sagten. Alles was zählte, war das Geschichtsverständnis des weißen Mannes, sein Lachen, sein Geld und seine Plattenindustrie. Wer das nicht begreift, kann James Brown und seine Welt nicht begreifen, die Welt, die ihn und seine Geschichte eines Tages vergessen sollte, um nur noch hinter seinem Geld her zu sein.

Aber Geschichten haben ihr eigenes Leben. Sie gleichen ausbrechenden Vulkanen, die Lava und Asche spucken und mit ihrer ungeheuren Hitze auch in weiter Ferne Feuer entfachen können. In Browns Geschichte erzeugt sein Schwarzsein die Hitze. Browns sagenhafter Aufstieg hat Rechtsstreite um seinen umfangreichen Nachlass aus dem Boden schießen lassen, die sich Jahre nach seinem Tod 2006 zu einer giftigen Wolke zusammengezogen haben, genau wie er es vorausgesagt hat. »Ein

Chaos«, erklärte er seinem Manager. »Mr Bobbit, das wird ein Riesenchaos, wenn ich sterbe.«

Und so ist es gekommen, mit siebenundvierzig Klagen, mehr als viertausend Seiten Prozessakten, geschätzten neunzig Anwälten, von denen die meisten James Brown nicht kannten, und einem zehn Jahre dauernden Kampf vor Gericht.

Was allgemein bekannt ist: Brown wurde in einem Haus in Barnwell, South Carolina, geboren, etwa im Mai 1933. Er war ein Einzelkind, und seine Mutter verließ seinen Vater, als Brown vier, fünf oder sechs Jahre alt war, es hängt davon ab, wen man fragt. Ob sie verjagt wurde oder selbst die Koffer packte, bleibt eine offene Frage, da sie tot ist und sich sonst niemand zu erinnern scheint – wobei Browns enge Freunde darauf bestehen, dass sich die Eltern böse gestritten haben und sie davongejagt wurde. Der junge James sammelte Kohlen, pflückte Baumwolle und jagte zusammen mit seinem Vater Joe Brown, einem ehemaligen Farmpächter, Eichhörnchen. Er zog seinen Sohn mit Hilfe seiner erweiterten Familie in der Gegend von Ellenton, South Carolina, groß, mit Cousinen, die eher wie Schwestern für ihn waren. Später brachte er James, den er »Junior« nannte, ins nahe Augusta, Georgia, zu einer dieser Cousinen, James nannte sie »Tante Honey«. Da war er noch in der Grundschule. Tante Honeys Haus in Augusta war voller Verwandter und Untermieter und diente gelegentlich auch als Bordell. »Ich war neun, als ich die erste in einem Laden gekaufte Unterhose bekam«, erinnerte sich Brown später. »Alle meine Kleider waren aus Säcken und sonstwelchen Stoffen zusammengenäht.«

Bis zur siebten, achten Klasse ging er in rassengetrennte Schulen in Augusta, wurde mit fünfzehn dabei erwischt, wie er Autoteile klaute, und zu acht bis sechzehn Jahren verurteilt, von denen er drei Jahre und einen Tag in einem Jugendgefängnis in

Toccoa im Nordosten Georgias absaß. Mit neunzehn kam er frei, mit zehnjähriger Bewährung und unter der Auflage, nicht nach Augusta zurückzukehren. Also blieb er in Toccoa und fing an, mit einer örtlichen Gospel-Gruppe in Kirchen zu singen. Irgendwann nannten sie sich die Famous Flames. Ihre erste Platte, *Please, Please, Please*, wurde als Demo in einem Hörfunkstudio aufgenommen, dann von den King Records in Cincinnati noch mal neu und landesweit unter dem Band-Namen »James Brown and the Famous Flames« herausgebracht. Damit begann 1955 Browns Karriere. Nach neun kompletten Flops und zwei Jahren im Chitlin' Circuit, einer Reihe von Musiktheatern und Esslokalen, in denen sich das schwarze Entertainment, Schwarze für Schwarze, in den 40ern und 50ern abspielte, stieg er mit dem Hit *Try Me* letztlich als Solokünstler zum Star auf. Das war im Oktober 1958. Anfang der 60er war er dann schon ein wahrhafter Soul-Master.

Brown war von Beginn an ein etwas anderer Star, ein Bursche mit eingedrücktem Gesicht, heiserer Stimme und einer Musik, von der einige weiße Kritiker behaupteten, es sei jedes Mal wieder der gleiche Song. Der verstorbene Albert Goldman, ein begabter Kritiker jener Zeit, der für die *New York Times* schrieb, nannte ihn »den größten Demagogen in der Geschichte des Neger-Entertainments ... der die ältesten Neger-Tänze hervorholt, die einfachsten Gospelrufe, die muffigsten, miesesten Rhythmen der schwarzen Geschichte ... der das Schuhputzer-Genie spielt, den bettelarmen Jungen, der vom Schuhputzer zum Millionär wird«.

So einfach ist es allerdings nicht. Nichts ist einfach, wenn du arm bist. Armut kann beispielsweise sehr laut sein, sie ist ständiger sozialer Austausch voller Flucherei, Trinkerei, Faustschläge, falschem Sex, Kummer, Peinlichkeit und psychischer Wunden, die zu allen möglichen inneren Leiden und dauernd in Sackgassen führen. Bei Brown waren diese Sackgassen ein gefundenes Fressen für die Unterhaltungspresse, besonders als seine Karriere in seinen mittleren Jahren durchhing und seine Ehen in einem öffentlichen Debakel endeten.

Unter all dem Durcheinander lag jedoch Entschlossenheit verborgen. Brown trieb sich selbst bis an die Spitze eines brutalen Geschäfts, das viele bahnbrechende Künstler mit exzellenten, wenn nicht sogar größeren Fähigkeiten auffraß, genannt sei hier vor allem Louis Jordan, der Star aus den 1940ern, dem Brown nacheiferte. Nach den 50ern verschwand Jordan in der Versenkung. Brown, der musikalisch weniger talentiert war, aber wohl kreativer, zog nach 1955, nachdem *Please, Please, Please* aus den Charts verschwunden war, praktisch allein durch den Chitlin' Circuit, mietete Bands und arbeitete als One-Man-Show, selbst dann noch, als sein Plattenlabel ihn als One-Hit-Wonder so gut wie aufgegeben hatte. Das waren finstere Jahre, etwa von 1956 bis 1960, während derer er sich die glitschige Stange des Erfolgs wieder hochkämpfte, zurück ins Radio, zurück zu den schwarzen Fans und am Ende auch zu den weißen Hörern, wo es das richtige Geld gab. Als im Süden aufgewachsener Schwarzer wusste er genau, was die Weißen von ihm erwarteten und dass er ihnen im Grunde egal war – dass ihnen die schwarze Geschichte und letztlich auch die schwarze Musik so egal waren, dass sie seinen Worten keinerlei Aufmerksamkeit schenkten. Solange du tanzen, singen und sie unterhalten konntest, krähte kein Hahn danach, was du tatst oder nicht tatst. Verkauf dich und streich das Geld ein. Sie dachten sowieso über dich, was sie denken wollten, da konntest du ihnen erzählen, was du wolltest.

Und das tat er. Die ersten Sätze seiner Autobiografie *The God-*

father of Soul, die er zusammen mit dem sehr fähigen weißen Biografen Bruce Tucker schrieb, sind ein gutes Beispiel dafür. Da sagt Brown zu seiner Familiengeschichte: »Wenn ich meine Abstammung betrachte, kann ich mir kaum erklären, woher das Afrikanische kommt.« Seinen Vater beschreibt er als halb indianisch und zum Teil weiß und seine Mutter als »afroasiatisch, aber mehr asiatisch«. Brown, der lupenreine schwarze Amerikaner. *Der* Schwarze schlechthin. Bobbit, der dabei war, als Brown seine Autobiografie schrieb, sagte: »Ich musste lachen, weil Brown das Buch gar nicht wollte, er erzählte dem Burschen einfach, was ihm gerade einfiel.« Brown, der Mann, der mit ein paar auf eine Serviette gekritzelten Worten: »*Say it loud, I'm black and I'm proud*« (die Musik kam von seinem musikalische Leiter Pee Wee Ellis) mit einem Schlag das Selbstbild der gesamten schwarzen Nation verändert hatte. Himmel, ich war damals zehn Jahre alt, hatte einen schwarzen Vater und eine weiße Mutter und konnte mir genau erklären, woher das Afrikanische kam: Es kam von James Brown! *Say it loud, I'm black and I'm proud!* Ich liebte diesen Song. Als Kind träumte ich davon, in Browns Band zu spielen. Wen störte es schon, dass meine Mutter weiß war! Browns Saxofonist, Maceo Parker, war der lässigste, war *der* Saxofonist überhaupt. Wenn James Brown schrie: »*Maceo! C'mon blow!*«, und Maceo dann einstieg und reinen D-Soul groovte. Die Leute in der Band waren Götter der Coolness und des Funks und James Brown ihr Boss. Daran hat sich für mein Empfinden über Jahre nichts geändert.

Und damit war ich nicht allein. Vor ein paar Jahren war ich mit dem mittlerweile verstorbenen Saxofonisten Grover Washington jr., in einem Aufnahmestudio. Grover war der wenig bekannte Wegbereiter des Smooth Jazz, ein unterschätzter Stilist und äußerst vielseitiger Spieler – sein letztes Album war voller

Arien – und in Sachen R&B-Groove ein absoluter Meister. Ich fragte ihn: »Hast du je mit James Brown gespielt?«, und Grover lachte und sagte: »Machst du Witze? Dafür war ich nicht funky genug.« Und Grover, glaubt es mir, war irrsinnig funky.

Es war jedoch nicht die »Funkiness«, die Brown so wichtig machte, ein Wort, das ohnehin abgenutzt ist, missverstanden und verdreht wird. Wichtig machte ihn sein *Sound*, sein *Einfluss*. Anerkannt von den Größen der afroamerikanischen Musik, von Miles Davis und dem avantgardistischen Art Ensemble of Chicago bis zum sagenhaft talentierten Bassisten Christian McBride, ist es Browns musikalischer Sound, der ihn besonders macht, genau wie sein langes Überleben in der harten Musikwelt. Man darf wohl sagen, dass Brown alle größeren schwarzen Stars der 50er, 60er und 70er überlebte und in den Schatten stellte, obwohl diese Zeit doch einige der größten Persönlichkeiten hervorbrachte, die man in der amerikanischen Musik je gesehen hat und wohl auch je sehen wird, denken wir nur an Little Richard, Ruth Brown, Hank Ballard and The Midnighters, Screamin' Jay Hawkins, Little Willie John, Ray Charles, Jackie Wilson, Otis Redding, Aretha Franklin, Wilson Pickett, Joe Tex, Isaac Hayes, Earth, Wind & Fire, Sly and the Family Stone und natürlich die Motown-Stars der 70er, um nur ein paar zu nennen. Die einzigen beiden Stars aus dem brillanten Kader der Motown-Künstler, die Brown kreativ gleichkamen oder sogar noch besser waren als er, dürften Michael Jackson und Stevie Wonder sein, und beide mussten dafür die Grenzen des Soul hinter sich lassen, das Genre neu definieren oder sich eine eigene Marke schaffen. Jackson definierte die Popmusik neu. Wonder, ein unterschätztes musikalisches Genie mit einer perfekten Stimme und absolutem Gehör, ist ein ganzes Genre für sich allein.

Natürlich gibt es noch andere große amerikanische Popmusik-Wunder aus jenen Jahren, die aus der Geschichte herausragen, ich denke da gleich an Donald Fagen und Walter Becker von Steely Dan, an Prince und einige andere. Dennoch besteht kaum ein Zweifel daran, dass Brown einzigartig unter ihnen ist, teilweise, weil der Mann, der Mr Dynamite, Hardest Working Man in Showbusiness, Soul Brother Number One und Godfather of Soul genannt wurde, weil dieser Mann ein Element in seine Musik einwebte, das auch heute noch, im Internetzeitalter, Gewicht hat, wo wir sonst von schlappem musikalischen Jive überflutet werden, von »Produkten«, und jedes Highschool-Kid mit einer Trompete eine selbst aufgenommene CD mit sich herumträgt oder Online-Links zur eigenen Musik.

Gemeint ist Inhalt. Einfacher, altmodischer Inhalt.

Sein einzigartiges Brüllen, Ächzen und Kreischen beeindruckte die weißen Kritiker zunächst kaum, die ihn bloß als Schreihals am unteren Ende der Radioskala betrachteten, wo die meisten schwarzen Sender zu finden waren. Für die schwarzen Zuhörer jedoch lag genau da die Verlockung, sie verstanden Browns innere Kämpfe und liebten ihn wie ein Familienmitglied. Zweimal während der Unruhen nach der Ermordung Martin Luther Kings 1968 half er Aufstände beilegen, erst in Boston, dann in Washington, D.C., beide Male auf Bitte des Bürgermeisters. Was er seinen Anhängern bei jenen sagenumwobenen Ereignissen zu sagen hatte, war eine kondensierte Fassung dessen, was er seinen hauptsächlich schwarzen Zuhörern schon seit Jahren predigte: *Ich bin wie ihr. Ich setze mich durch, und ihr könnt es auch. Macht etwas aus euch. Seid jemand.* In den 60ern gab es für seine Konzerte 99-Cent-Tickets für Kids bis zehn Jahre. 1971 kam Brown, so erinnert sich Howard Burchette, ein in New York City aufgewachsener Radio-DJ, beim Weihnachtskonzert im Apollo als Weihnachtsmann auf die Bühne. »Er hatte für die Kids im Publikum immer Fahrräder und andere Präsente«, erinnert sich Burchette. »Er redete von Schulbildung und wie man was aus sich machen konnte. Ich bin froh, das selbst miterlebt zu haben.« Es ist kaum vorstellbar, die heutigen afroamerikanischen Stars so auf der Bühne zu sehen, so nahe an dem Umfeld, aus dem sie stammen.

In Browns Wahlheimat Augusta und im benachbarten South Carolina erinnern sich die Schwarzen an einen in seinen späteren Jahren unglaublich großzügigen Brown: Noch bis kurz vor seinem Tod verteilte er Truthähne und Weihnachtsgeschenke, verschenkte sogar seinen Mantel und zitterte selbst in der Kälte. Er vergab Stipendien, versorgte örtliche Football-Mannschaften mit Trikots, kaufte Dutzende neue Computer für Gemeindezentren, überredete Schulabbrecher, zurück in die Schule zu gehen, half schwarzen Kleinunternehmern, kaufte den anderen Kirchgängern Autos und kümmerte sich um alte Freunde und Bekannte. So nahm er Clint Brantley, den Manager, der ihn in seinen frühen Jahren entdeckt hatte, sogar zeitweise bei sich auf und bezahlte später Brantleys Pflegeheim, wie dessen Sohn Terry sagt. Meine verstorbene Schwester Jack arbeitete in den 60ern in einer Reinigung, direkt um die Ecke vom Apollo. Sie sagte, wenn James Brown auf dem Programm stand, kam er mitunter heraus, verteilte Kaffee, unterhielt sich mit den in der Kälte auf seinen Auftritt wartenden Fans und gab Autogramme. Al Sharpton, der fast zwei Jahrzehnte mit ihm verbrachte, sagt: »Ich erinnere mich an Zeiten, in denen die Kids bei seinen Auftritten im Süden zum Flughafen fuhren, nur um seinen Jet zu sehen. Mitten in der Nacht habe ich sie hinter dem Tor stehen sehen, kurz bevor wir abflogen, und sie weinten und sahen zu dem schwarzen Mann mit seinem Jet hinüber. So inspirierend war er. Du darfst nicht vergessen, das war zu einer Zeit, als wir erst drei, vier Jahre das Wahlrecht hatten, und dieser Mann flog mit einem Privatjet in kleine Städte in Alabama und Georgia, und ihm gehörten ganze Radiosender.« Die schwarzen Fans liebten ihren James Brown.

Und er erwiderte ihre Liebe, selbst in seinen schlimmsten Jahren Mitte der 80er, als er pleite war, seine großartige Band verloren hatte und sein Privatleben in Trümmern lag. Seine drei Radiosender waren verkauft oder verloren Geld, sein Jet war weg, er hatte keinen Plattenvertrag mehr und nicht genug Bargeld, um seine Band oder auch nur die Stromrechnung zu Hause zu bezahlen. Trotzdem weigerte sich Brown, für Turnschuhe oder Bier Reklame zu machen. »Kinder sollen lernen«, erklärte er Buddy Dallas. »Die brauchen keine Turnschuhe oder Bier.«

Insgeheim war Brown wie so viele ältere Schwarze tief enttäuscht von der Entwicklung, die ein Teil des schwarzen Amerika nach der Bürgerrechtszeit genommen hatte. Sein Buchhalter David Cannon erzählt die Geschichte, wie Brown in den 90ern auf einem Parkplatz in Augusta von zwei Jungs angegangen wurde, beide im Hiphop-Style gekleidet, mit tiefhängenden Hosen und nach hinten gedrehten Baseballkappen. »Mr Brown, wir brauchen Hilfe«, sagte einer von ihnen. »Es ist so verdammt schwer, wir kriegen einfach keinen Job.«

»Wenn ihr euch die Hosen hochzieht, wie sie sein sollten, und die Kappen dahin dreht, wohin ihr geht«, sagte Brown, »habt ihr's deutlich leichter.«

Ironischerweise kam genau der Mann, der alle Drogen mied und immer den geraden Weg nach vorn predigte, gegen Ende seines Lebens so heftig von diesem Weg ab, dass er zur Comedynummer wurde. Der Film *Get On Up* zeigt ihn, der einmal die

Inkarnation des schwarzamerikanischen Stolzes war, als wildes, verrücktes, zerrissenes Fiasko, was auch fast zutrifft, schätze ich – nur dass man das auch von einem hungrigen Dreijährigen sagen könnte. Es ist die perfekte Verdrehung der Geschichte, die da in die Welt geschickt wird, während sie seinen Nachlass immer noch zurückhalten und sich die Anwälte daran sattfressen, obwohl er doch den Armen zukommen sollte und nicht ihnen. Die ganze Geschichte ist eine beunruhigende Metapher für das, was aus dem Rassendiskurs in Amerika geworden ist. Es ist ein beunruhigendes Land, dieses neue Amerika, ein verstörendes Land, in dem das Neger-Wort *verboten* ist, die Armut aber niemanden stört, ein Land mit Lügnern auf beiden Seiten, die alles sagen und die Geschichte verdrehen, wo sie nur können, um ein Stück vom Kuchen abzubekommen, ein Land privater, profitorientierter Hochsicherheitsgefängnisse voller junger Männer, die verzweifelt Hilfe brauchen, bewacht von anderen jungen Männern, die einmal auf jenen Farmen gearbeitet, Korn angebaut und Vieh gezüchtet haben, wo heute diese Gefängnisse stehen. Ein Land mit Bier und Schnaps, Waffen und Gewalt, netten Autos, schicken Turnschuhen und Super-Bowl-Spots. Dummes Zeug: Jive. Für uns. Von uns. An uns verkauft. Von uns selbst.

Der neue Kulturexport: American Jive.

Und die Anwälte streiten um Browns Nachlass, während er, der uns einmal so stolz gemacht hat, im Vorgarten seiner Tochter Deanna begraben liegt. Dort ist er gelandet, und seine Kinder sinnen darüber nach, ob sie sein Haus nicht eines Tages zu einem Museum machen sollten.

Wenn dieses Museum eröffnet wird, sollte es denn je dazu kommen, wird sich die Kulturgeschichte so sehr verändert haben, dass das Gelände kaum mehr erkennbar ist. In der James-

Brown-Story geht es nicht um James Brown, sondern darum, wer das Geld kriegt, wer woran beteiligt ist und wer noch mehr aus dem Nachlass und der schwarzen Geschichte herauspressen kann. Es liegt alles in den Händen der Testamentsvollstrecker, der Anwälte, der Kinder, Ex-Frauen und Ex-Freunde Browns. Der Topf wird herumgereicht, und es wirft ein helles Licht auf den traurigen Zustand des amerikanischen Pop-Marktes dieser Tage, in dem Stars, deren Namen in Nullkommanichts wieder vergessen sein werden, in Castingshows entscheiden, wer in Amerika Talent hat, und Songs wie *Bitch Better Have My Money* die Charts erobern. Aber vielleicht wollten wir diese Art Song ja schon immer. Vielleicht ist es der Song, den wir alle verdienen. Aber es ist nicht der Song, der Brown vorschwebte.

Teil II

Los geht's!

Kapitel 4

Nebel

Die Suche nach dem Schlüssel beginnt hier an den Rändern, auf einem Feld kurz vor Mitternacht, bei der Seven Pines Road, tief im Hinterland von Barnwell County in South Carolina. Es ist stockfinster, ein paar zerdrückte Bierdosen liegen auf dem Schotter, und ich sehe etwas, das wie eine Art Fass aussieht. Ein Eimer. Dicker Nebel hat sich um die Trauerweiden gelegt, irgendwo bellt ein Hund. Überall hier erobert sich der Wald das Land zurück, Unkraut wuchert kopfhoch, Ranken hängen von den Ästen. South Carolina ist voll mit Trauerweiden, es ist ein schönes, trauriges Land – und für die Schwarzen von hier bis in die Ebenen des Gullah-Landes wie Hilton Head Island, wo clevere Entwickler ahnungslosen armen Schwarzen Tausende Morgen Küstenland mehr oder weniger für ein paar Pennys abkauften und später für Millionenbeträge wieder verkauften, ist es auch ein Land der tausend Geister.

Ein alter Jeep mit nur einem Scheinwerfer taucht auf dem schwarzen Feld vor mir auf. Er wühlt sich durch das hohe Gras, der Scheinwerfer ruckt und springt und blinzelt durchs Gestrüpp, während er näher kommt. Endlich hält er vor mir, und die Tür fliegt auf. Ein muskulöser brauner Arm erscheint, und ein brauner Kopf reckt sich durchs Fenster, aus dem Wageninneren angeleuchtet.

»Edgar?«

»Yeah.«

»Was gibt's?«

»Nichts, Mann.« Edgar steht neben mir. Edgar Brown ist ein entfernter Cousin des toten James Brown. Er ist ein großer, gut aussehender braunhäutiger Elektriker in seinen Fünfzigern mit einem Kinnbart. Er hat breite Schultern und ist cool. Mein Ziel ist es, hier die wahren Wurzeln des toten James Brown zu finden.

Viele haben es versucht, meines Wissens keiner mit Erfolg. Der Grund: James Brown wollte es nicht. Denn auch wenn du etwas über ihn herausgefunden hättest, verstanden hättest du es damit noch nicht. Das Haus, in dem er geboren wurde, ist so eine Sache. Das lässt sich leicht aufspüren. Es war eine Hütte ein Stück weiter den Weg hinauf von der Stelle, wo ich gerade stehe. Immer wieder hat er Freunden die Überreste der alten Bude vorgeführt. Ich habe gesehen, wo sie einmal stand, im Garten eines Mannes mit einem großen Hund. Das hat mir gereicht. Die verschwundene Hütte ist Teil des Brown-Mysteriums: Lass die Leute raten. Wie er es Reverend Al Sharpton, den er in dessen Teenagerzeit in den 1970ern inoffiziell adoptierte, erklärte: »Lass die Leute nicht zu nahe an dich heran, Reverend. Bleib nicht zu lange an einem Ort. Komme wichtig und gehe wichtig.« Auch gegenüber seinem Publikum hatte Brown diese Einstellung. Seine Band kam auf die Bühne und blies alles weg, haute alle um, während Brown backstage wartete, zwischendurch eine Kool rauchte, das Publikum beobachtete und überlegte, wann die Zeit reif war für seinen Auftritt.

Erst, wenn das Publikum heiß war und nach ihm brüllte, wenn die Fans vor Erwartung platzten, kam er mit seinen nach innen gestellten Füßen auf die Bühne und beförderte sie mit einem Schrei ins Delirium. Und wenn er sie noch weiter aufgeheizt, aus sich herausgeholt und auf den Mond geschossen, wenn er sie ausgeknockt hatte mit seiner gefühlvollen, aber explosiven Lässigkeit, verließ er die Bühne wieder. Wichtige Leute, Berühmtheiten, andere Stars, die ihm gratulieren wollten, warteten manchmal zwei, drei Stunden hinten im Garderobenbereich, während er unter seiner Trockenhaube hockte, um seine Pompadour-Frisur wieder in Ordnung zu bringen und sich anschließend, ohne jemanden zu empfangen, davonzuschleichen. »Warum gehen Sie?«, fragte Sharpton. »Da sind jede Menge wichtige Leute! Die wollen Sie sehen!«

»Kill sie, und weg, Rev. Kill sie, und weg.«

So hielt er es fast fünfzig Jahre lang. James Brown machte sich rar. James Brown war nicht leicht zu finden, nicht leicht zu fassen und in Gespräche zu verwickeln. James Brown hielt Abstand.

Seine Vergangenheit konnte er jedoch nicht einfach so killen, er konnte ihr nicht entfliehen.

Aber er wollte sie verbergen, und hier auf dieser Brache stehend verstehe ich, warum. Die Gegend ist ohne Glanz. Sie ist nicht trostlos, doch wenn du nicht von hier bist, fragst du dich, was du hier machst. Sie ist nicht hässlich, aber auch nicht schön. Sie ist einfach ... funky.

Brown äußerte sich immer nebulös, was seine Vergangenheit anging. Wenn er von Reportern danach gefragt wurde, tänzelte und duckte er sich wie ein Boxer. Einem Biografen erzählte er dieses, einem Reporter jenes. Was machte es schon? Die Leute dachten sowieso, was sie wollten. Er sagte, er komme aus der

»Gegend von Augusta/Barnwell/Williston«, wo er in einem »Haus mit achtzehn Leuten« gelebt habe, und ohne Geld. Mit den Jahren wuchs die Geschichte. Seine Mutter war »davongelaufen«, und sein Vater hatte ihn Tante Honey überlassen, als er sieben oder acht war. Es gibt viele unterschiedliche Versionen dieser Geschichte, eine weiße, eine schwarze, eine historische und eine Version seiner Plattenfirma. Und sogar eine offizielle in seiner Autobiografie.

Über die sagt Charles Bobbit: »Eine Menge darin stammt von seinem Mitautor. Mr Brown hat so nicht geredet. Da gab es vieles in seiner Familie, in seinem Familienleben, das nicht rauskommen sollte. Ich bin wahrscheinlich der Einzige, der weiß, was wahr ist und was nicht.«

Was ist also wahr?

Das herauszufinden wurde zu einer Frage der Perspektive, von immer mehr Perspektiven. Monatelang drehte ich mich im Kreis und fand immer neue Blickwinkel. Aber einer davon ließ sich überprüfen, und das war Edgar, ein entfernter Cousin von Brown. Ich traf Edgar durch jemanden, der jemanden kannte, der jemanden kannte. Es war pures Glück, oder auch Pech, je nachdem, immerhin stehe ich mitten in der Nacht am Rand eines dunklen Feldes, fühle mich leicht verschreckt und sehe wahrscheinlich aus wie ein Hippie mit einer Friedensfahne bei einem Waffenkongress. Dieser andere Kerl im Jeep starrt mich durchdringend an.

Der Jeep brummt. Edgar und ich blinzeln den Fahrer gegen das Licht des einzelnen Scheinwerfers an, und Edgar sagt zu mir: »Das ist der Mann, von dem ich Ihnen erzählt habe.«

Als ich mich dem Jeep nähere, mustert mich der Fahrer, CR Gaines, ein stämmiger braunhäutiger Mann, argwöhnisch. »Haben Sie die Zigaretten dabei?«

»Yeah.«

Ich gebe ihm ein Päckchen Kool, die langen. Die wollte er. Angesichts der Tatsache, was die Leute sonst so verlangen, wenn ich sie über den Godfather befragen will, ist ein Päckchen Kool relativ billig. Das ist mit das Erste, was du lernst, wenn du über James Brown schreibst. Alle haben eine Hand in ihrer und eine in deiner Tasche. Und ganz nebenbei schreiben alle Bücher. Und da du nicht ihre schreibst, wollen sie Geld, Gefallen, Essen, Buchverträge, Filmdeals und du sollst ihre Manuskripte lesen, oder sie verlangen eben ganz einfach Bares für das kleine bisschen Geschichte, das sie zu kennen behaupten. Jeder miese kleine Gauner, der mal Browns Hand berührt, mit ihm Gitarre gespielt, ihm Hähnchen mit schwarzen Bohnen serviert, Reklame für eines seiner Konzerte gemacht oder auf die eine oder andere Art ein paar seiner Nebelschwaden inhaliert hat, denkt, seine Geschichte ist was wert, und will dafür bezahlt werden. Und das sind nur die kleinen Fische. Die großen, die Anwälte, die Politiker und die Bilanzbuchhalter unten in Bamberg und Aiken County, die Leute, die mit Browns letztem Willen und seinem Testament vor Gericht gezogen sind und sich an seinem Nachlass gütlich tun, seine Knochen abnagen, indem sie unglaubliche Gebühren und Honorare in Rechnung stellen, indem sie ihn zerreden und zerteilen und den Kadaver an Freunde weiterreichen, die sich nun ihrerseits bedienen – das sind noch ganz andere Kaliber. Profi-Abzocker.

»Bist du so weit?«, sagt CR und starrt mich an.

Ich kenne diesen Mann aus Adam nicht. Tatsächlich hatte ich keine Ahnung von der Verrücktheit dieser ganzen Geschichte, als ich in sie hineingeraten bin. Edgar sagte, er selbst sei ein entfernter Cousin von Brown und dieser Bursche ein naher Cousin und »okay«. Als er mir das versicherte, kannte ich Edgar etwa zwanzig Minuten, und er schien mir ebenfalls »okay«. Aber so war es auch mit dem Kerl, der mir damals in Brooklyn meinen alten Wagen geklaut hatte. Ich bin sicher, hätte ich seine Mom gefragt, hätte die auch gesagt, er sei »okay«.

Auf einem öden Feld irgendwo im Nirgendwo, mitten in der Nacht, sitzt CR in seinem abgewrackt aussehenden Jeep mit nur einem Schweinwerfer und fragt, ob ich mit ihm eine Spritztour in James Browns Geschichte unternehmen will.

Nichts ist okay.

Aber ich habe keine Wahl. Ich habe einen langen Weg hinter mir und das Geld des Verlages bereits kassiert. Was soll ich also tun? Ich muss mit. Mit auf die Spritztour.

Eigentlich bin ich aus Versehen hier. Da muss ich keinem was vormachen, es nachträglich irgendwie begründen oder mit der alten Entschuldigung kommen: »Ich bin auch Musiker, und ich liebe seine Musik.« Oder: »Die Öffentlichkeit braucht jemanden wie mich, der die wahre Geschichte ausgräbt.« Oder was immer Musikkritiker sagen, damit die Geschmacksproduzenten der Musikindustrie den nächsten fünfzehnjährigen Schreihals aufblasen und die wirklich Talentierten ignorieren können, die nicht gut genug aussehen oder nicht jung genug sind. Nein, ich brauchte einfach das Geld, Punkt. Meine Ex hatte zugeschlagen und zwei ordentliche blaue Umschläge auf dem Boden meines leergeräumten Wohnzimmers hinterlassen. Darauf stand »McBride gegen McBride«, was eine andere Art ist zu sagen, dass das, was man einmal für Liebe gehalten hat, keine war. Ich habe sie übrigens nie betrogen und nie was von den üblen Sachen getan, die James Brown einigen der Frauen in seinem Leben angetan haben soll, habe sie nie geschlagen oder bin anderen an die Wäsche gegangen. Aber sie war meine liebevolle

Vernachlässigung leid und hat beidhändig die Auswurftaste gedrückt. Wenn so etwas geschieht, schleudert es dich in die Luft, alles fliegt dir um die Ohren, und wenn du endlich wieder bei Sinnen bist und nach der Reißleine suchst, lassen all die Halbwahrheiten, die da durch die Luft fliegen, jedes deiner Worte wie eine Lüge klingen. Feinde tauchen auf. Freunde sind außer sich. Nachbarn meiden dich. Und die Anwälte schicken Rechnungen.

Ein Jahr habe ich auf einer Couch in einer Wohnung ohne Warmwasser in Hell's Kitchen geschlafen und mich wie einer der kleinen Handlanger im *Paten* von Spaghetti und Fleischklößchen ernährt. Und wenn du deine Trauergeschichte einem Scheidungsanwalt erzählst, verdreht der die Augen, guckt auf die Uhr und überlegt, ob es keinen leichteren Weg gibt, an anderer Leute Geld zu kommen. Da geht's an Eingemachte. Dein Eingemachtes. Der Anwalt meiner Frau kam im frischen grauen Nadelstreifenanzug an und mit einer Jarmulke – was ich als zusätzlichen Hieb verbuchte, hatte meine weiße, jüdische Mom ihre Augen doch erst vor sechs Monaten für immer geschlossen. Sagen Sie, was immer Sie wollen, aber als ich den Kerl da hereinkommen sah, dachte ich mir: Deine Urlaubspläne begräbst du besser.

Ich hatte einen guten Anwalt, wofür ich dankbar bin. Trotzdem haben sie mich ausgenommen. Nicht lange danach bekam ich eine E-Mail und später einen Anruf von jemandem, der um ein paar Ecken von etwas gehört hatte. Offenbar ging da einer bei den Verlagen in Manhattan mit einer Riesenstory hausieren. Wobei er eigentlich ein Niemand war. Kein normaler Mensch spaziert heutzutage einfach in einen Verlag und bringt dann Bücher unter, das gibt's nur im Film. Literaturagenten verkaufen Bücher. Aber dieser Bursche war ein So-eine-Art-Typ. Ein

So-eine-Art-Plattenmensch, So-eine-Art-Filmemacher, So-eine-Art-Dokumentarfilmer, So-eine-Art-Agent, ein So-eine-Art-Dies, ein So-eine-Art-Das, der geradezu nach Scharlatan stank. Aber er sagte die magischen Worte: »*Ich habe die James-Brown-Story. Die wirkliche, authentische. Von seiner Familie.*«

Vierzehn Bücher über James Brown von ziemlich guten Autoren gab es da bereits, einschließlich zweier von Nelson George, dem Doyen unter den R&B-Autoren, aber ich hörte trotzdem zu. Eigentlich hätte ich mich gleich da von der Sache verabschieden sollen, oder doch zumindest herausfinden müssen, wo mögliche Fallen waren. Aber ich stimmte einem Treffen in Manhattan zu.

Er kam ins Büro meines Agenten, ein bedächtig wirkender, mittelalter Mann mit einer metalleingefassten Brille. Wir setzten uns, und das Erste, was ich zu ihm sagte, war: »Gerri Hirshey ist die richtige Frau für Sie. Sie kennt James Brown besser als jeder andere verfügbare Autor.« Ich brauchte das Geld, wusste aber, dass sie es war, die das Buch schreiben sollte.

»Ich brauche einen schwarzen Autor«, blaffte er. Er, ein Weißer. Genau in dem Moment hätte ich mein kleines Notizbuch zuklappen, zurück in meine Absteige in der 43. Street gehen, aus dem Fenster Touristen beobachten, meinen Traubensaft schlürfen und mich selbst bemitleiden sollen. Es gab tatsächlich niemanden, der besser für den Job geeignet gewesen wäre als Gerri. Wir hatten bei der *Washington Post* ein Stück des Weges gemeinsam zurückgelegt, und vorher auch schon, als sie über Michael Jacksons *Victory Tour* 1984 für den *Rolling Stone* berichtete und ich für *People*. Die Tour war ein Sechs-Monate-Monster, die größte und am schlechtesten organisierte Tournee, die die Musikindustrie je erlebt hatte, wobei sie von der Unterhaltungspresse wie eine Präsidentschaftskampagne verfolgt wurde. *Time, Life, Newsweek, USA Today*, das *US Magazine* und selbst mein Freund Steve Morse, der hochangesehene Rockkritiker vom *Boston Globe*, kamen zum Eröffnungskonzert in Kansas City. Wir folgten dem Zirkus wie das Pressecorps des Weißen Hauses dem Präsidenten und stolperten mit roten Augen von einer Stadt zur nächsten. Die Männer schimpften hinter vorgehaltener Hand, was für ein Arsch Michael Jackson doch sei, weil er sich weigerte, Interviews zu geben, und die Frauen stolzierten in Jeans herum, die so eng waren, dass man das Datum auf den Münzen in ihren Taschen lesen konnte.

Gerri spielte diese Spielchen nicht. Sie war eine schlanke, angenehme Frau, die nie die Stimme hob, nie um etwas bat, nie ausrastete. Sie arbeitete sanft und still und schlug uns alle locker. Wie ein Geist schlüpfte sie in die Garderoben hinter der Bühne und schien die Namen noch des letzten tätowierten Technikers und aller dreißig LKW-Fahrer zu kennen. Sie kannte den Aufbau des Keyboardspielers und wusste, wo der Gitarrist zuletzt aufgetreten war. Und sie wusste noch mehr, wichtige Dinge, zum Beispiel, was unsere nächste Station sein würde. Die Tour trieb alle in den Wahnsinn. Es gab keinen festen Plan, dafür etwa sechs Bosse, und keiner hatte einen Schimmer, wer was zu tun hatte. Es war wie eines dieser Spektakel bei Beerdigungen, wenn lauter entfernte Cousins, denen der Tote immer egal war, plötzlich Rotz und Wasser heulend am Sarg stehen, während der Bestattungsunternehmer im Hinterzimmer versucht, der armen Witwe auch noch die letzten Cents aus der Tasche zu ziehen. Michael war *die* Show. Der Mann stand in Flammen. Sein Album *Thriller* hatte sich millionenfach verkauft und die Musikindustrie und das aufblühende MTV komplett aus den Angeln gehoben. Musikvideos waren damals noch neu, und MTV hatte sich bisher dagegen gewehrt, schwarze Musiker zu zeigen.

Michael sprengte die Tür mit einer Bazooka auf und veränderte die Industrie für immer, aber so gutherzig, wie er war, war er gefangen zwischen Familie, Freunden und »Profis«, die ihm scheinbar allesamt das Blut aussaugen wollten. Jede Woche änderte sich sein Tourneeplan, was keine kleine Sache ist, wenn du mit zweihundert Helfern reist, dreißig LKWs, fünfundvierzig Flughafenscheinwerfern und in Stadien mit fünfzigtausend Plätzen auftrittst. Die Veranstalter spielten eine Stadt gegen die andere aus, die Gewinner schrien: »Bingo!«, und die Verlierer: »Foul!« Ich wusste nie, was ich dem Magazin sagen sollte, wenn sie fragten, wo wir als Nächstes sein würden. Ohne Jay Lovinger, meinem Redakteur bei *People*, hätte ich den Job hingeworfen. Im Übrigen hassten die Jacksons *People*, was die Sache nicht einfacher machte. Sie sahen es als weißes Schmierblatt, das nur Weiße auf den Titel nahm, und waren schockiert, als ich kam und mich ihnen vorstellte – einen schwarzen *People*-Reporter hatten sie noch nie gesehen. Sie taten mich als Onkel Tom ab und redeten monatelang nicht mit mir. Damals war ich fünfundzwanzig und gerade mit meinem Tenorsaxofon von der Elfenbeinküste zurück, von einer Ein-Mann-Unternehmung, um meine »Wurzeln« und so weiter zu finden. Dabei hatte ich mir gleich die Ruhr und noch was anderes geholt. Es wäre leichter gewesen, nach Polen zu fahren und den Wurzeln meiner jüdischen Mutter nachzugehen, doch ich war ein junger, glücklicher Narr damals. Wie auch immer, verglichen damit, durch den Dschungel zu stampfen und Spritzen in den Hintern zu bekommen (okay, es war eine Geschlechtskrankheit), war Jacksons *Victory Tour* der reinste Zuckerguss. Das Essen in L.A. war super, das Obst frisch, und überall gab es unglaubliche Tacos. Und ich brauchte das Geld. Was mich wieder zurückbringt auf jenes mitternächtliche Feld in Barnwell, South Carolina, mit James

Browns Cousin. Fünfundzwanzig Jahre später stehe ich immer noch im Dunkeln und brauche immer noch das Geld.

Trotzdem hatte ich versucht, Gerri die Sache zu übertragen. Sie konnte sich die Seele aus dem Leib schreiben. Sie war eine der Besten, wenn es um Soul ging, und hatte schon über schwarze Musik geschrieben, als nur wenige weiße Autoren den Mumm hatten, in den Süden zu fahren und sich James Brown zu nähern. Brown machte es Journalisten nicht leicht, das war bekannt, aber er achtete Gerri. Nach seinem Tod hatte sie ein Feature für den *Rolling Stone* über ihn geschrieben. Da war er zum ersten und letzten Mal auf dem Cover der Zeitschrift gelandet. Sie war es, die das Buch schreiben sollte, nicht ich.

Aber dieser Mann mit seiner »exklusiven Geschichte« wollte sie nicht.

Ich war pleite, hatte drei Kinder, zwei von ihnen im College-Alter, und meine Ex-Frau saß mir im Nacken. Und so blieb ich sitzen und hörte zu, während Mr Exklusiv-Geschichte dies und jenes sagte, noch ein paar Zuckerstücke auslegte und dann gen Süden deutete. Ich folgte seinem ausgestreckten Finger und stieg in ein Flugzeug. So war ich hier gelandet, sah den Jeep vor mir zurück in den Wald rollen und folgte ihm in meinem Mietwagen. Spürte die Augenlider wund werden vor lauter Blinzeln und schnüffelte James Brown hinterher wie irgendein zweitklassiger Schreiber, der unbedingt einen Auftrag brauchte. Fünfundfünfzig Jahre alt und keinen Schritt vorangekommen. Ohne einen Funken Respekt vor James Brown im Herzen, das kam noch hinzu. Sechs Monate dabei und schon bin ich wie alle, die vom Godfather leben, schnüffele ihm hinterher und versuche, Geld herauszuschlagen.

Kapitel 5

Six Gaines

CR reckte den Kopf aus der Tür und setzte mit aufheulendem Motor zurück.

Der Jeep schwirrte nach links und rechts, polterte über Schlaglöcher und Buckel, und das Licht seines Scheinwerfers schoss vom Gras in den Himmel. Endlich kam er vor einer Art Schuppen zum Stehen. Überall lag Müll. Edgar folgte uns in seinem Lieferwagen. Ich nehme an, ihm gefiel der Anblick des Jeeps auch nicht.

Ich wusste, das war nicht die Art Behausung, die einen mit einer Willkommensmatte vor der Tür mit einem Spruch auf Altenglisch empfing, trotzdem stieg ich auf die Veranda der alten Hütte, wobei ich ein Gefühl hatte, als stocherte mir jemand mit einem Eispickel in den Eingeweiden herum. Eine nackte Glühbirne warf ihr Licht auf alte Kästen, Stühle und Küchengerätschaften, ein altes Moped, verstreute Autoteile und zahllose leere blaue Budweiser-Dosen. Aus dem Inneren der Hütte war wütendes Hundegebell zu hören. Ich konnte keinen Meter von der Veranda auf das Feld dahinter sehen. CR und ich setzten uns auf Kisten, Edgar blieb stehen. CR steckte sich eine Zigarette an.

»Was machst du hier so den ganzen Tag?«, fragte Edgar. Ich war froh, dass er da war.

»Nichts«, sagte CR.

Wir lachten.

CR sah mich an. »Haben Sie kein Bier dabei?«

Da hatte er mich. Am Telefon hatte er nichts von Bier gesagt. Ich hätte ihm eins gegeben, hätte ich eins dabeigehabt, wobei ich im Augenblick mit Bargeld etwas knapp war, nachdem ich auf der Suche nach der Seele des Godfather of Soul im nahen Augusta, in verschiedenen Teilen Georgias und des westlichen South Carolina ziemliche Summen hatte ausgeben müssen. Innerhalb eines Monats hatte ich es mit mehr kleinen Abzockern zu tun bekommen als damals in den 80ern, als ich in Greenwich Village in New York die Bleecker Street rauf und runter in verschiedenen Blues-Bands Tenorsaxofon spielte. Da war ich von einem Schlitzohr ans nächste geraten und hatte alles getan, nicht ständig die Taschen geleert zu bekommen. Aber alle hielten die Hand auf, man schimpfte auf die üblen Weißen und beschiss gleichzeitig den Nachbarn. Du wusstest nie, wer die Wahrheit sagte, selbst wenn du ihn schmiertest, was alles ziemlich sinnlos machte.

»Sie haben nichts von Bier gesagt«, erwiderte ich. »Sonst hätte ich was mitgebracht.«

Ich hoffte, dass CR keinen Rückzieher machte. Es war so dunkel, dass ich sein Gesicht nicht richtig erkennen konnte. Das kommt davon, wenn du einem Mann hinterherjagst, der in einer Krypta im Vorgarten seiner Tochter gelandet ist, dachte ich. Du stehst mitten im Nirgendwo und hoffst, nicht selbst in einer Urne in irgendeinem Garten zu landen und auf Antworten zu warten, die niemals kommen.

CRs strenges Gesicht verzog sich zu einem Grinsen. »Ich hätte Sie bitten sollen, mir eins mitzubringen«, sagte er.

Wie alles zwielichtige Pack, das auf den großen Knüller hofft, versprach ich ihm fürs nächste Mal ein Bier, wobei es, wie ich wusste, kaum ein nächstes Mal geben würde. »Sie kannten James Brown also?«, fragte ich.

»Klar doch. Er ist mein Cousin.«

»Wie das?«

»Sein Daddy und meine Grandma waren Cousins ersten Grades.«

»Noch mal.«

»Sein Daddy und meine Grandma, die waren Kinder von zwei Schwestern.«

CRs Köter fauchte und knurrte nur ein paar Schritte weiter hinter der ausgebeulten Fliegentür. Ich konnte CR kaum verstehen und bewegte mich ein Stück auf die Tür zu, um einen Blick auf den Hund zu werfen und mich zu versichern, dass die Tür fest geschlossen war. Der Köter sah mich und dachte wohl, ich wäre ein Festmahl. Er sprang gegen das Fliegengitter, bellte und schnappte, aber die Tür hielt. Nur für den Fall drückte ich mit der Hand dagegen. Mir war ziemlich mulmig. Die beiden Männer achteten nicht weiter auf das Gekläffe, und so nahm ich nach einer Weile betont cool die Hand von der Tür und setzte mich wieder auf meinen Kasten.

CR, auf seinem Kasten, blickte über die Schulter zu dem fauchenden Hund und sagte: »Ruhe!« Der Hund ignorierte ihn.

»Könnten Sie das noch mal sagen?«, fragte ich.

»Sein Daddy und meine Grandma waren Kinder von zwei Schwestern.«

»War Ihre Grandma seine Tante Honey? Es heißt, sie hat ihn großgezogen. Das schreibt er in seinem Buch.«

»Das stimmt, Tante Honey hat ihn großgezogen. Meine Grandma hat auch geholfen, als er klein war.«

»Wer war sie?«

»Meine Grandma?«

»Nein. Tante Honey.«

»Die Cousine von James Browns Daddy.«

»Wie passt das wieder?«

CR sah mich aus dem Augenwinkel an. »Auf was für 'nem College war'n Sie gleich wieder?«

Wir lachten.

Er wiederholte noch einmal, was er gesagt hatte, diesmal lauter, als würde es dadurch verständlicher. »Meine Grandma und James Browns Daddy, die waren Kinder von zwei Schwestern.«

Ich weiß nicht, ob es an der Dunkelheit lag, dem bellenden Hund oder der späten Stunde, all dem Müll auf der Veranda oder meiner Müdigkeit, jedenfalls begriff ich es nicht. Die Leute unten aus dem Süden haben eine Auffassungsgabe für Verwandtschaftsgrade, die anderen abgeht. Ich habe selbst solche Verwandte in North Carolina. Leider näseln sie so sehr, dass man einen Dolmetscher braucht, um sie zu verstehen. Aber ich mag sie. Sie können zehn Generationen zurückspulen und dich zu einem Nachfahren von John Quincy Adams machen, als wäre das nichts. Ich hatte Monate gebraucht, um CR zu finden, und der konnte innerhalb von Sekunden mit etlichen wichtigen Personen aus James Browns Kindheit und Jugend aufwarten. Das alles waren Dinge, die niemand, nicht mal Browns Sohn Terry und seine erste Frau Velma wussten. Und ich bekam es nicht auf die Reihe. Ich fing also noch mal an, riss eine Seite von meinem Block und sagte: »Zeichnen wir einen Stammbaum.«

»In Ordnung.«

Ich zeichnete den Baum, und CR redete, und während er das tat, verknüpfte er einen Verwandten mit dem nächsten und ging dabei Jahrzehnte zurück: Shelleree Scott, Iveree Scott, Saree Scott und Lydree Scott, James Browns Großmutter – James' Großvater hatte offenbar Eddie Evans geheißen und war verschwunden –, dann noch die zwei Schwestern Tante Honey und Doll Baby. In den drei, vier Stunden, die er redete, fächerten sich die Jahre auf und die Verzweigungen der Familie Gaines-Scott wurden klar, einer Familie religiöser Landpächter, humorvoll, gottesgläubig und um ein besseres Leben kämpfend. Sie waren Pachtbauern, arbeiteten für die Weißen und lebten in einem Ort, den es nicht mehr gibt, der fünfundzwanzig Kilometer entfernt lag und 1951 eines Tages einfach verschwand. Er zog die Verbindungen, während Edgar einwarf, was er wusste, aber CR gab den Ton an, und während er sprach, löste sich das Geheimnis der Herkunft des größten amerikanischen Soul-Sängers vor meinen Augen in Luft auf, dort auf der finsteren Veranda, inmitten all des Mülls. Als er fertig war – sein Bruder Shelleree fügte später noch ein paar wichtige Elemente hinzu –, wollte ich ihn umarmen und an mich drücken. Zehn Bier wollte ich ihm kaufen. Er hatte getan, was Dutzenden Musikautoren und Historikern nicht gelungen war: Er hatte mir James Browns Herkunft erklärt, hatte der Geschichte eines Mannes Struktur und Substanz verliehen, der sein ganzes Leben vor der Vergangenheit davongelaufen war, bis es nicht mehr ging. Er hatte mir erklärt, warum James Brown, ganz gleich, wie sehr er beteuerte, Amerika zu lieben, seinen Wohlstand nie vollständig genießen konnte: weil seine Wurzeln bis in den schlimmsten Teil der amerikanischen Geschichte zurückreichten.

Die Tragödie James Browns geht zurück auf ein Ereignis in der erweiterten Familie väterlicherseits, vor etlichen Generationen, fast noch zur Zeit des Bürgerkriegs.

Nicht lange nach Ende des Krieges brachte eine Gruppe weißer, über eine Sträflingskolonne wachender Gefängniswärter am Ufer des Savannah River in Augusta, Georgia, einen der jungen Schwarzen namens Oscar Gaines zum Schweigen. Es war ein heißer Tag, und der junge Gaines, der nur eine kurze Strafe abzusitzen hatte – wofür und ob er die Tat nur vermeintlich oder tatsächlich begangen hatte, kann niemand mehr sagen –, war erschöpft und bat darum, in seine Zelle zurückkehren zu dürfen. »Ich kann nicht mehr«, sagte er. »Mir ist einfach zu heiß.«

Die bewaffneten, berittenen Wärter sagten, er solle den Mund halten und weiterarbeiten.

Gaines bestand jedoch darauf und sagte: »Mir ist zu heiß, ich muss mich abkühlen.« Ein paar knappe Worte wurden ausgetauscht, und die Wärter stiegen von ihren Pferden. Sie packten Gaines an Händen und Füßen. »Heiß ist dir? Da wird der Fluss dich abkühlen.«

Hin und her schwangen sie ihn, während Gaines um sein Leben bettelte. »Bitte, Boss«, flehte er, »werft mich nicht ins Wasser. Ich kann nicht schwimmen.«

Aber sie hörten nicht auf ihn.

Gaines flog in den Fluss und verschwand. Doch dann kam zu ihrer Überraschung sein Kopf zurück an die Oberfläche. Der junge Gaines, der behauptet hatte, nicht schwimmen zu können, schwamm in Wirklichkeit sehr gut, und während die Wärter hilflos zu ihm hinübersahen, schwamm er auf dem Rücken, auf der Seite, auf dem Bauch, paddelte und planschte, schwamm wie ein Raddampfer und wie ein Kamel, und ehe sie sich versahen, war er in der Mitte des Flusses, winkte noch einmal, durchquerte den Fluss vollständig und kletterte am anderen Ufer hinaus. In South Carolina. Nach Georgia kam er nie zurück.

Der junge Oscar Gaines flüchtete sich in einen kleinen Ort namens Ellenton, etwa fünfundzwanzig Kilometer von Barnwell. Dort fand er Arbeit bei einem weißen Baumwollfarmer, dem es egal war, woher ein Farbiger kam. Was scherten ihn die verdammten Leute drüben in Georgia, auf der anderen Seite des Savannah River? Sollten sie doch vom Fieber dahingerafft werden und zur Hölle fahren mit ihren ständigen Grenzquerelen und Alkoholstreitereien.

Oscar heiratete, hatte ein langes, erfülltes Leben und setzte drei Söhne in die Welt: Oscar, Shorty und Cutter. Cutter wurde 1930 von einem weißen Mob umgebracht, der ihm vorwarf, einer weißen Frau nachzustellen. Er wurde auf die Schienen gelegt, und die Atlantic-Coast-Eisenbahn befreite seinen Geist. Shorty starb im Gefängnis. Aber Oscar Gaines jr. ... Oscar jr., lebte ein langes Leben.

Oscar hatte einen Sohn namens John Gaines, und John begann erst mit sechs Jahren zu laufen, worauf er sein ganzes Leben »Six« hieß. Six Gaines.

Six Gaines heiratete eine Frau namens Iveree Scott, und Iverees Schwester hieß Lydree Scott. Lydree hatte einen Sohn.

Der Sohn hieß Joseph James Gardner Brown. Er war James Browns Vater.

Joe Brown war ein Einzelkind und wuchs im Pächterhaushalt des Gaines/Scott/Evans-Clans auf, einem Haus voller Geschichten, starker Frauen und viel Gelächter. Joes Großvater Eddie Evans hatte Joes Großmutter ermordet und war nach Florida geflohen, aber die beiden hatten fast ein Dutzend Kinder, und so wurden seine Mutter Lydree und all seine Tanten als Großfamilie von verschiedenen Verwandten großgezogen. Montags waren sie bei einer Tante, dienstags bei einer anderen. »Wir wussten immer, wer zur Familie gehörte«, sagt Shelleree Gaines, einer der vielen Cousins, dem die Geschichte von seiner Großmutter, Joes Tante, erzählt wurde.

So wuchs Joe Brown denn in einer Großfamilie auf. Über seinen Vater wurde nie gesprochen, obwohl Joe doch das absolute Ebenbild eines örtlichen Pächters namens Bill Evans war. Das machte aber nichts, weil letztlich alle arm und alle Teil der Gaines/Scott/Evans-Familie in Ellenton waren. Sie kümmerten sich gemeinsam um die Kinder, beackerten das Land, arbeiteten im Haushalt der Weißen und beteten über die Jahre in der Book Creek Baptist Church, der St. Paul Baptist Church und der St. Peter Baptist Church. Sie waren eine wirklich große, liebevolle Familie mit einigen Eigenarten. Die Scotts auf der Seite von Joes Mutter waren unbeschwert. Ihre verstorbene – ermordete – Mutter legte wert auf guten Klang, und so endeten die Namen all ihrer Kinder auf *-ree*. Es gab Iveree, Tyree, Zazaree, Lydiaree und so weiter. Bis zum heutigen Tag gibt es *-rees* im Stammbaum der Gaines in Barnwell und darüber hinaus. Die Gaines-Seite, über Joes angeheirateten Großonkel mit den Scotts verbunden, bestand aus scharfen Denkern, die, wenn man sie reizte, gefährlich waren. Sie hatten ein gutes Gedächtnis, wenn man ihnen in die Quere kam, vergaßen sie das nicht. Über Jahre wurde die Geschichte von Cutter Gaines' Tod auf den Gleisen in der Familie weitergegeben. Die Mörder kamen nie vor Gericht, obwohl alle in Ellenton wussten, wer sie waren. 1971, Jahrzehnte nachdem Cutter getötet worden war, lag einer seiner Mörder, längst ein alter Mann, in Barnwell im Krankenhaus, wo zwei der Gaines-Jungen, Johnny und Shelleree,

Cutters Neffen, als Pfleger arbeiteten. Als sie in sein Zimmer kamen, um sauberzumachen, hob der alte Mann in seinem Bett den Blick, sah einen von ihnen an und glaubte, Cutters Geist vor sich zu haben. »Ich dachte, ich hätte dich umgebracht«, sagte er. Johnny Gaines wollte daraufhin auf ihn losgehen, und Shelleree musste ihn aus dem Zimmer ziehen.

Das war die Familie, in der Joseph James Brown aufwuchs und später zunächst auch sein Sohn James. Es waren harte Menschen, denn das Land machte dich hart. Es waren starke Menschen, denn das Land machte dich auch stark. Und sie waren religiös, denn nur Gott konnte dir helfen. »Man musste robust sein«, erklärte mir Shelleree Gaines. Als kleine Pachtbauern waren sie durch Gesetze gebunden, die sie auf ewig Schuldner von jemandem sein ließen, Gesetze aus der Zeit der Sklaverei und der Zeit der brutalen »Reconstruction«, die darauf folgte. Gesetze, die Generationen überdauerten.

Joe hatte keine Schwestern, aber seine Cousinen Doll Baby und Honey wurden wie seine Schwestern großgezogen, und weil sie zur Familie gehörten, etwa gleichaltrig waren, auf demselben Land lebten und mitunter auch im selben Haus, hatten sie ähnliche Träume. Die beiden willensstarken, praktisch veranlagten Mädchen wollten keine Baumwolle pflücken. Sie wollten nach Augusta, das war jedermanns Traum in jenen Tagen. Herauszukommen. Nach Augusta oder Atlanta. Alle jungen Leute im Gaines-Clan träumten davon, jedoch niemand so sehr wie Joe.

Joe Brown war ein gut aussehender, braunhäutiger junger Mann mit markantem Kinn und einem flüchtigen Lächeln. Er war beweglich und ein schneller Denker, stotterte aber, was eine Intelligenz verbarg, die er für sich zu behalten gelernt hatte, lebte er doch in einer Welt, in der ein junger schwarzer Klugscheißer leicht dreißig Tage im Gefängnis landen konnte, weil er einen Weißen falsch angeredet hatte. Das hatte er schon mehr als einmal miterlebt. Joe sah die Baumwollfelder von Ellenton und seine Zukunft in ihren langen Reihen begraben. Das war nichts für ihn. Er sang gerne in den örtlichen Kneipen und trug schöne Sachen. Als Teenager schloss er sich einer Gesangsgruppe an und pflückte Baumwolle in seinem einzigen Seidenhemd, so sehr mochte er die schönen Dinge. Er spielte gern Skin, ein Kartenspiel, und seine schnelle Auffassungsgabe machte ihn zum Liebling der jungen Damen des Ortes. »Onkel Joe«, sagt Shelleree, »das war ein Mann.« Dreist und humorvoll, einer der gern Spaß hatte, und später, als sein Junge reich wurde, sah man ihn immer mit einem neuen Lincoln und seinen Lieblingsdingen auf dem Vordersitz, einer Zigarre, einem Päckchen Karten für eine Partie Skin, einer Tüte frittierter Schweinehaut und einem Glas scharfer Soße. Sein Enkel Terry weiß noch, wie Grandpa Joe, den alle liebevoll Pop nannten, in seinem neuen, von James bezahlten Lincoln durch Augusta heizte und seine Zigarren auf dem Veloursleder des Beifahrersitzes ausdrückte. »Pop, das ist ein neues Auto«, protestierte Terry. »Mir sind d-d-d-d-ie verdammten Autos so v-v-v-v-öllig egal!«, pflegte Pop dann zu lachen, warf den ausgedrückten Stumpen aus dem Fenster und röhrte wie eine Irrer die Straße hinunter, zur Hölle mit den Geschwindigkeitsbegrenzungen. Er ließ es sich gutgehen, weil er es früher nicht leicht gehabt hatte. Das Leben ohne Baumwollpflücken war erste Sahne.

Aber Joe wusste, woher er stammte. In seinen jungen Jahren hatte er die Geschichten seiner Tanten über Urgroßonkel Oscar Gaines gehört, der die weißen Bewacher seiner Sträflingskolonne dazu gebracht hatte, ihn in den Savannah zu werfen, so dass er fliehen konnte, über seinen Großonkel Cutter, den sie ermordet hatten, seinen Onkel Shorty, den Radaubruder, der im Gefängnis gestorben war, und über seine Großmutter, die der Großvater umgebracht hatte.

Als junger Mann machte er sich aus Ellenton davon und wanderte hinüber nach Bamberg, wo er eine schöne junge Frau namens Susie Behling kennenlernte. Sie war klein, kaum ein Meter fünfzig groß und für den Gaines-Clan eine komplett Fremde. Bamberg lag gut siebzig Kilometer von Ellenton entfernt, und in einer Welt der Maultiere und Karren und ohne Telefon war das so weit wie der Mond. Niemand wusste wirklich etwas über Susie, nur dass sie musikalisch und religiös war. Ihre Familie konnte singen, und sie und Joe bekamen einen Sohn, den sie James Joseph Brown nannten, geboren in Snelling. Joe sagte »Junior« zu James.

James Brown erklärte der Welt später, er sei in Barnwell geboren, in einem Schuppen, und dass seine Mutter Susie ihn verließ, als er vier, fünf, sechs Jahre alt gewesen sei. Die simple Wahrheit ist, dass Joes Ehe voller Probleme war. Sein ganzes Leben lang flirtete der gut aussehende Joe Brown mit den Frauen. Noch zwanzig Jahre nach seinem Tod 1993, als ich in der Gegend von Barnwell nach ihm fragte, hörte ich von all den Frauen, die er kannte und hinter denen er angeblich her gewesen war. Unter Eingeweihten ging laut einer Freundin von James Brown, die mich bat, ihren Namen nicht zu nennen, folgendes Gerücht: »Joe und Susie hatten einen Streit. Joe holte seine Pistole heraus, und Susie sprang aus dem Fenster, rannte los und blieb nicht stehen, bis sie in New York war.«

Wie es auch immer zur Trennung gekommen sein mag, Joe war allein mit einem Jungen, den er, wie er wusste, nicht allein großziehen konnte. Junior brauchte eine Familie. Joe hatte eine. Eine große. Er hatte nicht eine einzelne Mutter, sondern gleich fünf Tanten, die alle wie eine Mutter für ihn waren, all die *-rees*: Iveree, Zazaree, Saree. Er wusste, sie würden sich um James kümmern, so wie sie sich auch um ihn gekümmert hatten, und es waren diese Frauen, die James großzogen, bevor Joe ihn zu seiner »Cousine« (sprich: Schwester) Honey in Augusta brachte, ins sagenumwobene »Hurenhaus«, von dem James später sagte, dort sei er aufgewachsen. Während seiner jungen Jahre unter den Gaineses, Scotts und Evanses in Ellenton tat James Brown, was alle Kinder der Familie taten: Er pflückte Baumwolle und ging barfuß, nur zur Messe am Sonntag trug er ein Paar Schuhe, sein einziges, das er auf dem Heimweg aber gleich wieder auszog und für den nächsten Kirchgang wegstellte, Gott dankend, dass er wenigstens dieses eine Paar hatte. Seine Großtanten Iveree, Saree und die übrigen Gaines-Frauen hatten ein Auge darauf. Sie verstanden Junior. Er hatte ein hartes Leben. Er war der einzige Sohn eines Mannes, der ebenfalls ein Einzelkind war. Seine Ma und sein Pa verstanden sich nicht, und sein Pa war ein stotterndes Schlitzohr, das ihn immer wieder allein ließ, dafür allerdings am richtigen Ort: bei seiner Familie. Einer Familie, die wusste, wie man arbeitete, zumal die Gaineses sich im Leben behaupteten. Sie liebten Junior, und in der wenigen Zeit, die Joe mit seinem Sohn verbrachte, erinnerte er ihn stets daran. Daran, wie wichtig eine Familie war.

Aber Junior erinnerte sich nicht immer.

Als Joe Brown und sein mittlerweile berühmter Sohn James fünfzig Jahre später eine Tankstelle in Barnwell ansteuerten, blickte Joe aus dem Fenster und sah einen seiner Cousins Benzin in James Browns Lincoln Town Car füllen. Joe drehte die Scheibe herunter und rief: »CR! Komm her!« Dann drehte er sich zu James Brown und sagte ganz aufgeregt: »Junior! Das ist einer deiner Cousins, ein Enkel von Onkel Six.«

CR sah, wie James Brown ein »Hallo« nickte und die Hand in die Tasche steckte.

»Ich dachte, er würde ein Bündel Geld hervorholen und eine Fünf-Dollar-Note herausziehen«, erklärte CR mir lachend.

Stattdessen zog der Godfather des Soul ein Taschentuch hervor, putzte sich die Nase, ließ den Wagen an und fuhr davon.

CR lachte darüber. »Vielleicht hat er sich die Nase geputzt, weil er nicht wollte, dass ich ihm die Hand schüttele«, sagte er. Aber CRs Vater, Shelleree Gaines, sprach nie wieder von James Brown. Und als Brown 2006 starb und die Fernsehreporter kamen, um mit dem alten Shelleree Gaines zu reden, weil sie die Familie von James Brown interviewen wollten, da lehnte eben dieser Shelleree Gaines, der Sohn von Six Gaines und Urenkel von Oscar Gaines, der vor mehr als hundert Jahren der Ungerechtigkeit des weißen Mannes entkommen war, dieser Shelleree Gaines, der noch nie im Fernsehen gewesen war, der den Großteil seines Lebens die Baumwolle der Weißen gepflückt, ihr Holz zersägt und sich wie sein Vater und Großvater vor ihrer Bösartigkeit weggeduckt hatte, da lehnte dieser Shelleree Gaines ab.

»Junior hat vergessen, woher er kam«, sagte er. »Und seht euch an, was dabei rausgekommen ist. Nichts Gutes.«

Kapitel 6

Das Land verlassen

Im Sommer 1950 hörten die schwarzen Farmer und Pächter, die im Gemischtwarenladen von Ellenton Vorräte und Futter kauften, Getuschel unter den Weißen, die sich dort versammelten und die örtlichen Neuigkeiten austauschten. Seltsame Dinge geschahen. Fremde mit Vermessungsstäben und neuen Wagen fuhren auf die Felder der Weißen, gruben Löcher neben Viehweiden, maßen Entfernungen, fotografierten und nahmen Waldränder in Augenschein. Flugzeuge überflogen das Gelände. Trucks kamen, Leute stiegen aus, nahmen schnell ein paar Vermessungen vor und verschwanden wieder.

Reichlich Gerüchte aus Ellenton, Dunbarton, Meyers Mill und den umliegenden Orten drangen in den Laden in Ellenton. Vieles davon war leeres Gerede, einiges nur für weiße Ohren bestimmt, doch in einer so kleinen ländlichen Gemeinde hielten sich Geheimnisse nicht lang. Die Schwarzen und Weißen lebten zusammen, veranstalteten im Sommer gemeinsame Grillfeste und versammelten sich im Herbst und Winter zu den Feiertagen. Wenn es nichts zu tun gab, sahen sie zu, wie der

Fido genannte frühmorgendliche Zug durchs Zugdepot fuhr. Es gab wenigstens fünfunddreißig Kirchen in und um Ellenton, darunter etliche schwarze: Mt. Moriah, Four Mile, The Runs, Friendship Baptist, Steele Creek, St. Luke's und St. Peter. Neben dem Gemischtwarenladen waren auch die Kirchen in jenen Tagen Orte des Austauschs über das ländliche Leben. Für viele schwarze Bürger, die weder ein Telefon noch Strom hatten und kaum lesen oder schreiben konnten, waren sie die einzige Verbindung zur Welt.

In jenem Herbst begannen sich von einem Sonntag zum nächsten unter Weißen wie Schwarzen schreckliche Gerüchte auszubreiten.

Alle müssen dieses Land verlassen.

Derartige Sätze ließen alle um Informationen kämpfen. Jeder einzelne schwarze Geistliche aus den schwarzen Kirchen kam in den Laden in Ellenton, den Hut in der Hand, um herauszufinden, was die Weißen zu sagen hatten. Die Schwarzen mit kleinen Betrieben in und um Ellenton, einer Schänke, einer Wäscherei, einem Beerdigungsinstitut, sie alle suchten nach Antworten unter ihren Kunden, schwarzem Hauspersonal bei den Weißen, zu denen es durchaus geheime Verwandtschaftsbeziehungen gab, denn nicht alle schwarzen Familien in den Orten um Ellenton und Dunbarton waren wirklich dunkelhäutig. (Da ging, wie James Browns Cousin Shelleree Gaines sagt, »einiges hin und her«.) Insgesamt gab es achttausend Farmer, von denen der Großteil, entsprechend der offiziellen Zählungen, afroamerikanische Pachtbauern waren, und nicht einer von ihnen wusste etwas über die Gerüchte hinaus. Den weißen Farmern, von denen viele ebenfalls knapp über der Armutsgrenze lebten, ging es nicht anders, auch den besser gestellten mit Kühen, Maultieren und Wagen nicht, deren Land seit Generationen im Besitz der Familie war. Die Antwort war ein schreckliches Nichts.

Alle müssen dieses Land verlassen.

Das Gerücht wanderte von Ohr zu Ohr, von einem frisch gepflügten Feld zum anderen, von Küche zu Küche, Hütte zu Hütte. Es nagte an jedem Baumwollpflücker, jedem Hausmädchen, Koch und Maultiertreiber, an jeder Hausfrau und den Arbeitern, die ewig lange Stunden in der Bananenkistenfirma schufteten oder Holz für die International Paper Company zersägten. Es war zu beunruhigend, um wahr zu sein. Zu unmöglich, um es glauben zu können. Aber im Spätsommer der Jahres 1950 nahm das Gerücht an Fahrt auf, wurde im Herbst immer konkreter und im Dezember 1950 dann zu einer schrecklichen Wahrheit.

Alle müssen dieses Land verlassen.

Verkündet wurde sie von den Gemeindeobersten auf einer überfüllten, nach Schwarz und Weiß getrennten Versammlung in der Aula der Highschool von Ellenton, in die sich fünfhundert Leute gezwängt hatten. Die Weißen saßen auf Stühlen, die Schwarzen drängten sich in einem einzigen Zugang.

Alle müssen dieses Land verlassen.

Die Frage war: Warum?

Die Antwort war einfach.

Weil es die Regierung sagt.

Mehr gab es nicht. Es ging um den Schutz Amerikas. Die Kommunisten kamen. Es war die Zeit des Kalten Krieges, und Amerika musste stark sein. Dafür war ein Opfer zu bringen. Die Regierung brauchte das Land für eine Bombenfabrik.

Warum bei uns? Warum hier?

Das wurde nie wirklich klar. Die Hinterzimmerabsprachen der politischen Drahtzieher South Carolinas blieben ein Mysterium für die Farmer von Ellenton und Umgebung. Von 1932 bis in die 1970er wurde der Staat im Prinzip von vier mächtigen Politikern geleitet, die als der Barnwell-Ring bekannt waren, von Senator Edgar A. Brown, den beiden Abgeordneten Solomon Blatt sr., und Winchester Smith jr., sowie dem einstigen Governor Joseph Emile Harley. Was immer diese vier Männer taten, bestimmte die Wirklichkeit South Carolinas. Ein Handel war geschlossen worden, und das so weit über den Köpfen der Menschen von Ellenton, dass es auch auf dem Mond hätte sein können. Es war ein Handel zwischen dem Staat, der Bundesregierung und ihren großen Geschäftspartnern. Die Nation brauchte Ellentons Land und Wasser, viel Wasser, den Savannah River und die umliegenden Flüsse, Bäche und Rinnsale für ihre Bombenfabrik. Am 28. November 1950 wurde aus dem Gerücht eine Tatsache und aus der Tatsache eine herzzerreißende Wirklichkeit, die das Leben in Ellenton für immer veränderte, einschließlich des Lebens seines berühmtesten afroamerikanischen Sohnes.

Alle müssen dieses Land verlassen.

Und sie taten es.

1951 mussten alle und alles gehen. Hunde, Schafe, Kühe, Pferde, Maultiere, Karren, Hausschlüssel, Wagen, Familienfotos, Außenklos. Eintausendfünfhundert Häuser, zweitausenddreihundert Farmen, achttausend Menschen, die meisten davon Afroamerikaner. Ganze Friedhöfe, mehr als eintausendsiebenhundert Gräber wurden geöffnet und verlegt. Kirchen, Schulen, Sägewerke, Eishäuser, Drogerien, Egreniermaschinen, Fabriken, allein in Ellenton sechsundfünfzig Betriebe, alles zog weg. Insgesamt sechs Orte, Dunbarton, Hawthorne, Meyers Mill, Robbins, Leigh und Ellenton. Weg. In alle Winde verstreut, damit die U.S. Atomic Energy Commission, General Electric und die DuPont

Company die Savannah River Site errichten konnten, die größte Bombenfabrik, die die Welt je gesehen hatte: Achthundert Quadratkilometer Regierungsgeheimnisse, die sich über drei ländliche Countys erstreckten. Fünf Atomreaktoren und ein Kühlturm, zwei Anreicherungsanlagen, Verwaltungsgebäude, Büros, Labore, Kontrollpunkte, Sicherheitseinrichtungen – eine gigantische Maschinerie, um Plutonium und Uran aus den in den Reaktoren ultrahocherhitzten Materialien zu gewinnen, genug, um diese Welt hundert Mal in die Luft zu sprengen. Der Kalte Krieg hatte begonnen, und die Bewohner von Ellenton und Umgebung gehörten zu seinen ersten amerikanischen Opfern.

Die, denen Häuser gehört hatten, bekamen anderswo neue gebaut oder ihre alten wurden versetzt. Die mit Betrieben wurden andernorts mit neuen Betrieben angesiedelt. Die Schulen wurden ab- und wieder aufgebaut oder neu gebaut. Alle kamen in andere Städte, alle wurden zu Fremden.

Es gab keinen großen Protest, keine Kundgebung und keine Demonstrationsmärsche mit Sprechchören, aber in der Presse erschienen eine Menge Geschichten. *Life* brachte eine bewegende Geschichte von einer Lehrerin aus einer der wichtigeren weißen Familien der Gegend. Örtliche Zeitungen schrieben Artikel über die traurigen älteren Weißen, die bis zuletzt hartnäckig auf ihren Veranden saßen und schockiert zusahen, wie die Häuser ihrer Nachbarn, wie Kirchen und Betriebe auf LKWs geladen und weggekarrt wurden. Sie brachten Geschichten über verstörte Schulkinder, deren Schulen angehoben und abtransportiert oder zerstört wurden, über verzweifelte Farmer, die mit den Zähnen knirschten, während ihr Vieh davongebracht und die Kirchen, in die ihre Familien seit Generationen gingen, wie Gemüse hinten auf LKWs nach »New Ellenton« oder eine nahe Stadt gekarrt oder einfach zerstört wurden. Die

Presse schrieb über alte Leute, die die Grabsteine geliebter Familienmitglieder umstießen, damit sie nicht exhumiert und verlegt wurden. Es waren beeindruckende Geschichten, die einem das Herz brechen konnten.

Aber es gab nicht *einen* anrührenden Hinweis auf die Mehrheit der Vertriebenen, die Tausende zählenden schwarzen Pachtbauern aus den weitgehend schwarzen Orten. Wenn es auch nur einen einzigen Beitrag über weinende schwarze Schulkinder gab, deren Schulhaus abgerissen wurde, oder über eine alte schwarze Frau, die auf dem Grabstein ihres geliebten Mannes saß, damit er für immer an diesem Ort bleiben konnte, ich habe ihn nicht gefunden. Wenn es auch nur einen einzigen ergreifenden Artikel über einen afroamerikanischen Farmer gab, dessen Kinder die Schule mit zwölf verlassen mussten, um Baumwolle zu pflücken, einen Farmer, der in einer heruntergekommen Hütte lebte, die demselben Boss gehörte, der zu Weihnachten mit einem Vertrag und einem Stift kam und sagte: »Unterschreib hier, dann werden deine Steuern das nächste Jahr bezahlt«, ich habe ihn nicht gefunden. Selbst das Savannah River Archaeological Research Program gibt zu: »Die Geschichte der afroamerikanischen Umsiedlung zur Errichtung der Anlage ist kaum bekannt.« Tausende Schwarze verschwanden einfach in den Falten der Geschichte.

Zu den so Verschwundenen gehörte auch die Familie Gaines, alle *-rees*, die Evanses, die Scotts und die Washingtons, sämtliche Cousins und Cousinen, Tanten, Onkel und Verwandte von James Brown: Tante Millie, Tante Honey, Doll Baby und Tante Saree. In alle Winde zerstreut. Einige gingen nach »New« Ellenton, andere nach Blackville, Elko, Barnwell oder Augusta, James Browns Vater nach Barnwell. Sie gingen, wohin sie konnten. Und die meisten kamen nicht weit.

James Browns Familie, der Gaines-Scott-Clan, ist Teil eines verlorenen Stammes. Wie ihre weißen Gegenstücke redeten sie für den Rest ihres Lebens über Ellenton, Dunbarton und die anderen Orte in der Region. Das Neun-Cent-Kino in der Stadt, wo sie hinten auf Fässern saßen, den Passagierzug Fido, der jeden Nachmittag um halb fünf durch den Ort tuckerte, den netten weißen Arzt, Dr. Finkley, der bis in die kleinste Seitenstraße kam, sich um die armen Farmer, ganz gleich, welcher Hautfarbe, kümmerte und der nicht mehr nahm, als bezahlt werden konnte – ein Stück Katzenfisch, ein Penny oder auch nur ein Lächeln genügte. An die langen, heißen Sommertage erinnerten sie sich, die kühlen Abende und den Sternenhimmel nach dem jährlichen Grillfest, die Geburtstagsfeiern und die seltsamen Verwandten, die Lügengeschichten, die üblen weißen Bosse und die netten weißen Freunde. Über die Jahre suchten sich die Umgesiedelten und Verstreuten, trafen sich jährlich, grillten, tranken Bier und redeten über den großen Umzug, über Jobs, die ihnen versprochen worden waren, die es aber nie gegeben hatte, über die Ausbildung, die sie bekommen sollten, aber nie bekamen – über all die gebrochenen Versprechen. So viel war verloren. Tante Honey zum Beispiel, die geholfen hatte, James Brown großzuziehen, wurde am Ende in Snelling begraben, fast sechzig Kilometer von ihrem Geburtsort entfernt, in einem anonymen Grab auf einem Stück Land, das die Familie nach dem großen Umzug hatte bekommen können.

Dunbarton, Ellenton, Hawthorne, Meyers Hill, Robbins und Leigh, für immer verschwunden. Aus der Ferne mit einem Stift von der Karte getilgt. Von ihrem alten Zuhause übrig blieben allein die Rinnsteine, die Straßen, Einfahrten und Gehwege, alles hinter Zutritt-verboten-Schildern: Kein Durchgang, Eigentum der Regierung. Weil die Regierung tun konnte, was sie wollte. Sie konnte sich nehmen, was du hattest, jederzeit. Ob du nun weiß oder schwarz warst. Alles, was sie tun mussten, war, in dein Haus kommen und ihren Hut an den Haken hängen.

James Brown war damals schon lange weg. 1951 kam er gerade aus dem Gefängnis und wohnte in Toccoa, Georgia, fing ein neues Leben als Hausmeister der Grundschule an und sang abends mit einer Gruppe junger Leute, aus der später die Famous Flames wurden. Aber die Gegend um Ellenton, Dunbarton und die anderen Orte dort blieb seine Heimat. Dort hatte er gelernt, wie man Baumwolle pflückte, ein Schwein häutete und Eichhörnchen schoss. Dort war er in seinem einzigen Paar Schuhe in die Kirche gegangen und hatte unter den achtsamen Blicken seiner Großtanten Iveree, Zazaree und Saree gebetet (in den Jahren vor seinem Tod trat Brown der Kirche seiner Großtante Saree, St. Peter in Elko, bei). Dort war er getauft worden und hatte im Chor gesungen. Er liebte seine Großtante Saree. Sie war jemand in dieser großen Familie, die ihn verstand und wusste, wie man ein mutterloses Kind großzog, war sie doch selbst ohne Mutter aufgewachsen. »James ist ziemlich anstrengend«, klagte Tante Honey vor ihren Tanten. »Ständig steckt er in Schwierigkeiten, ich komme nicht mit ihm mit.« Aber sie tat ihr Bestes.

Als Brown nach seiner Jugendstrafe aus dem Gefängnis entlassen wurde, war der Ort, an den er womöglich zurückgekehrt wäre, wo er sich neu eingegliedert, erholt und gelernt hätte, sich an die Regeln zu halten, neue Verbindungen zu knüpfen und sich unter den Augen seiner Tanten etwas aufzubauen und den Menschen zu trauen, dieser Ort war von der Landkarte verschwunden. An seiner Stelle stand eine Bombenfabrik.

Wir müssen dieses Land verlassen. Die Regierung verlangt es.

Es war eine bittere Lektion für die gesamte Familie Brown, und Brown selbst, der während seiner Karriere zweimal von der Steuerbehörde zurück auf null geworfen wurde, sollte sie nie vergessen. Über Jahre, bis zu seinem Tod, lief er mit fünf, zehn oder sogar zwanzig Dreitausend-Dollar-Barschecks in der Tasche herum. Sein Sohn Terry erinnert sich, dass Geldscheine, die er von seinem Vater bekam, oft alt und feucht waren und die Ecken abgefressen, als hätten Ratten oder Ungeziefer daran genagt. Sie waren hinten im Garten vergraben gewesen. In einem Hotel in Kalifornien versteckte er zehntausend Dollar unter einem Teppich, kam ein Jahr später zurück, mietete sich im selben Zimmer ein, schlug den Teppich zurück und holte sich sein Geld. Sein Buchhalter David Cannon erinnert sich an einen »roten Raum« in seinem Haus in Beech Island, South Carolina, in dem zwei, drei Pappkartons voller Hundert-Dollar-Scheine standen.

Und gegen Ende seines Lebens, als er überall auf dieser Welt hätte wohnen können, zog James Brown in den Schatten der Bombenfabrik. Er baute sich ein Dreieinhalb-Millionen-Dollar-Haus auf einem fünfzehn Hektar großen Stück Land in Beech Island, das keine Insel ist, sondern nicht weit vom alten Ellenton liegt. Vom Eingangstor des Hauses sieht man die riesigen, hoch in den Himmel ragenden Funktürme des Savannah-River-Site-Geländes. Ihre roten Lichter blinken hell und klar über Ost-Georgia.

In den letzten Jahren seines Lebens, als er sich von der Welt abschottete und seine Kinder und Enkel dazu zwang, Termine mit ihm zu machen, als er seine tollen Musiker verjagt hatte und sein Sohn Teddy, Adrienne, seine dritte Frau, und sein Vater gestorben waren, sah Brown oft, bekümmert über seine turbulente vierte Ehe, zu den beiden gigantischen Türmen der

Savannah River Site auf, dem einzigen wahren Zuhause seiner Familie, und sagte zu Charles Bobbit: »Sehen Sie die Türme, Mr Bobbit? Die Regierung hört mir zu. Die hören alles, was ich sage. Von den Lippen lesen sie es mir ab.«

Kapitel 7

Bro

Die Kirche hörst du schon drei Straßen vorher, die Hörner, das Rufen, die hoch aufsteigende Musik. Jedes Mal, wenn sich die Tür öffnet, dringt ihr Klang in den stillen Nebel der Nacht Augustas hinaus und verhallt wieder, sobald sie sich schließt. Eilig läufst du auf die Musik zu, die dunkle Straße hinunter, und siehst dir über die Schulter. Nur ein Narr läuft um diese Zeit allein durch Süd-Augusta, es sei denn, er wandert durchs nahe Medical College of Georgia, dessen düstere graue Gebäude eines Tages wohl diese gesamte so farbenfrohe schwarze Gemeinde schlucken werden. Das wird kommen. Aber noch ist es nicht so weit. Ganz sicher nicht an diesem Septemberabend, an dem das United House of Prayer seine jährliche große Party feiert, was zeigt, dass Gott noch immer die Welt regiert.

Ich erinnere mich an das House of Prayer aus meiner Kindheit. Die Erwachsenen nannten es nach seinem Gründer, einem westafrikanischen Einwanderer, der 1960 starb, »Daddy Grace's Church«. Als ich ein Kind war, waren Daddy Grace, Reverend Ike und Father Divine wie die drei großen Autobauer Ford, GM und Chrysler, wenigstens war es bei mir zu Hause so. Meine Mutter mochte sie alle. Reverend Ike mit seiner ausgefallenen Pompadour-Frisur, seinen feinen Anzügen und witzigen Predigten über Geld – sie fand ihn höchst amüsant. Zu Father Divine, daran erinnere ich mich, schleppte sie uns, weil es da umsonst etwas zu essen gab. Dazu mussten wir ein weißes Hemd und Schuhe anziehen. Von Daddy Grace's House of Prayer wusste sie am wenigsten, und heute begreife ich, warum. Der Hauptunterschied zwischen den dreien ist, offen gesagt, Jesus. Für Baptisten und Pfingstler ist Jesus das Ein und Alles. Im House of Prayer lieben sie Jesus ebenfalls, aber sie sehen ihren Priester als Apostel, eine Art Propheten mit direkter Verbindung zu Gott. Er ist »gesalbt«, um eine besondere Botschaft von Gott persönlich zu überbringen.

Und diesen Mann sehe ich im Moment an.

Er heißt Daddy Bailey, ist der zweite Nachfolger von Daddy Grace, sitzt hinter der Kanzel, dem »Heiligen Berg«, in seiner mächtigen Kirche und winkt Tausenden zu, die von überallher gekommen sind, um ihn zu sehen, aus Virginia, Kalifornien, Alabama, South Carolina, Georgia, New York. Mit dem Auto sind sie hergekommen, mit Trucks, zu Fuß, in gelben Schulbussen und vierzehn Charterbussen, die dicht gedrängt auf einem Stück Ödland zwei Straßen weiter stehen.

Daddy Bailey sitzt auf einem samtbezogenen Thron. Er ist ein beeindruckender, freundlich aussehender Mann, groß und massig. Er muss, grob geschätzt, etwa hundertdreißig, hundertvierzig Kilo wiegen, trägt einen prächtigen, makellosen grauen Dreiteiler und lächelt wie ein großherziger König. Ein hübsches junges Mädchen in einem weißen Platzanweiserinnenkleid fächelt ihm mit einem riesigen Handfächer Luft zu. Etliche weitere Platzanweiserinnen mit ernsten Gesichtern und ebenfalls in Weiß gekleidet, patrouillieren über die Gänge und wirken wie Verkehrspolizisten. Sie sammeln Geld ein und lächeln, wenn sie einen Freund oder eine Freundin entdecken. Entlang der Wände stehen düster dreinblickende schwarze Männer mit weißen militärischen Kappen und geflochtenem Kordelschmuck auf den Schultern der braunen Uniformen. Sie sind mit Orden behängt und sehen aus wie Soldaten Idi Amins, doch auch sie fangen immer wieder an zu kichern und scherzen mit den Kirchgängern. Das House of Prayer ist ein glücklicher Ort. Einem Teenager mit einem Paar Schmetterlingsflügeln, der gleich einen Tanz zur Lobpreisung des Herrn vorführen wird, wird herzlich auf die Schultern geklopft. Eine Frau steht auf und ruft, dass sie glücklich ist, worauf sie von einem der »Soldaten« herzlich umarmt wird und einen Schluck Wasser bekommt. Erwachsene grüßen sich lächelnd und umarmen sich. Eine Etage tiefer bekommst du so gut wie alles zu essen, und es kostet praktisch nichts. Man behandelt sich gut hier. Die Gespräche sind warmherzig und offen – aber alle schreien, denn sonst kann man nichts verstehen. Kein Wort.

Der Grund? Die Shout Band.

Shout Bands sind mit nichts auf der Welt zu vergleichen.

Es sind mindestens dreißig Musiker, und sie stehen zwischen die Kanzel und die ersten Sitzreihen gezwängt. Hauptsächlich sind es Posaunisten, doch da schmettern auch Trompeten und ein riesiges Sousafon mit. Sie spielen mit der Power einer Marschkapelle und dem Swing einer Jazzband oder R&B-Gruppe. Unterstützt werden sie von einer kompletten Rhythmusgruppe mit Schlagzeug, Keyboard, Gitarre und Bass, und die seelenvollen Klänge werden vom herrlichen Klagen einer einzelnen Posaune abgerundet, deren hohe Töne, sie spielt im Bereich eines Flügelhorns, über dem gesamten Ensemble zu schweben scheinen. Die Posaune erinnert stärker an eine menschliche Stimme als jedes Blasinstrument, das ich bisher gehört habe, und verleiht der Band etwas so Himmlisches, Übernatürliches, das so schaurig wie faszinierend ist. Die Bandmitglieder tragen makellose schwarze Anzüge und weiße Hemden und spielen und wiegen sich wie eine Person, ohne Pause. Selbst als verschiedene Geistliche predigen und die Anwesenden ermahnen, hören sie nicht auf, sondern spielen leise plätschernd weiter, laut losdröhnend, sobald die Predigt beendet ist, die Trompetenstöße und Posaunenläufe schwingen sich zum Himmel auf. Diese Männer mit solch einer Inbrunst spielen und sich wiegen zu sehen, mit so viel Herz und Seele, mit aller Macht, ist wie eine Broadway-Show ohne Broadway. Das ist der ursprüngliche Soul. Elektrisierend. Er hebt den ganzen Raum empor.

Daddy Bailey hinter ihnen scheint gleichzeitig in dieser Welt und jenseits von ihr zu sein. Ein junger Geistlicher ruft etwas, und die Gemeinde reckt Dollarnoten in die Luft. Ein stummer Weißgekleideter bewegt sich an den Rand einer Bankreihe. Eine der Dollarnoten wandert von Hand zu Hand, bis sie ihn erreicht. Er nimmt sie und bringt sie einem anderen Weißgekleideten vorne in der Kirche. Der geht damit zu Daddy Bailey. Daddy nimmt den Dollar, es ist eine symbolische Geste, und reicht ihn weiter an einen anderen Weißgekleideten, der ihn behutsam in eine große Schachtel legt. Dann winkt er dem Spender zu. Es ist eine freundliche Geste, die Geste einer giggelnden, schwatzhaften Hausfrau aus der Vorstadt.

Die Shout Band zwischen Daddys Kanzel und der ersten Reihe, der Motor des Ganzen, braust auf und füllt den Raum mit ihrer Musik, während ein Geistlicher der versammelten Gemeinde von der Kanzel zuruft: »Danke, Daddy Bailey! Wir lieben Daddy!«

Und die Versammlung antwortet: »Ja, Daddy!«
»Wir lieben Daddy!«
Ich war einmal bei einer Beerdigung in einem Dorf in der Elfenbeinküste in Westafrika, und da gab es eine ähnlich elektrisierende Dramatik und Begeisterung – unablässige Musik, Tränen, Feiern und Stampfen, ständiges Trommeln und ununterbrochenes Predigen, Lachen und Tanzen. Es dauerte eine ganze Nacht. Wenn das hier ähnlich läuft, sind wir womöglich im Morgengrauen noch da.

Ich weiß nicht, ob ich so lange durchhalte. Ich tanze und tolle herum und recke auch selbst ein paar Dollarnoten in die Luft, damit sie zu Daddy Bailey gelangen. Warum auch nicht? Ich will mit in die lange Reihe, wenn ich sterbe, und es ist mir egal, wie ich dort hinkomme oder wer mich hinbringt. Aber nach ein paar Stunden beten und tollen sie immer noch herum, und ich habe Hunger. Also gehe ich nach unten, um meinen Ohren und meiner Seele etwas Ruhe zu gönnen. Ein junger Kerl, der in der Cafeteria bedient, fragt mich: »Was machen Sie hier in Augusta?«

Und erst da erinnere ich mich, warum ich hier bin: In genau dieser Kirche, in dieser Straße, fand James Brown die beiden wichtigsten Konstanten seines Lebens. Die Musik. Und einen Mann.

An einem lebhaften Nachmittag des Jahres 1941 kam Leon Austin, ein großer hellhäutiger Achtjähriger, der ein Stück die Straße hinunter von Daddy Grace wohnte (im Haus Nr. 1207, Daddy Grace wohnte in Nr. 1269), in seine Klasse in der nicht rassengetrennten Silas-X.-Floyd-Grundschule. Leon spielte so gut Klavier, dass sie ihn manchmal in Daddy Grace's Kirche holten, obwohl er eigentlich in einer anderen spielte. Als er nun an diesem Nachmittag in seine Klasse kam, fiel ihm ein neuer Schüler an einem Tisch ganz hinten auf. Es war ein dunkelhäutiger, ärmlich gekleideter Junge aus South Carolina, direkt von der anderen Seite der Staatsgrenze, der gerade erst nach Augusta gezogen war, auf die arme Seite der Stadt, genannt »The Terry«. Es war der kleine James Brown.

Keiner der anderen Jungen kümmerte sich um den kleinen James, aber Leon hatte ein gutes Herz, und als er herausfand, dass James Musik mochte, sagte er: »Komm mit zu mir nach Hause, da zeige ich dir was.« James willigte nur zu gern ein.

Leon spielte für die Macedonia Baptist Church, aber wie alle Musiker dieser Welt wusste er, wo die wirklich besondere Musik zu finden war. In Augusta gab es sie gerade mal drei Türen von seinem Haus entfernt, und so brachte er James in Daddy Grace's House of Prayer. Dort sah James Brown seine Zukunft, in den berstenden Posaunen, dem hämmernden Schlagzeug und dem nicht aufhörenden Groove der sich wiegenden, überschäumenden Musiker der legendären United House of Prayer Shout Band. Er war überwältigt.

»Das muss ich auch machen«, verkündete James. Leon nahm James mit nach Hause zu seinem Klavier und zeigte ihm Akkorde, die Bewegung der linken Hand und den Boogie-Woogie, der damals so beliebt war.

Diese Freundschaft, geschlossen in jenen ersten Tagen nach dem Erlebnis der so begeisternden Shout Band in Daddy Grace's House of Prayer, hielt ihr Leben lang. Die beiden wurden unzertrennlich. Leon hatte ältere Brüder, aber er war ein kränkliches Baby gewesen, seine Eltern hatten zunächst nicht gedacht, dass er überleben würde, und so durfte er nicht wie die anderen spielen und raufen. Er war ein frühreifes Kind, zart und gutherzig, ein Einzelgänger, der Musik liebte, und James, dessen Eltern getrennt waren und dessen Vater ihn bei seiner Tante Honey zurückgelassen hatte, war ähnlich einsam wie er. Leon erklärte später seiner Frau, James sei »feinfühlig mit Dingen« umgegangen. Sie waren wie Brüder, und statt sich bei ihren Namen zu nennen, sagten sie »Bro«, was in ihrem breiten Südstaaten-Tonfall mehr wie »*Bra*« klang.

»Was machst du, Bra?«

»Warte auf dich.«

»Hast du Geld, Bra?«

»Weiß schon gar nicht mehr, wie 'n Penny aussieht, Bra.«

Kein Geld, aber sie hatten Spaß. Waren Kinder. *Bra* und *Bra*. Ein seltsames Paar, James ein kleiner, dunkler, armer Junge, ein Außenseiter in der Schule, Leon größer und hellhäutiger, ein gut aussehendes Mittelklasse-Kind. Leon brachte James das Klavierspielen bei, den zweihändigen Boogie-Woogie. James, der ein guter Boxer war, zeigte ihm dafür, wie man sich mit seinen Fäusten verteidigte. Sie sangen Kirchenlieder und traten bei Talentshows im örtlichen Show Palace Theatre und in der Schule auf. Leon schlich sich gern hinüber in Tante Honeys sogenanntes Hurenhaus, was es nicht wirklich traf. Es war ein Ort, wo arme Leute um jeden Penny und Dime zu kämpfen hatten. Das Haus war gut gefüllt, irgendwann wohnten achtzehn Leute in ihm, und während sich einige von Tante Honeys Untermieterinnen an Soldaten vom nahen Fort Gordon verkauften, taten andere genau das, was viele Arme im Süden damals taten, sie handelten mit Schwarzgebranntem und Altmetall, nähten, strickten Decken, schreinerten und klempnerten. Einige wuschen die Wäsche der Weißen und putzten ihnen die Häuser, einige verdienten sich Geld beim Kartenspiel, beim Skin, andere verbrachten den Sonntag in der Kirche und den Montag mit dem Einsammeln und Auszahlen illegaler

Wetteinsätze. Es war ein geschäftiges Haus in einem wilden Teil der Stadt, was es zu einem perfekten Ort für zwei wilde Jungen machte. James stellte Leon seinem Cousin Willie Glen vor, »Big Junior«, und seinem humorvollen, stotternden, Zigarre rauchenden Vater, der groß genug wirkte, um James »Little Junior« zu nennen, aber nicht groß genug, um sich um Little Junior zu kümmern. James und Leon organisierten Baseballspiele mit Nachbarskindern auf leeren Grundstücken und nahmen dafür einen Ball und einen Schläger, den James sich mit Schuheputzen in der Stadt verdient hatte. Beides, Ball und Schläger, sammelte James wieder ein, wenn die größeren Jungs kamen und sie drangsalieren wollten. Die beiden Jungen putzten gleichzeitig Schuhe auf der Broadstreet. James draußen auf dem Bürgersteig verteidigte seinen Platz und vertrieb jeden, der ihn ihm streitig machen wollte, während Leon schlauerweise in einem Friseursalon arbeitete. Jahre später, als James den Radiosender WRDW gekauft hatte, der an genau der Ecke lag, wo er früher Schuhe geputzt hatte, erzählte er Besuchern: »Direkt da draußen vor dem Sender habe ich den Leuten die Schuhe poliert.« Leon musste immer lachen, wenn er daran dachte, wie James seinen Platz gegen Eindringlinge verteidigt hatte.

Ja, die beiden waren unzertrennlich, außer wenn sie zu den Selbstmord-Kämpfen ins Bell Auditorium gingen. Fünf schwarzen Jungen wurden da im Ring die Augen verbunden, an eine Hand bekamen sie einen Boxhandschuh, die andere wurde ihnen auf den Rücken gebunden. Dann schlugen sie aufeinander ein, bis nur noch einer stand. Leon weigerte sich, mitzumachen. Seine Mutter hätte die Blutergüsse und blauen Flecken gesehen und Fragen gestellt. Aber James? James musste auf jede erdenkliche Art ein paar Dollar verdienen, auch wenn er dabei eins auf die Nase bekam.

»Du solltest das aufhören, Bra«, murmelte Leon hinterher.

»Muss was essen, Bra«, antwortete James. Leon verstand das, auch er brauchte Geld, aber er hatte einen Job.

»Sport und die Kirche«, erklärte er seiner Frau später, »haben geholfen, mich zu retten.« Leon war ein toller Läufer und stellte Schulrekorde auf, die über Jahrzehnte hielten. Und in den frühen Jahren hatte er sein Klavier oder eine Orgel. Jeden Sonntag spielte er in der Macedonia Baptist Church, und wenn ihr Chor andere Gemeinden besuchte, kam Leon mit. Er spielte bei allen möglichen Anlässen, Beerdigungen, Chorproben hier und Chorproben da. Seine Mom organisierte einen Chor für die Kinder des Ortes und zog mit ihm von Kirche zu Kirche, und auch da spielte Leon. Klavier und Orgel hielten ihn in seiner Teenagerzeit von der Straße fern, während James... nun, James hatte nicht genug Geld, um sich Kirchenkleider zu kaufen, selbst wenn er in die Kirche hätte gehen wollen. Seine Tante Honey wollte, dass er ging, aber sie hatte so viel zu tun. Sie musste sich um das große Haus mit all den Untermietern und Verwandten kümmern und konnte ihn nicht zwingen. Im Übrigen war sie, wie Leon später seiner Frau sagte, »Willie Glens Mutter, nicht Bros. Bro wusste nicht, wo seine Mutter war«.

Bro versuchte Geld damit zu verdienen, Autos zu klauen und die Einzelteile zu verkaufen, und als er 1949 wegen Einbruchs in vier Fällen für acht bis sechzehn Jahre in die Besserungsanstalt bei Toccoa in Georgia gesteckt wurde, konnte Leon nichts für ihn tun.

Aber Leon verurteilte ihn nicht, und sie blieben Freunde. 1955, als James plötzlich mit vier Jungs aus Toccoa, die sich die Famous Flames nannten, vor Leons Tür in Augusta stand und sagte: »Bro, ich und meine Band, wir brauchen für ein paar

Tage was, wo wir unterkommen«, sagte Leon: »Kommt rein, Bra! Kommt alle rein!«

Während der nächsten zwei Jahrzehnte brachte James Brown, wann immer es nötig war, Bandmitglieder, Freunde, selbst seine Kinder, seine Söhne Teddy und Terry und später seinen »adoptierten« Sohn, Al Sharpton, einen jungen Geistlichen aus New York City, in Austins Haus unter, später dann im McBowman's Motor Inn, das Leon mit seiner reizenden Frau Emma betrieb, noch später in Austins Haus am Martin Luther King Drive. Leons Heim war ein sicherer Ort, der Brown bei Problemen Ruhe bot und wo Bandmitglieder und Browns Söhne wie Familienangehörige behandelt und von Leon und Emma Tage, Wochen, ja manchmal Monate beherbergt und verköstigt wurden.

Die in den finsteren, armen 1940er Jahren geborene Freundschaft wuchs weiter in die weit freundlicheren 50er hinein und dann in die überschäumend glücklichen Tage der 60er und 70er, als James Brown auf der Höhe seines Erfolges war. Ehrfürchtig verfolgten die beiden Bros die Entwicklung der Bürgerrechtsbewegung und analysierten Browns Rolle darin. Wie zwei Studenten in ihrem Wohnheim diskutierten sie mitunter bis in die frühen Morgenstunden und besprachen die Probleme dieser Welt. Sie reisten gemeinsam, Leon kam mit, manchmal widerwillig und nur, weil Brown darauf bestand. Brown brauchte Hilfe. Er brauchte einen ehrlichen Mann um sich herum. Er brauchte seinen Bruder. Beide staunten über den Einfluss, den Brown plötzlich in der Welt hatte. Als die Zeitschrift *Look* im Februar 1969 Brown mit der Schlagzeile »IST ER DER WICHTIGSTE SCHWARZE IN AMERIKA?« auf den Titel nahm, lachten sie. Bra gestand Leon einmal in einem Anfall von Aufrichtigkeit, der sich gelegentlich an seinem Ich-weiß-alles-Gehabe in jenen Jahren vorbeischlich, dass er es nicht besser wisse, wie man das

Problem des schwarzen Mannes lösen könne, als der Mann im Mond. Er war kein Politiker. Er war Entertainer. Ein Musiker. Er hatte bestimmte Vorstellungen. Der Schwarze brauchte Arbeit. Aber das wussten alle, oder? Verlangten die Weißen etwa von Fred Astaire oder Elvis Presley, stellvertretend für ihre Leute zu sprechen, als sie Stars wurden? »Am Ende geht es ums Geld, Bra«, sagte James. »Der schwarze Mann braucht Geld.« Leon stimmte ihm zu, meinte aber, noch mehr als Geld brauche er Schulbildung. Brown nickte und gestand, er wünschte, er hätte wenigstens die Highschool abgeschlossen.

Von 1945 bis 1975 beobachteten die beiden, wie die von den Weißen getrennte schwarze Gemeinde in Augusta, das vor dem zweiten Weltkrieg eine blühende Großstadt gewesen war, in Hilflosigkeit abrutschte. Fast jeder größere schwarze Betrieb, den sie kannten, verschwand. Was früher einmal ihr Lieblingsviertel in der Innenstadt gewesen war, die Hauptgeschäftsstraße, Augustas »Golden Blocks« bei der Ninth und Gwinnett, wurde vor ihren Augen ein städtischer Schandfleck: Läden, Betriebe, Restaurants, Hotels und ein Kino verschwanden, als das verarbeitende Gewerbe abwanderte, die Baumwolle starb und Drogen Einzug hielten. Die Ehrgeizigen unter den Schwarzen flohen nach Norden, die weißen Bewohner verteilten sich auf die Außenbezirke der Stadt. Der ehedem glorreiche Palmetto Pond im nahen Nord-Augusta, in dem man schwimmen konnte und der eine beliebte Station des Chitlin' Circuit war, wo einst Ella Fitzgerald, Tiny Bradshaw, Cab Calloway und Jimmie Lunceford aufgetreten waren, das gewaltige Paramount Motor Motel mit mehr als achtzig Zimmern, das Charlie Reid sr., gehörte, einem hiesigen schwarzen Unternehmergenie, die Penny Savings Bank, das Lenox Theater, die Georgia Colored Funeral Directors and Embalmers Association, der

Four Sisters Beauty Shop, die einst mächtige Pilgrim Health and Life Insurance Company, das Red Star Hotel, in dem die Leute stundenlang auf Mom und Pop Bryants märchenhaftes Brathähnchen gewartet hatten, Crims Service Station, Geffert's Ice Cream Company, McBowman's Motor Inn, das Austins Schwiegermutter gehört hatte – alles weg. Arbeitgeber wie die Silby Mill, die Enterprise Mill, das Plaza Hotel und das Del Mar Casino waren ebenfalls nicht mehr da. Die einzige große Sache, die seit ihrer Kindheit überlebt hatte, waren die Augusta Nationals, ein weißes Golfturnier, das 1933 drüben im Westen der Stadt aus der Taufe gehoben worden war und mit ihren schwarzen Leben nichts zu tun hatte.

»Wenn wir uns nicht selbst helfen, schaffen wir es nicht, Bro«, sagte James. In seinen guten Jahren tat Brown, was in seiner Macht stand, um zu helfen. Mit einem Radiosender. Dann einem zweiten. Und einem dritten, wenn man den in Baltimore mitrechnete, woher seine zweite Frau Deidre kam. Mit Rabattmarken, auf denen sein Gesicht zu sehen war. Einem Restaurant. Einem Nightclub. Aber Brown war kein Geschäftsmann. Nichts funktionierte.

In den frühen Jahren, den 1950ern und 60ern, war der große Traum für junge Männer wie die beiden, nach Norden zu ziehen, wo du den Fuß des weißen Mannes nicht mehr so im Nacken hattest. Brown hatte die Fahrkarte. Er war ein Star. 1960 zog er nach New York City und sagte zu Leon: »Komm mit mir, Bra.«

Leon lehnte ab. Direkt nach der Fisk University hatte er Emma McBowman geheiratet, hinter der er schon seit ihrem Highschool-Abschluss her gewesen war. »Was soll ich in New York?«, sagte Austin. »Emma ist hier. Das hier ist meine Heimat.« Und nach zehn Jahren Gequäle in New York, einer Stadt mit ihren eigenen Rassenproblemen, nach zehn Jahren Arbeit mit einer weißen Plattenfirma und Leuten, denen er nie wirklich traute, die ihn anlächelten und, wie er dachte, das Messer bereits in der Hand hielten, um es ihm in den Rücken zu stechen, nach Reisen um die ganze Welt wandte Brown sich wieder vom Norden ab. Er hasste New York. »Zu Hause im Süden weiß ich, mit wem ich es zu tun habe«, sagte er knapp und kehrte nach Augusta zurück.

Nach Hause zu Leon. Der ruhige und vertraute Leon war immer noch derselbe, wohnte im selben Haus, mit derselben Frau und demselben Auto. Er spielte sogar noch auf demselben alten Klavier in der Macedonia Baptist Church, die sie beide noch aus ihrer Kindheit kannten. In der Zwischenzeit hatte er einen Friseursalon aufgemacht, und seine Gutherzigkeit, sein für alle offenes Ohr und sein Lachen machten ihn beliebt in der Stadt. Es war tatsächlich auch Leon gewesen, der Brown, als sie noch jung waren, die für ihn so typische Frisur verpasst hatte. In den dreißig Jahren ihrer Freundschaft hatten sie kaum einmal gestritten, aber wenn, war es heftig geworden. Und ihr größter Streit drehte sich um das, was sie zunächst zusammengebracht hatte, die Musik.

Als Junge am Klavier in der Macedonia, wo sein Dad und seine Mom Diakon und Diakonin waren, galt Leon als Wunderkind. Er konnte ohne Noten spielen, was er hörte, und war ein gefragter Musiker in Augusta, weil er alle großen Gospel-Lieder auswendig kannte. Brown warnte ihn ständig: »Bra, wenn du auf zu vielen Beerdigungen spielst, ist die nächste vielleicht deine«, aber Leon gefiel es, den Familien Trost zu spenden, von denen er einige sein ganzes Leben schon kannte. Er hatte das Gefühl, so gut singen und das Klavier grooven lassen zu können wie einige von Browns Musikern, eher noch besser.

Er beschloss, seinen Friseursalon zu verlassen, auf Tour zu gehen und richtig Geld zu verdienen, um anschließend zu seiner Frau zurückzukehren und nicht mehr so hart arbeiten zu müssen. Nur ein, zwei Platten aufnehmen – das Plattengeschäft schien so einfach. Großes Geld. Großer Spaß. Nicht viel Arbeit.

Jahrelang machte er James gegenüber Andeutungen, doch der ignorierte ihn. Endlich dann, eines Nachmittags, als sich Brown über einen seiner Musiker beklagte, sagte Leon: »Nimm mich in deine Band. Ich bin gut genug. Ich hab dir deine ersten Musikstunden gegeben.«

Brown war verblüfft. Es war nicht leicht, seinem Freund zu erklären, was für Probleme es mit sich brachte, eine Band zu leiten. Der eine will mehr Geld, der andere trinkt zu viel, einer kann sich die Schuhe nicht zubinden, der andere hat seine Montur vergessen, einer will einen Vorschuss, der nächste als Songschreiber mit genannt werden, ohne auch nur eine Note gespielt zu haben, wobei ein anderer genau das nicht will, obwohl der *alle Noten* gespielt hat, aber wenn du ihn so aufwertest, musst du plötzlich auch die zwei Leute hinter ihm bezahlen, die bisher nichts bekommen haben. Und die Mädchen! Nicht die Frauen, mit denen er schlief, sondern die jungen Dinger, für die er verantwortlich war. Wie die kleine Geneva Kinard aus Cincinnati, die zusammen mit ihrer Schwester Denise Kinard und Roberta DuBois die Background-Vocals von vielen seiner frühen Hits gesungen hatte, aufgenommen im Studio der King Records in Cincinnati. Das waren junge Talente, aber doch noch Kinder. Geneva ging noch zur Highschool, er war wie ein Vater für sie. Er hatte sie in der El-Bethel Baptist Church in Cincinnati singen hören und ihrer Mom und ihrem Dad versprechen müssen, dass niemand aus der Band sie anrühren würde. Und dass er sie nach ihren Auftritten mit dem Taxi oder einer Limousine nach Hause schicken würde, damit sie rechtzeitig in die Schule kam. Und das tat sie! 1972 machte sie ihren Abschluss am University of Cincinnati College-Conservatory of Music im Fach Klavier, eine von nur fünf Schwarzen in ihrer Klasse, und arbeitete später als Pianistin beim Cincinnati Ballet und im Orchester von Middletown, Ohio. Sie war eine von ganz wenigen Schwarzen in diesem Bereich. Aber nur wenige von seinen Musikern wussten das. Auf der Bühne waren sie Freunde, doch sonst gingen sie ihre eigenen Wege. Sie wollten mehr, hätten auch mehr verdient, aber keiner wusste irgendwas zu schätzen. Sie schimpften über die Geldstrafen und die zusätzlichen Proben, die er verhängte, sahen, wie er nach jedem Auftritt mit einer Kiste Geld verschwand, aber keiner von ihnen hatte eine Ahnung, wie viel Kopfschmerzen mit der Kiste Geld verbunden waren: Da musste mit aalglatten Veranstaltern verhandelt werden, den Plattenlabels, den Radiosendern, Managern. DJs waren zu schmieren, was natürlich illegal war, obwohl es alle taten, aber wenn es ein Schwarzer tat und dabei erwischt wurde, marschierte er direkt hinter Gitter – ohne über Los zu gehen. Den Veranstaltern musste man es recht machen, den Fans… und in verschiedenen Städten galt es den Mobstern zu entkommen, die ihren Anteil wollten, manchmal derselbe mit der immer gleichen Drohung: *Nimm mein Darlehen oder…* Die Musik selbst war nur ein Rädchen im mächtigen Getriebe der Unterhaltungsindustrie. Leon verstand das nicht. Er wollte einfach nur spielen, und Brown sagte: »Bra, das Können hast du, aber du bist nicht für das Showbusiness gemacht.«

»Sicher bin ich das!«

»Du hast ein gutes Leben, Bra. Eine gute Frau. Ein gutes Geschäft. Warum willst du das alles fürs Showbiz hinter dir lassen? Die verspeisen dich wie ein Stück rohes Fleisch.«

»Ich kann schon auf mich aufpassen«, sagte Leon.

»Es ist nicht die Musik, Bra. Es ist das Geld. Geld verändert die Menschen.«

»Ich werde mich nicht verändern«, sagte Leon.

»Das Geld zwingt dich dazu«, sagte Brown. »Dein Herz mag das gleiche bleiben, dein Kopf der gleiche. Aber wenn die Leute wüssten, dass du Millionen Dollar hast, könntest du nicht mal in deinem Haus wohnen bleiben.«

»Ich bau einen Elektrozaun drumrum und halt sie mir vom Leib.«

Brown lachte und wechselte das Thema, aber Leon wollte einfach nicht davon aufhören, so dass Brown am Ende nachgab. In den späten 60ern bis in die 70er hinein produzierte er einige von Leons Platten und brachte seine eigene Band mit ein, die J.B.'s, super Musiker, die besten R&B-Leute in der Geschichte dieses Genres. Die Platten waren gut, Leon sang und spielte mit viel Seele, doch dann gab es Vertriebsprobleme, und die Platten verpufften. Leon, der selbst noch einem Fremden sein letztes Hemd gegeben hätte, besaß nicht das Herz, krumme Dinger zu drehen, DJs zu bestechen, Schallplattenfirmen, Bands und Veranstalter gegeneinander auszuspielen und all die anderen Dinge zu tun, die notwendig sind, will man ein Star sein. Aber erst, als Leon die Sache aufgab, gestand Brown ihm: »Bra, ich brauche dich nicht in meiner Band. Ich brauche dich als Freund.«

Leon sprach das Thema nie wieder an. Im Übrigen sah er selbst, wie viel Kopfschmerzen seinem Freund all die Trittbrettfahrer, Cousins, Cousins zweiten Grades und Freunde von Freunden bereiteten. Nimm nur Browns Cousin Willie Glen, Tante Honeys Sohn. Als Junge in Tante Honeys Haus hatte sich Brown mit Willie ein Bett geteilt. Im Jahr 2000 raubte Willie Glens Sohn Richard Browns Büro aus und steckte es an, um die

Spuren zu verwischen. Das gesamte Haus brannte herunter. Es beschämte Brown zu sehen, wie der Sohn seines Cousins eingesperrt wurde. Er liebte Willie Glen. Und damit hörte es nicht auf. In den 1970ern, als seine Tochter Deanna sechs und seine Tochter Yamma drei waren, nannte Brown sie als Urheber von ein paar Dutzend Songs. Es war eine Steuersache. Siebenundzwanzig Jahre später forderten sie vor einem Bundesgericht eine Million Dollar Anteil an den Tantiemen. Er einigte sich mit ihnen auf eine weit kleinere Summe, doch die Klage schmerzte. Es ging, wie Leon sah, immer ums Geld. Alle brauchten Geld: Der eine lieh sich was und zahlte es nie zurück, der andere brauchte ein Auto, Brown kaufte ihm ein gebrauchtes, und der Kerl schimpfte, dass es kein neues war. Und kaum, dass er das getan hatte, hielt auch ein anderer die Hand auf. Und die Frauen? Sein Appetit auf sie zog die starken und die sanftmütigen an, die gutherzigen und die berechnenden, und alle, alle nutzten seine Großzügigkeit aus, was ihn wütend und erschöpft zurückließ. Es hörte nie auf. Mit den Jahren wurden sogar die Leute in Leons Friseursalon, die über ihn an Brown heranzukommen versuchten, zu einem Problem. Aber die Tür zu James Brown, das machte Leon ihnen klar, die Tür war verschlossen.

In den frühen Jahren, als Brown zum König des Soul wurde, waren solcherart Ärgernisse noch Eiskrem und Kuchen. Da hatte die Sache noch Spaß gemacht. Brown war jung und stark, hatte Freundinnen, Autos, sein eigenes Flugzeug und drei Radiosender. Er und Leon flogen nach New York, an die Westküste und nach Westafrika. In den späteren Jahren jedoch forderte die zunehmend schwere Last ihren Tribut. Brown schlief nicht mehr und rief Leon rund um die Uhr an. Er machte sich fürchterlich viel Sorgen und versuchte es zu verstecken. Seine Freunde gingen ihn an, meist ging es um Geld. Ende der 80er dann verließen ihn seine großen Musiker oder waren bereits weg. Seine wunderbaren musikalischen Leiter Pee Wee Ellis und Fred Wesley waren nicht mehr da. Waymon Reed hatte sich Art Blakey's Jazz Messengers angeschlossen, Joe Dupars den Isley Brothers. Richard »Kush« Griffith, ein begabter Musiker mit dem absoluten Gehör, war ebenfalls fort – und das waren nur die Trompeter. Der immer treue Saxofonist Maceo führte eine Revolte an. Die wichtigen Rhythmus-Leute machten sich ebenfalls davon, Schlagzeuger Jabo Starks und Clyde Stubblefield. Der Bassist Sweet Charles Sherrell mit seiner lässigen Art und seinem großen Talent, Sweet Charles, der Keyboards und Bass spielte, der sang und die Show dirigierte, der alles tat und dessen solide Grooves den donnernden Bass von *Say It Loud – I'm Black and I'm Proud* lieferten, der James half, die Band zusammenzuhalten, und ihn aus dem Bett holte, wenn er zu müde oder high war – auch Sweet Charles wurde ihn leid und ging. Brown bezahlte all diese Leute, aber wer bezahlte ihn? Er gab immerzu, aber wer gab ihm? Seine Frauen hatte er vertrieben, und seine Härte jagte auch seine Freundinnen in die Flucht. Niemand lebte auf seiner Etage und verstand, wie gequält er sich fühlte. Ein Mann, der die sorgenschwere Geschichte eines ganzen Volkes auf seinen Schultern trägt, dazu eine Band mit vierundzwanzig Instrumenten, eine Plattenfirma, drei Radiosender, kann keinen Frieden finden. Brown war einsam. Er erinnerte sich an jede Brüskierung, jeden Veranstalter in den 50ern, der ihn einen schwarzen Affen genannt hatte, an jedes Mädchen in der Highschool, das ihn hatte abblitzen lassen, weil seine Hose zu kurz war oder seine Haut nicht hell genug. In manchen Momenten überfielen ihn all diese Erinnerungen, verdrehten ihn wie eine Brezel und ließen ihn mitunter unausstehlich sein. Das war der Zeitpunkt, da er nach den Drogen griff, nach PCP, das er heimlich rauchte. Er tat es so heimlich, dass selbst Leon es nicht mitbekam. Brown ließ es weder ihn noch seine nächsten Verbündeten sehen. Weder Reverend Sharpton noch Leon noch Charles Bobbit. Leon wusste, dass mit Bra etwas nicht stimmte, daran, wie Brown sich verhielt, sah er, dass er etwas nahm, sagte aber nichts.

Leon wartete. Er wusste, es gab Zeiten, um mit Brown über Dinge zu reden, und Zeiten, in denen man besser Ruhe bewahrte. Selbst, wenn James high war, wusste Leon, kam eventuell der, den er so mochte, zum Vorschein, der James, der lachte, über seinen eigenen Erfolg staunte und alles mit einem Augenzwinkern zur Kenntnis nahm.

Brown gefiel, dass Leon – den er manchmal liebevoll Boston nannte, weil es sich auf Austin reimte – auch seine schlimmen Züge kannte, ohne darüber zu urteilen, sich nie von Browns Eskapaden aus der Fassung bringen ließ, sondern ihn verstand und verteidigte, auch vor seiner Frau Emma, die mitunter ihre Einwände hatte, weil sie fürchtete, das Verhältnis der beiden könnte zu einer ungleichen Freundschaft werden. »Du vergisst«, sagte er dann, »dass ich ihn mir als Freund ausgesucht habe, und wenn ich einen Freund habe, gehe ich mit ihm durch dick und dünn.« Das war etwas, worauf Brown sich verließ. Eines seiner liebsten Dinge im Leben war, von einer Tour zurückzukommen, seine Taschen in seinem Haus in Beech Island abzustellen, in seinen Lincoln zu steigen und zu der bescheidenen Ranch am Martin Luther King Boulevard 1932 in Augusta zu fahren, wo er den Kindern, die immer um Leons Haus herum anzutreffen waren, zurief: »Lauft und holt Mr Leon.«

Leon kam dann zur Tür, linste durchs Fliegengitter und sah

Brown am Bordsteinrand, der den Kopf aus dem Fahrerfenster seines Lincoln reckte und rief: »Bra! Lass uns ein bisschen herumfahren!«

Mehr als vierzig Jahre fuhren sie gemeinsam herum: Brown, Browns jeweilige Frau, Leon Austin und Emma, mit der Austin zweiundvierzig Jahre verheiratet war. Über die Staatsgrenze nach South Carolina fuhren sie, in Browns Heimat, nach Williston, Blackville und Snelling, Orte in der Nähe des alten Ellenton, um, mit Leons Worten, »Browns Cousins zu treffen«, seinen liebsten Hähnchenstand heimzusuchen und in irgendeinem Soul-Food-Laden, den nur Brown kannte, Sardinen, Käse und Cracker in sich hineinzuschlingen. Die Diskussion war immer die gleiche. »Warum müssen wir das essen?«, fragte Leon. »Lass uns woanders hingehen, Bra. Ich zahle.«

»Warum willst du dein bisschen Geld verschleudern? Was ist falsch an Sardinen und Crackern?«

Leon lachte dann immer. Er wusste, dass es keinen Sinn hatte zu streiten. »Wie kann jemand Liebe ausdrücken oder zeigen, wenn er nicht weiß, wie sie sich anfühlt?«, erklärte er seiner Frau. Es war Browns Art, Liebe zu zeigen. Man konnte nicht mit ihm streiten. Wie als Kinder, wenn sie Baseball spielten. Wenn es einen Streit auf dem Feld gab, nahm Brown seinen Ball und seinen Schläger und verschwand. Es ging nicht um Sardinen und Cracker, es ging um Freundschaft und die Begleichung von Schuld, denn Leon schuldete Brown etwas, und das wussten beide. Brown sorgte dafür, dass Leon zu schätzen wusste, was er hatte: einen Sohn. Eine Frau. Ein Haus. Ein Auto. Ein normales Leben, und nicht vier Frauen und dreizehn Kinder, nicht dreißig Autos und ein Haus mit fünfzehn Zimmern, das ihm nichts bedeutete. Leon stand in Browns Schuld, weil er ihm half, das zu schätzen. Und so ließ Leon Brown seine

Liebe auf seine ihm eigene, vorsichtige Art ausdrücken, und in Browns späteren Jahren, als ihn seine Probleme zu Fall brachten, ob es um seine Ehe ging, seine Karriere, um Rechtsstreitigkeiten oder Drogen, wenn er aufbrausend und praktisch unkontrollierbar wurde, war es stets Leon, der von Charles Bobbit mit den Worten »Mr Brown hat Schwierigkeiten« ins Haus in Beech Island gerufen wurde.

Leon legte dann auf, eilte zu Brown und fand ihn im Bett, ein Kissen unter den Knien.

»Was ist los, Bra?«

»Ich will nicht mehr arbeiten, Bra. Ich will keine Shows mehr. Ich bin müde. Die Knie tun mir weh.«

Dann bat Leon einen der stummen, verängstigten Bediensteten, Browns Trockenhaube zu bringen, Kamm und Haarpflegeutensilien, die immer griffbereit waren, denn schon als Kind hatte Brown auf seine Erscheinung geachtet. Leon machte sich an die Arbeit, wusch Browns Haar, frisierte ihn und setzte ihn unter die Trockenhaube. Dabei sagte er nicht viel und wusste zu schweigen, denn James wollte reden und redete genug für sie beide. Während die Haube dröhnte, konnte Brown sowieso nicht hören, was man ihm sagte, und wollte es auch nicht. Er wollte Gesellschaft, wollte nicht allein sein. Er schrie Leon an, und wenn er sich ausgeschrien hatte, schrie auch Leon ein paar Dinge zurück, beide ließen Dampf ab, Leon erzählte von seinen Problemen mit dem Friseursalon, Brown von den Schwierigkeiten, ein mehrere Millionen schweres Unternehmen zu führen, das, wie Leon wusste, nicht mehr so millionenschwer war. Sie redeten über Politik und Frauen, Autos und Religion. Und hinterher fuhren sie los und kauften Eiskrem, nichts zu trinken, keinen Alkohol, keine Drogen, nur Eiskrem. Etwas, das sie sich als Kinder nicht leisten konnten. Sie kauften genug, um einen ganzen Laden aufzumachen. Jede Sorte, die sie mochten.

Erst dann, für gewöhnlich im Auto auf dem Weg nach Hause, wenn der sumpfige Geruch des Savannah River durch die Fenster strömte, James' Frisur in Ordnung war, er sich gut und sauber fühlte und sie beide mit Eiskrem abgefüllt waren, erst dann kam Leon auf den Punkt.

»Bra, du musst wieder an die Arbeit.«

James hatte sich mittlerweile beruhigt, und er gestand Leon das wirkliche Problem. Manchmal war es die Arbeit. Das Geld. Ein Veranstalter. Ein Anwalt. Oder dass er nach Jahren auf den großen Bühnen jetzt wieder in kleineren Häusern spielen musste. Meist jedoch ging es um Liebe. »Bra, wenn du nach Hause kommst«, sagte Brown, »wartet da eine Frau. Jemand, den du begrüßen kannst, dem du wichtig bist und der dir die Füße massiert.«

Leon mischte sich nie in Browns turbulentes Liebesleben ein. Die Tatsache, dass es da immer nur Probleme gab, so erklärte er seiner Frau, ging ihn nichts an. Er bezog nie Stellung oder gab Ratschläge. Stattdessen kam er immer wieder zurück auf denselben Punkt: »Ich verstehe, Bra. Aber du musst arbeiten. Das tun wir alle.«

Und so bestand kein Zweifel, dass sich James Brown am nächsten Tag wieder aufraffen würde auf knirschenden Knien, wenn er auch weit über sechzig war und sich wie neunzig fühlte, wenn auch der Prostatakrebs an ihm fraß und ihm seine Zähne nach etlichen Operationen Schmerzen bereiteten, er allergisch auf Penicillin reagierte und ihn alle möglichen Leiden zu Boden zwangen. Wenn ihm auch keine Ruhepause vergönnt war, weil er kein normaler Mann war. Er würde sich erheben und erneut dem Leben stellen.

Mehr als jeder andere auf der Welt wusste Leon Austin aus Augusta, Georgia, wie weit James Brown gekommen war, war er es doch gewesen, der ihn an jenem ersten Tag 1941, als sie beide acht Jahre alt gewesen waren, aus der Schule mit nach Hause genommen und seiner Mutter gesagt hatte: »Momma, das ist mein Freund aus der Schule, James Brown.«

Mrs Austin sah die beiden Jungen an, ihren Sohn und seinen kleinen Freund, die Nase voller Rotz, das Haar zerzaust, verwildert, die Kleider zerlumpt, und sagte: »So ertrag ich euch nicht.« Sie packte sie beim Kragen und schob sie nach hinten in die Küche, wo sie die eiserne Wanne mit heißem Wasser füllte. Sie zog James aus, zog Leon aus, steckte die beiden in die Wanne und schrubbte sie sauber. Und als sie fertig war, zog sie beiden Sachen von Leon an und sagte: »So ist es besser.«

Kapitel 8

Aufrecht leben

In Toccoa im Norden Georgias, einer hübschen Stadt an einem Berg, gibt es einen Park für einen der stärksten Männer der Welt. Paul Anderson, der bei den Olympischen Spielen 1956 die Goldmedaille gewann, wurde in Toccoa geboren. In einem Museum in der Stadt haben sie seine olympische Mannschaftsuniform, bei der man sich wundert, wie ein so kleiner Mann so viel heben konnte. Er hält den Weltrekord für das größte je von einem Menschen gehobene Gewicht, 2.844 Kilogramm auf dem Rücken. Ein sechzehn Tonnen schwerer Granitblock zeigt, wo er geboren wurde. Er ist der berühmteste Mann, den diese Stadt hervorgebracht hat. Auf James Brown hingegen, der nach seiner Gefängnisstrafe herzog und seine prägenden Jahre hier verbrachte, gibt es in den Ordnern der örtlichen Bibliothek etwa sieben Verweise. Der Großteil der alten Zeitungsausschnitte befasst sich mit Bobby Byrd, Browns ehedem berühmtem Sideman.

Wenn der Traum eines Mannes in den Himmel schießen, mit dem Glanz von tausend Sternen gleißen und dem Zischen von

Wasser, das auf ein Streichholz tropft, verlöschen kann, dann endet James Browns Geschichte hier. Dann kann man sie im Schatten eines hübschen Stechpalmenbuschs an einem sich windenden Weg auf dem Friedhof von Toccoa finden, begraben unter einem Stein, auf dem »Teddy Lewis Brown, 1954-1973« zu lesen ist.

Teddy starb mit gerade mal neunzehn bei einem Autounfall in Upstate New York. Zusammen mit zwei Musikerfreunden, Arthur Ricky Roseman, achtzehn, und Richard Young, dreißig, war er unterwegs nach Kanada. Alle drei wurden getötet, als ihr Auto in Elizabethtown, New York, gegen einen Brückenpfeiler prallte. Einem Gerücht zufolge war Alkohol mit im Spiel, aber es ist nur ein Gerücht, außerdem saß Teddy nicht am Steuer.

James Brown hatte große Pläne für seine zwei ersten Kinder, seine Söhne Teddy und Terry. Terry, der jüngere, war der Intelligente, hatte den juristischen Kopf, und war der Leichtathletikstar in der Highschool. Teddy, der ältere, glänzte als Tänzer, als Sänger. Er hatte Esprit.

So viel Nebel wabert um James Brown, dass es schwer ist, hinter Teddys tatsächliches Verhältnis zu seinem Vater zu kommen. Jeder, mit dem man spricht, behauptet, Bescheid zu wissen: dass Teddy ein schlechtes Verhältnis zu Brown hatte, der ihm ein Saxofon gab und sagte: »Lern, das zu spielen«, und Teddy Dinge erwiderte wie: »Ich werd's dir zeigen, Daddy! Ich hab meinen eigenen Kopf.« Es ist das übliche Drama, und vieles davon ist Unsinn. Aber alle stimmen darin überein, dass Teddy ein hinreißendes Gesicht hatte, ein wunderschönes Lächeln und ungeheuer viel Talent, vielleicht mehr als sein Vater. Er war eine beeindruckende Person, und noch fünfunddreißig Jahre nach seinem Tod zaubert sein Name den Alten in Toccoa ein Lächeln aufs Gesicht. »Teddy hatte ein unglaubliches Talent«, sagt Drew Perry, ein Bestattungsunternehmer und ehemaliger Klassenkamerad von Teddy. »Er war jedermanns Freund.« »Ein wirklich besonderer Junge«, fügt David Neal hinzu, der ein Leben lang in Toccoa gelebt hat und mit James Brown befreundet war. Sein Bruder James Neal, ehedem Bürgermeister von Toccoa, sagte mir: »Teddys Beerdigung war die größte, die es in dieser Stadt je gab.«

Kein Lächeln jedoch zaubert Teddys Name auf die Lippen der großen, majestätischen Frau, die vor dem Kamin in ihrem ordentlichen Haus in der Prather Bridge Road sitzt. Die zweiundsiebzigjährige Velma Brown, James Browns erste Frau, ist eine gut aussehende, stilvolle, große Person mit einer glatten braunen Haut, einem schönen Lächeln und dem Ausdruck einer afrikanischen Prinzessin. Sie ist eine aufrechte Frau, bodenständig und klug, und mit einer schnellen, scharfen Sensibilität, die große Bedächtigkeit verrät. Sie schaukelt in ihrem Stuhl und lauscht ihrem fünfzehn Monate nach Teddy geborenen Sohn Terry, wie er mit leiser Stimme über seinen Bruder spricht: Was ihr erstgeborener Sohn Teddy hätte sein können, hätte sein sollen, vielleicht geworden wäre. Nahebei flackert ein Fernseher, ein alter, groß und eckig, mit Lautsprecher. Sie achtet nicht weiter darauf. Ihr Blick verschwimmt, während sie Terry zuhört. Sie befindet sich in einer anderen Zeit, an einem anderen Ort.

»Teddy«, sagt sie ruhig, »war dabei, sich selbst zu finden. Wie junge Leute es eben tun.«

Nach Teddy Browns Tod erlitt sie einen Zusammenbruch. Es hat sie aus der Bahn geworfen, zwei Jahre lang nahm sie Beruhigungsmittel, nur um wieder geradeaus blicken zu können. Allein Gott hielt sie aufrecht, und dafür war sie immer dankbar. Weil sie ihre Jungen gelehrt hatte, stark zu sein, Seinem Wort zu vertrauen. Zu lernen und die engen Grenzen hinter sich zu lassen, innerhalb derer sie lebten, die Welt zu sehen – und ihr Leben nicht damit zu verbringen, die Söhne eines Superstars zu sein. Teddys Fahrt nach Kanada, das wusste sie, war kein windiger Versuch zu trinken und über die Stränge zu schlagen, um seinem Vater zu zeigen, dass er ein Mann war. Das hätte er auch in New York tun können, wo sein Vater ein leeres Haus hatte, da er meist unterwegs war. Oder er hätte nach Atlanta fahren können, wohin es von ihrem Haus gerade mal zwei Stunden waren. Dort hätte er so wild sein können, wie er wollte. Teddy war unterwegs nach Kanada, weil er die Welt sehen wollte. Er wollte frei sein und nachdenken, wollte Teddy Brown sein und nicht James Browns Sohn. Und das hieß sie gut.

»Wenn da ein Mann verborgen ist, wollen Sie, dass er hervorkommt«, sagt sie. »Sie wollen nicht, dass Ihr Sohn herumalbert und sich mit halben Sachen zufriedengibt, bloß weil er sieht, dass es alle um ihn herum auch tun. Man muss an sich arbeiten, Dinge kennenlernen, und hier hätte er das nicht gekonnt. Nicht in Toccoa. In dieser Stadt gibt es im Grunde nur drei schwarze Familien, und wir sind alle irgendwie miteinander verwandt. Einige haben gelernt, aufrecht zu leben. Andere bleiben sitzen.«

Sie hat immer zu den Aufrechten gehört.

Velmas Vater, Arthur »Bug« Warren, war ein mächtiger Kerl, einsdreiundneunzig, zu seiner besten Zeit gut über einhundertzehn Kilo schwer und breitschultrig. Er war höflich und gutherzig, ließ sich aber von niemandem für dumm verkaufen. Geboren war er 1879 in Birmingham, Alabama, gerade fünfzehn Jahre nach Ende der Sklaverei. Fast alle in der Familie waren kleine Pachtbauern, und als die Arbeit in Alabama knapp wurde, verkündete ein Großteil von Bugs Freunden, dass sie nach Norden gehen wollten, nach New York oder Chicago. Bugs Vater erklärte seinem Sohn jedoch: »Norden oder Süden, es macht keinen Unterschied, wenn du darauf wartest, dass dir der weiße Mann aus dem Weg geht. Egal, wo du bist, steh aufrecht. Halte den Kopf oben und drücke den Rücken durch, damit du siehst, was los ist. Tu was – wo du auch bist.«

Bug kam nach Toccoa, wo ein Farbiger, wie er gehört hatte, gutes Geld damit verdienen konnte, Schienennägel in Gleisschwellen zu treiben, wenn er denn einen kräftigen Rücken hatte. Toccoa bestand in jenen Tagen aus nichts als Feldwegen und Farmen, aber die Eisenbahn hielt dort und es war ein Produktionszentrum, in dem Särge und Möbel gebaut wurden. Bug bekam einen Job bei einem weißen Mann in einem Trupp, der Schwellen für die Southern Railway verlegte. Die Strecke führte quer durch Toccoa. Die Arbeit war hart, der Vorarbeiter ein rauer Bursche. Du musstest stark sein nach außen, und noch stärker nach innen. Einige der Schwarzen, große Kerle aus Georgia und Alabama, kamen nicht damit zurecht und gaben auf. Aber Bug hörte auf die Älteren, die sagten: »Halt den Kopf hoch und den Rücken gerade. Geh in die Knie. Wenn du den Rücken beugst, kannst du es vergessen, morgen wiederzukommen. Keine halbe Stunde hältst du dann durch. Steh gerade und hol's aus den Beinen.« Bug hörte auf sie, hielt den Rücken gerade und stand es durch. Den Großteil seines Lebens rammte er Nägel in die Erde, bis sein Schreinern ihm endlich ein besseres Leben ermöglichte. Er heiratete, kaufte etwas Land, baute 1938 mit eigenen Händen ein Sechs-Zimmer-Haus, und als seine Söhne Son, Robert, Peanut, AP und Douglas – insgesamt waren es mit den Töchtern Margaret und Velma sieben Kinder – alt genug waren, schickte er sie ebenfalls zum Schwellenlegen, genau, wie er es getan hatte. Er lehrte seine Jungs zu tun, was er gelernt hatte: »Haltet die Köpfe oben. Beugt den Rücken nicht. Steht aufrecht.«

Bugs Jungen waren wie ihr Vater, hart arbeitende, große, starke Männer. Son war einssechsundneunzig, Peanut einsachtundachtzig, Doug einseinundneunzig, AP einsdreiundachtzig und Robert mit seinen einsfünfundsiebzig der Zwerg. Sie alle waren ruhige, beständige Kerle, deren Hände einen Hammer zu halten wussten und die dich mit ihren dunklen Augen offen ansahen. Das war im Süden allerdings gefährlich, wo sich ein schwarzer Mann, der den Blick nicht gesenkt hielt, den Hut nicht abnahm und nicht vom Bürgersteig trat, wenn eine weiße Frau vorbeikam, leicht an einen Pick-up-Truck gebunden wiederfinden konnte, wo er genug Erde zu fressen bekam, bis es vorbei war mit ihm. Das Problem, dass sich seine Söhne da nicht einfügten, weil sie ihrem Dad folgten, nagte an Bug bis zu seinem Tod. Sie waren nicht geneigt, den Hut vor irgendwem zu ziehen, außer vor ihrer Mutter. Aber zu Bugs Erleichterung kamen seine Jungen im Großen und Ganzen zurecht. Acht bis zehn Stunden täglich hämmerten sie für die Southern Railway Nägel ins Holz, und alle wurden so gut darin, dass sie den Hammer nur hoch in die Luft zu heben brauchten, um den Nagel mit einem einzigen Schlag zu versenken. Bugs Jungen verstanden es, mit dem Hammer umzugehen, jeder Vorarbeiter wusste das, und nach ein paar Jahren hämmerten sie sich von der Eisenbahn des weißen Mannes hinaus in ein Leben, wie sie es sich wünschten. Bugs Ältester, Son, wurde Kopfgeldjäger, Peanut Maurer und Betonierer, Doug und AP wurden Schreiner und nahmen nie wieder einen Schwellennagel in die Hand. Nur Robert blieb bis ans Ende seines Lebens bei der Eisenbahn. Bugs Jungen waren gute Kerle, seine Familie, die Warrens, eine ordentliche, gottesfürchtige Stütze der örtlichen Mt. Zion Baptist Church. Bug war stolz auf die Familie, die Gott ihm geschenkt hatte.

Den Schock seines Lebens bekam er jedoch, als er herausfand, dass seine jüngere Tochter Velma freitagabends aus dem Fenster kletterte und sich mit einem Wicht aus dem Ort traf, der keine einsfünfundsiebzig groß war und gerade erst aus der in der alten Kaserne der Nationalgarde untergebrachten Alto Reform School entlassen worden war, wo er drei Jahre eines Acht-bis-sechzehn-Jahre-Urteils wegen Autodiebstahls abgesessen hatte, einem Jungen, der Unterhaltungsmusik und keine Kirchenmusik machte, der kurz auf die nicht rassengetrennte Whitman Street High School gegangen war, dann aber hingeschmissen hatte, um Aushilfsjobs zu übernehmen und gelegentlich Schwarzgebrannten nach South Carolina zu schmuggeln. Einem Jungen, der ursprünglich aus dem großen Augusta kam und eine dubiose Vergangenheit hatte. Einem Jungen, den sie »Music Box« nannten.

Fünfzig Jahre später sitzt Velma in einem schönen Wollpullover und Hose vorm Kamin in ihrem Wohnzimmer und lächelt, wenn sie an ihre erste Liebe denkt. »Mein Daddy sah James tanzen, sah ihn auftreten und singen, und er sagte: ›Also, dieser James ist verrückt. Er braucht Arbeit. Einen Job.‹« Aber Velma war stur, genau wie ihr Vater, und wenn sie sich einmal etwas in den Kopf gesetzt hatte, blieb es dabei. Sie sah die Herzensgüte des jungen Mannes aus der Trinity Church, den sie kennengelernt hatte, als er eines Sonntags in der Mt. Sion Baptist sang. Der junge James Brown versprach ihr, dass er ein anständiges Leben wollte. »Vieles ist bei mir noch nicht, wie es sein sollte«, sagte er, »aber ich arbeite daran, die Dinge richtig hinzubekommen. Keiner ackert härter als ich.« Er arbeitete ständig, übernahm jeden Job, den er kriegen konnte, ob groß oder klein, er machte ihn. Sie bewunderte seine Einstellung. Als sie anfingen auszugehen, schloss sich James ihrer Kirche an und tat sich mit jemandem von der Trinity Church zusammen, Bobby Byrd, der ihn beim Singen unterstützte. James Brown war ein Stadtjunge unter lauter Kleinstadt-Kids, und Toccoa war für ihn nach dem großen Augusta ein völliger Neubeginn.

»James war immer ordentlich«, sagt Velma. »Immer sauber. Höflich. Und er wusste es zu schätzen, wenn man nett zu ihm war. Er hatte ein gutes Herz und ging mit dem wenigen, was er besaß, achtsam um. Wenn er eine Latzhose hatte, wusch und bügelte er sie und bleichte die Umschläge. Hatte er zwei, schenkte er dir eine von ihnen. Er bügelte seine Hemden und achtete immer auf sein Aussehen.«

Nur wenige Schwarze in der Stadt wollten in jenen Tagen etwas mit James Brown zu tun haben. Als er aus der Besserungsanstalt kam, half ihm ein netter weißer Aufseher und empfahl ihn einem örtlichen Autohändler, aber James fand keine feste Unterkunft. Zunächst vermietete ihm eine schwarze Frau namens Miss Leeny Wilson ein Zimmer in der Sage Street 235, dann ein schwarzes Paar, ein Friseur und seine Frau, Nathan und Dora Davis. Sie wohnten in der Emily Street 144, was Brown in die Trinity brachte, eine Methodistenkirche. »Nathan und Dora Davis nahmen ihn mit in die Trinity«, sagt Velma. »So kam er dort in den Chor.« Dennoch grenzten ihn die meisten Schwarzen in Toccoa aus. »Sie nannten ihn den Sträfling«, sagt Velma. »So hieß er hier. Sie konnten nicht vergessen, dass er aus der Alto kam.«

Velma störte sich nicht an den Gerüchten. Sechzehn Jahre für einen Autodiebstahl zu bekommen war nichts Ungewöhnliches in Georgia, wo die Rechtsprechung der Weißen die Afroamerikaner hart strafte. James war witzig, er brachte sie zum Lachen, hatte große Träume und arbeitete hart. Er bat nie um Almosen und sang wie ein Vogel. Sie verliebte sich.

Ihrem Vater gefiel das nicht, aber er sah, dass Velma nicht davon abzubringen war, und so zitierte er das Pärchen eines Nachmittags zu sich und verkündete, dass der junge James seine Tochter nur zu einer anständigen Zeit sehen dürfe, freitagabends nach der Arbeit. »Ich will nicht, dass ihr in diesen Spelunken und Musikschuppen herumhängt«, sagte er. Vor der übermächtigen Gestalt Bug Warrens stehend, dessen einsneunzig sich Zentimeter für Zentimeter in der Breite und Kraft seiner Schultern und Hände niederzuschlagen schienen, stimmten die beiden nur zu gerne zu. So besuchte James freitags denn seine Velma, und sie saßen im Wohnzimmer und unterhielten sich höflich, während Bug hinten auf der Veranda den einen oder anderen Schluck Schwarzgebrannten trank, der ihn nie vom morgendlichen Kirchgang abhielt. Sie warteten, bis die guten Tropfen ihre Wirkung taten, und wenn Bug ausgeknockt ins Bett kroch, stiegen sie aus dem Fenster und eilten an genau die Orte, über die Velmas Vater so schimpfte. »Das waren verrückte Zeiten«, sagt sie und lacht.

Los ging's zum S+M Grill, zu Berry Trimier, Bill's Rendezvous und in die schwarzen Musikkneipen, in denen James und seine Band mit Bobby Byrd, Sylvester Keels, Doyle Oglesby, Fred Pulliam, Nash Knox, Nafloyd Scott und seinem Bruder Baby Roy Scott sangen. Velma sah mit einem Auge James zu und hielt das andere auf die Tür gerichtet. Sie hoffte inständig, Bugs wuchtige Gestalt dort nicht hereinkommen zu sehen, denn das war der Alptraum, dass ihr Vater aufwachte, ins Wohnzimmer stolperte, feststellte, dass sie nicht da waren, und sie suchen kam. Die bloße Vorstellung, Bug Warren kochend vor Wut und mit geballten Fäusten in den S+M Grill stapfen zu sehen, ließ James und Velma erzittern. James hatte eine fürchterliche Angst vor Bug, und als er Velma schließlich fragte: »Willst du mich heiraten?«, sagte sie glücklich ja. Womit zumindest ein Problem ausgeräumt war. Bug konnte nicht mehr durchdrehen, wenn sie James' Frau war.

Die beiden heirateten am 27. Juni 1953 in der Mt. Zion und mieteten ein Haus in der Savannah Lane. Velma fand einen Job in der örtlichen Möbelfabrik. Mr Lawson von der Lawson Motor Company hatte James auf Drängen des Aufsehers hin eingestellt, und zum Teil auch weil die aus dem Boden sprießenden Fabriken in Toccoa – die alle nicht erpicht darauf waren, einen jungen Straftäter aus Alto einzustellen – den örtlichen Arbeitsmarkt leergefegt hatten. Lawson war ein netter Mann, der Brown eine Chance gab, doch er zahlte nicht genug. James wollte mehr, und nach einer Weile nahm er einen Job als Hausmeister an der weißen Toccoa Elementary School an, wo er Kohlen zu schaufeln hatte.

Es wäre eine problemlosere Ehe gewesen, wäre James' Band während der nächsten drei Jahre nicht so schnell so populär geworden. In einer kleinen Stadt, wo es für junge Leute nur wenig zu tun gab, sangen und spielten James und die Famous Flames auf Highschool-Bällen, in Musikkneipen, Clubhäusern, bei weißen Highschool-Footballspielen und in Schul-Cafeterien, dann ging es nach Macon, Georgia, wo sie die Clubs aufmischten und mit Little Richard konkurrierten, mit Otis Redding, Clyde McPhatter und den Drifters, den Five Royales sowie Hank Ballard und den Midnighters. Fünf Jungen aus einer Kleinstadt auf dem Land bestiegen die kleinen Bühnen und heulten den Mond an, Nafloyd Scott spielte seine Gitarre hinter dem Rücken, Bobby Byrd hämmerte auf die Tasten ein, als hinge sein Leben davon ab, und der Leadsänger James Brown tanzte auf den Tischen, sprang aufs Klavier und forderte alle heraus, es noch toller zu treiben. In jenen Jahren hielt Brown an seinem Tagesjob fest, um für das Haus in der Savannah Lane und später der Spring Street mit Velma, Teddy und Terry zu zahlen, doch auch dann brach die Musik ständig aus ihm hervor: Er sang im Haus, auf der Straße und bei der Arbeit. Brenda Kelly, die pensionierte Direktorin der Stephens County High School, ging damals in die Grundschule in Toccoa und erinnert sich an den Hausmeister, den jungen James Brown, wie er im Keller der Schule Klavier übte, nachdem er den ganzen Morgen Kohle geschaufelt hatte. »Ich glaube, es war 1955 oder so, ich war vielleicht in der sechsten Klasse. Unten im Keller war ein Raum, unter der Cafeteria. Dort fand der Werkunterricht statt, und es gab einen Hausmeisterraum. Wir Kinder durften nicht allein dort hinunter, aber Sie wissen, wie Kinder sind. Am Ende des Gangs stand ein Klavier. Ich und meine Freundin Liz Hoffer schlichen uns in der Mittagspause die Treppe hinunter, um den Hausmeister spielen zu hören. Es klang so wunderbar. Wir waren sein einziges Publikum.«

Aber Browns Publikum wuchs. Sein erster Hit *Please, Please, Please* kam ein Jahr später heraus, 1956, und die Auftritte der Famous Flames erforderten immer weitere Reisen, nach Atlanta, Jacksonville, Florida, Houston. James' Bühnenshow zog die Leute an. Er war mehr und mehr unterwegs und immer länger von seiner Frau getrennt. Und er begann sich zu verändern.

Velma sah es geschehen. »James war durchsetzungsfähig. Er konnte Sachen in Gang setzen und den Leuten sagen, was sie zu tun hatten. Wenn er mit der Band irgendwo saß und sich eine Zigarette ansteckte, rauchten plötzlich auch alle anderen.

Ich sagte: ›Was stimmt nicht mit diesen Leuten?‹ Ich verstand es nicht.«

Sie sah, wie die Frauen hinter ihm her waren, sah die Anerkennung und die Begeisterung, sah, wie James davontrieb. Er gab seinen Hausmeisterjob auf und war jetzt nur noch unterwegs. In Macon, in Atlanta. Es gefiel ihr nicht, aber die Zeiten waren schwer. »Wir waren sehr jung«, sagt sie, »und ich hatte nicht vor, mich ihm in den Weg zu stellen. Es waren harte Jahre, und diese Stadt war ein Gefängnis für ihn. Es war seine Chance, etwas aus sich zu machen. Als ich später hörte, was zwischen ihm und den anderen Frauen war, mit denen er sich traf, war das was zwischen ihm und denen. Mit mir hatte das nichts zu tun. Weil er mich immer respektiert hat. Und ich ihn.«

Sie schaukelt langsam und denkt daran zurück. Es ist keine leichte Erinnerung. »Er war ein guter Vater«, sagt sie. »Wir waren ihm nie gleichgültig, weder ich noch seine Jungs.«

Als Brown 1964 das Haus in Queens kaufte, hatten er und Velma sich bereits getrennt. Velma blieb in Toccoa. »Ich sagte ihm: ›Tu, was du willst. Ich brauche nichts von dir. Ich habe meinen eigenen Job.‹« Sie verlangte keinen Cent von ihm, sagte aber: »Wir haben zwei Kinder, und ich muss sie großziehen.« Ohne jeden Protest zahlte James 150 000 Dollar für ein Grundstück bei der Prather Bridge Road, auf dem er ein brandneues Haus errichten ließ und es Velma überschrieb, die ihn auch später um nichts bat – um nichts bitten musste: *Er* fragte sie, und nur, wenn er fragte, sagte sie: »Nun, die Jungs bräuchten ...«

Dreißig Jahre arbeitete sie in der Möbelfabrik, fing an mit einem Lohn von einem Dollar zehn die Stunde und schickte die Jungen den Sommer über nach New York City zu ihrem Vater. »Wenn ich Probleme mit ihnen hatte, rief ich ihren Vater. Und er reagierte. Lief es hier falsch und ich kam damit nicht klar, schickte ich sie zu ihm. Nun, ich wollte nicht, dass eine von seinen Frauen irgendeinen Unsinn mit ihnen machte. Das erlaubte ich nicht. Aber sie liebten ihren Vater, und er liebte sie. Ich habe sie nie von ihm ferngehalten.

Ich glaube, James wusste das zu schätzen. Er kannte mich. Wir waren zusammen jung gewesen. Wissen Sie, dass James über die Jahre zu praktisch jeder Beerdigung in meiner Familie kam? Zu praktisch jeder. Er unterbrach seine Tour und kam, wie weit immer er auch weg war. Aus den entlegensten Ecken kam er, um ihnen seinen Respekt zu erweisen. Darin war er gut.«

Und sie auf ihre Weise auch. Mehr als einmal über die Jahre, in denen James noch lebte, klopfte ein weißer Anwalt in einem Anzug bei ihr an und sagte: »Ich kann Ihnen Millionen von Ihrem Ex-Mann beschaffen.« Sie schlug ihnen die Tür vor der Nase zu. »Wenn du mit falschen Waffen kämpfst«, sagt sie, »verlierst du.« Jahrelang hat sie die verschiedenen Berichte über James' Leben in Toccoa gelesen, wie sich so viele Menschen angeblich an so viel von ihm erinnern, wie sie Luftschlösser über die gute alte Zeit bauen, als James Brown von ihnen mitgenommen werden wollte, sie um Geld bat, mit ihrer Schwester ausgehen, Baseball mit ihnen spielen wollte, wenn er wieder mal pleite war, oder bei ihnen übernachtete. Diesen Phantasiegebilden zufolge, von denen einige ziemlich tief in den Mythos James Brown eingewoben sind, hat James Brown unter anderem im Keller von Sideman Bobby Byrd gewohnt, bei dessen Großmutter, die ihn irgendwie aus der Besserungsanstalt »abgemeldet« hatte und in deren Haus er wohnte, bis er groß herauskam. Die tatsächlichen Daten zeigen, was da Fakt und was Fiktion ist: Brown wurde 1951 aus der Anstalt entlassen, seine erste Platte, *Please, Please, Please*, kam 1956 heraus. Das wären fünf Jahre in Byrds Keller gewesen, während derer der hochtalentierte Byrd, wenigstens einen Teil der Zeit, an der North Carolina A&T studierte.

»Die Wahrheit ist, dass niemand James viel gegeben hat«, sagt Velma. »Er hat sich seinen Weg selbst erarbeitet und ist hier nicht rumgelaufen, um sich was zusammenzubetteln. Wir hatten unser eigenes Haus. Wir haben gearbeitet. Wir haben uns selbst durchgebracht, und James hat keinen um was gebeten, weil kein Mann von mir hätte so etwas gemacht«, sagt sie einfach.

Niemand in Toccoa habe eine Vorstellung gehabt, was aus ihm einmal werden würde, sagt sie. »Wenn Sie heute die Leute hier fragen, sagen sie Ihnen, dass er das Größte war seit der Erfindung von Brotscheibe und Erdnussbutter. So nett waren sie aber nicht zu ihm. Er war immer der, den sie ›gerade aus Alto rausgelassen‹ hatten.«

Sie starrt ins Feuer. »Das haben sie nie vergessen. Das hat er nie hinter sich lassen können, ganz gleich, was er tat. Als er groß wurde, war es das Erste, was in die Zeitung kam: Wie er aus Alto raus ist und nichts hatte. Wie sie ihm alle geholfen und dies und jenes gegeben haben. Das hat er nie vergessen«, sagt sie, »und ich auch nicht.«

Offiziell wurden die beiden 1969 geschieden, doch bis ans Ende seiner Tage entfloh Brown immer wieder seinem Leben in Augusta, seinen Frauen, seinem Gefolge, den Rechnungen, den Anwälten und dem ganzen Irrsinn, sprang in seinen Lincoln und fuhr die zweieinhalb Stunden nach Toccoa, um bei Velma im Wohnzimmer auf der Couch zu sitzen und Stunden mit der Frau zu verbringen, die er in seiner Autobiografie seine »enge Freundin« nannte. Das Haus, das er ihr gebaut hatte, war für ihn oft »unser Haus«. Ihre Jungen Terry und Teddy, und auch

Velmas aus einer anderen Verbindung stammender Sohn Larry, den Brown wie seinen eigenen behandelte und den er in seinem Testament mit bedachte, waren »unsere Jungs«. Ihren Neffen William Forlando nannte er »unseren Flip«. Brown liebte den Kleinen und gab ihm den Spitznamen Flip, weil das Kind so witzig war und ihn an den beliebten schwarzen Komödianten Flip Wilson erinnerte. Er sah seine Hausaufgaben durch, zahlte seine College-Gebühren und platzte, zusammen mit Velma, vor Stolz, wenn sich Flip in seinen Büchern versenkte. Das Paar verband eine besondere Nähe – und ein großer Kummer, der den Rest ihres Lebens zeichnen sollte, denn sie beide ließen ein großes Stück ihrer Seele auf dem einsamen Highway in Upstate New York, wo eines Nachts, in den frühen Morgenstunden, Teddy in den Himmel auffuhr.

Sie waren nicht die Einzigen, deren Leben dadurch auf den Kopf gestellt wurde. Teddys jüngerer Bruder Terry war vom angesehenen Moorhouse College in Atlanta angenommen worden, der Alma mater von Dr. Martin Luther King und vielen anderen, und er wollte gerade dorthin aufbrechen, als Teddy umkam. Teddy hatte seinen Bruder auf die Fahrt mit eingeladen und meinte, es wäre doch schön, etwas Zeit zusammen zu verbringen, bevor er ins College gehe. Terry hatte abgelehnt. »Momma und Daddy wollen, dass ich zu Hause bleibe und arbeite, weil ich ein neues Auto fürs College bekomme«, erklärte er seinem Bruder. Nach dem Unfall brach Terry zusammen. Er schlug seinen Platz im Moorhouse aus und ging mit einem Basketball-Stipendium auf die North Georgia College and State University, brach das Studium nach zwei Jahren jedoch ab. Darauf folgte eine lange ziellose Zeit, während der er zahllose handwerkliche Jobs annahm, für das Radio seines Dads arbeitete und nach einem Streit mit ihm kündigte. Brown stützte sich nach Teddys Tod stärker auf ihn und fing an zu trinken, was Terry davontrieb (bis er sich seinem Vater in dessen späteren Jahren wieder zuwandte und ihm half). Velmas Nervenzusammenbruch machte das alles nur noch schwieriger. Teddys Tod veränderte ihrer aller Welt.

Vor allem veränderte er James Brown.

Teddy starb, als Brown auf der Höhe seines Erfolges war. Er hatte eine der besten Bands mit den größten R&B-Musikern aller Zeiten zusammengestellt, mit der er sogar, wie man sagen könnte, die mächtige Motown-Maschine in Detroit noch übertraf. James Brown und seine Band brachten einen Hit nach dem anderen heraus. *Soul Power, Say It Loud – I'm Black and I'm Proud, Sex Machine, I Feel Good.* Brown war zu einer musikalischen Naturgewalt geworden, der größte und absolut einzigartige Star des schwarzen Amerika. Seine Live-Auftritte waren regelrechte Revuen voller Gags und kleiner Geschenke und mit Vorgruppen, die selbst schon viele Leute anzogen, oft von seiner Band mit dem hämmernden, dichten, magischen Soul unterstützt, der die Landschaft der amerikanischen Musik für immer veränderte. Darüber hinaus war seine Botschaft, die Schule nicht hinzuschmeißen und seinen Mann zu stehen, für das schwarze Amerika während der Bürgerrechtsbewegung Gold wert. Wohin auch immer er kam, hielt Brown die jungen Leute an, in der Schule zu bleiben. Kindern gegenüber war er enorm großzügig, verschenkte Eintrittskarten zu seinen Konzerten oder nahm nur neunundneunzig Cent. Er vergab Stipendien und lehnte kaum einmal eine Autogrammbitte ab. Dreißig Jahre, nachdem er im Apollo gespielt hat, gibt es immer noch Leute, die sich daran erinnern, wie er bei einer Tombola Zehngang-Räder verloste, das Konzert unterbrach, um einem College-Absolventen zu gratulieren, den ihm jemand vorgestellt hatte, oder wie er vor dem Theater stand, um mit den Kids zu reden, die da mit ihren Eltern warteten, um ihn zu sehen, wobei die Schlange unweigerlich bis um die nächste Ecke reichte. Browns große Kinderliebe brannte in seinem Herzen in jenen Jahren natürlich vor allem für die eigenen Söhne. Der Verlust Teddys war unermesslich für ihn.

Er überdeckte den Schmerz mit dem stolzen Mantra des Südstaatlers, das er seinem verbliebenen Sohn Terry predigte: *Halt die Spur, Terry. Lass dich nicht beirren. Arbeite. Lächle. Zeig dein bestes Gesicht.* Das war auch das Mantra gegenüber Reverend Sharpton: *Lass sie nicht sehen, wie du schwitzt. Komme wichtig und gehe wichtig.* Zu viele Leute hatten ihn schon leiden sehen, gedemütigt, als er als Junge in Lumpen herumgelaufen war, mit verrotzter Nase, und für ein paar Münzen Schuhe geputzt und getanzt hatte. Da konnte er sich als Erwachsener so nicht mehr sehen lassen, in eine Ecke gekauert und weinend. Die Leute erkennen lassen, dass du verletzt bist, war eine Form von Schwäche. Eine Form des Sterbens, in gewisser Weise.

Teddys Tod war genau das. Der Tod von etwas Größerem, der Tod eines Traumes, das Ende einer Art von Unsterblichkeit, das Brown nie würde fassen können. Und zum ersten Mal in seinem Leben vermochte Brown, der Vater, den äußeren Anschein nicht aufrechtzuerhalten, sosehr er sich auch bemühte.

James Neal leitete die Bestattung von Teddy Brown in Toccoa. »Ich bin jetzt neunundsiebzig und seit fünfundfünfzig Jahren im Beerdigungsgeschäft«, erklärte er mir. »So etwas wie Teddys Beerdigung habe ich nie wieder erlebt. Oh Gott, die Kirche, die Straßen, alles bis runter zur Ecke war vollgepackt mit Trauernden. Vielleicht zweitausend Leute, die in die Mt. Zion wollten. Alle Bestatter aus der Gegend und selbst einige aus Atlanta riefen an, um zu sagen: ›Hey, Neal, wir bringen dir noch einen

Wagen. Ihr braucht vielleicht noch eine extra Limousine. Wir bringen dir eine.‹ Sie wollten einfach nur dabei sein.

James gab zwölftausend Dollar für Teddys Sarg aus. Er war aus massiver Bronze. Mit einer durchsichtigen Glaskuppel, damit niemand den Körper anfassen konnte. Wir hätten sie öffnen können, wenn wir gewollt hätten, aber wir hatten sie fest verschraubt, mit fünfundzwanzig, dreißig Schrauben, und die willst du nicht mehr lösen. Aber er war schön.

Ich sage Ihnen etwas, das Sie nicht wissen: Wir mussten zum Sheraton und seine Begleiter abholen. Mr Brown hatte zwei Busse mit Leuten aus Augusta mitgebracht. Voll bis an den Rand. Wir mussten mit der Autokolonne die Prather Bridge Road runter, da umdrehen und zurück. Allmächtiger. So viele Leute. So viele Autos. Ein Arzt aus Atlanta rief an und sagte: ›Ich bin Mr Browns Leibarzt, und ich muss nah bei ihm sitzen.‹

Ich sagte: ›Doktor, ich würde Sie ja gern zu ihm setzen, aber ich bekomme niemanden mehr in die Kirche hinein. Sie ist voll.‹

Er sagte: ›Können Sie keinen Stuhl mehr dazustellen?‹

Ich sagte: ›Ich werde es versuchen.‹

Ich beschaffte also einen Klappstuhl, stellte ihn in die zweite Reihe und ließ den Doktor dort sitzen. Aber der Mann hatte gelogen. Ich erinnerte mich an ihn aus der Schule in Atlanta. Er war der Bruder eines Bestatterfreundes in Washington. Er wollte einfach nur dabei sein.

Ich erinnere mich noch an die Blumen, die Aretha Franklin geschickt hatte. Hier in diesem Haus würden sie bis an die Decke reichen. Es war ein Riesengebinde Rosen. Nur waren sie noch nicht aufgeblüht, und als ich den Strauß sah, sagte ich: *Das sind die hässlichsten Blumen, die ich je in meinem Leben gesehen habe.* Aber am Tag der Beerdigung, da blühten sie auf, und da waren es die schönsten, die ich je gesehen hatte. Allmächtiger, jedes Mal, wenn ich sie im Fernsehen sehe oder ihre Musik höre, muss ich an diese Blumen denken. Die Leute schickten so viele Sträuße, dass wir sie gar nicht alle mit in die Kirche brachten. Wir fuhren sie zum Friedhof und legten sie entlang des Wegs zum Grab aus. Sie reichten bis zum Tor. Wenn man hereinkam, waren überall Blumen.

Und am Morgen der Beerdigung, da rief Mr Bobbit an, James' Manager, und sagte: ›Mr Neal, Mr Brown möchte im ersten Wagen des Zuges sitzen.‹

Ich sagte: ›Kein Problem. Wenn er im ersten Wagen sitzt, fährt er mit seiner ersten Frau, weil keiner vor Velma fahren wird.‹

Mr Bobbit sagte: ›Bleiben Sie kurz dran.‹

Ich konnte nicht hören, was sie sagten, doch dann kam Mr Bobbit zurück ans Telefon und sagte: ›Okay, er fährt im zweiten Wagen.‹«

Als Browns Limousine vor der Kirche vorfuhr, weigerte er sich erst auszusteigen. Bobbit musste ihn herausholen. Dann auf der Treppe zur Mt. Zion Baptist Church, der Kirche, in der er geheiratet hatte, in der seine beiden ältesten Söhne getauft worden waren und er sein neues Leben nach der Alto Reform School begonnen hatte, brach er zusammen. »Bitte, zwingt mich nicht, dort hineinzugehen«, flehte er. »Zwingt mich nicht!«

Aber sie brachten ihn hinein.

James Brown vermochte nicht aufrecht zur Beerdigung seines Sohnes zu gehen. Es war zu viel für ihn. Velma Brown, Bug Warrens Tochter, brauchte dagegen keine Hilfe. Sie stieg aus dem Auto, wischte sich die Tränen aus dem Gesicht, ging die Stufen hinauf in die Kirche und verabschiedete sich von ihrem Sohn so, wie sie lebte – ganz die Tochter ihres Vaters, von Gottes immer ausgestrecktem Arm gestützt, aufrecht.

Kapitel 9

Die letzte Flamme

In einem müden, leeren Restaurant mitten in Toccoa sitzt mir ein blinder Mann gegenüber. Er hält eine Speisekarte in der einen und ein Foto von sich und einigen anderen jungen Männern in der anderen Hand. Er hebt das Foto etwas höher, damit ich es betrachten kann. Er selbst sieht nichts mehr. *Hier,* scheint er sagen zu wollen, *hier bin ich. Schau mich an.*

Behutsam nehme ich das Foto aus seiner Hand und studiere es. Das ist er, eindeutig, zusammen mit vier anderen.

Es sind die Famous Flames, die Originalbesetzung. Der Ursprung. Die Jungs, die Schwarzgebrannten mit James Brown getrunken haben. Die mit ihm in die Kirche gingen. Die Baseball gegen ihn gespielt haben, als er in den 1940ern mit der Baseballmannschaft der Alto Reformschule gegen die örtliche rein schwarze Whitman Street High School antrat. Während seiner kurzen Zeit an der Whitman nach der Besserungsanstalt waren sie seine Klassenkameraden. Sie waren hungrig in jenen Tagen und bereit, alles für einen Auftritt zu tun. Bei Tag arbeiteten sie für die Weißen, abends spielten sie auf Tanzveranstaltungen, und gelegentlich brachten sie in den frühen Morgenstunden etwas Schwarzgebrannten über die Prather Bridge nach South Carolina, die in vierzig Jahren fünf Mal niedergebrannt wurde. Etwas an den Leuten aus South Carolina machte die in Georgia wahnsinnig, oder war es andersherum? Es war ihnen egal. Sie hatten ihre Auftritte und tags drauf ihre Jobs. James war da noch kein Star. Er war einer von ihnen, ein guter Kerl mit einem Traum, der etwas schaffen wollte, wobei die Hürde, die es zu überwinden galt, um Erfolg zu haben, etwa so hoch war wie der Kelly-Barns-Damm oben am Berg, ein Damm, der 1977 eines Tages brach, das Toccoa Falls College überflutete und neununddreißig Leute im Schlaf überraschte und ertrinken ließ. Gott kontrolliert alles in der Welt, einschließlich des Schicksals der Famous Flames. Einschließlich des Schicksals von Nafloyd Scott.

Ich halte das Foto etwas höher ins Licht. Da sind Sylvester Keels, Nash Knox, Fred Pulliam, James Brown, Bobby Byrd und Nafloyds jüngerer Bruder Baby Roy Scott. Alle auf dem Foto sind mittlerweile tot, bis auf Nafloyd, der auch der Einzige ist, der ein Instrument hält, eine Gitarre.

Wie bei allem, was mit James Brown zu tun hat, gibt es mehrere Versionen dazu, wer »John erschossen hat«, wie die alten schwarzen Leute sagen würden. Mit anderen Worten, die Famous Flames gab es bereits in anderer Form und mit anderem Namen, bevor Brown zu ihnen kam, und über die Zeit danach und wie sie zu den Famous Flames wurden, wer was sagte oder schrieb und wer was tat, um James Brown groß zu machen, hat jeder seine eigene Version. Selbst darüber, wer genau dazugehörte, wird gestritten. Nimmt man die Rock and Roll Hall of Fame, eine Mischung aus Themenpark und Anzeige im *Rolling Stone*, als eine verlässliche Quelle, dann starb die letzte

Flamme, Bobby Bennett, im Januar 2013. Und wie viele andere auch, die mit Brown gearbeitet hatten, erzählte Bennett in seinen letzten Jahren jedem, der mit einem Notizblock oder einer Videokamera daherkam, dass er einmal mit James Brown gespielt habe und sie eine Gruppe gewesen seien – um dann noch durchblicken zu lassen, dass er einst fast auf einer Stufe mit Brown gestanden habe, dass Brown, in gewisser Weise, genau wie er gewesen sei. Gemeinsam seien sie alle die Famous Flames gewesen, wie Gefreite in einer Armee, einer für alle und alle für einen, und Brown ein normaler Soldat, ohne besondere Vision. Und wer weiß, mit einer kleinen Wende des Schicksals, ein wenig anders verteiltem Glück, anders gemischten Karten, mit einem Windstoß nur, einem Schubser, nun, warum nicht, vielleicht wäre da ein anderer Schwarzer von den Flames Mr Dynamite geworden ...

Es hilft nicht, dass die verschiedenen Versionen über den Ursprung der Flames wie eine heiße Kartoffel hin- und hergereicht werden, um anschließend wie gewohnt im Mülleimer schwarzer Geschichte zu verschwinden. Die verschiedenen Background-Gruppen waren als die Flames bekannt, die Famous Flames, die James Brown Revue und die J.B.'s. Die Tänzerinnen, die in den späten 80ern und 90ern hinter ihm sangen, waren eine Mischung, da gab es die spektakulären Sängerinnen der 60er bis 80er und dann in den 90ern, besonders den späten 90ern, die eher Cheerleaderartigen. Einige blieben über Jahre. Einige wie die so begabten Soul-Stilistinnen Vicki Anderson, Marva Whitney, Beatrice Ford, Lynn Collins, Tammi Terrell und Martha High (sie alle sangen lange bei Brown oder produzierten Platten unter ihm) gehören zu den größten Soul-Sängerinnen, die Amerika je gesehen hat und sehen wird.

Alle waren sie wichtig, aber nicht so wichtig oder entscheidend für James Browns Berühmtheit wie die Jungs auf dem Foto, das Nafloyd Scott in der Hand hält, für den sie ebenfalls entscheidend waren.

In Kakis und einer kurzen Jacke sitzt er da, trägt eine Sonnenbrille und eine schwarze Mütze, um die ein Tuch gebunden ist. Vor acht Jahren hat ihm der grüne Star sein rechtes Auge genommen, ein Kerl mit einem Ziegel das andere.

Er begann bei den Flames ungefähr 1953 und hörte 1957 wieder auf. »Es gibt eine Menge, was ich vergessen habe«, sagt Nafloyd. »Aber eines ist sicher: Wir liebten die Musik, und wir haben ihnen immer eine Show geliefert. Ganz gleich, wo wir waren, das haben wir immer.«

Das Bild liegt jetzt auf dem Tisch, zwischen Ketchup, Senf und Serviettenhalter. Scott denkt zurück an die Vergangenheit. Er hat eine angenehme Stimme, ist groß und langgliedrig. Sein Gesicht ist glatt, wie mit Babyhaut überzogen, die Finger sind lang und wirken geschmeidig. Der Whiskey hat ihm die Gesundheit ruiniert, wie er es bei vielen in jenen Jahren getan hat. Nafloyd gibt das gleich zu, und gäbe es seine Tochter und ihren Mann nicht, wüsste er nicht zu sagen, wo er heute wäre. Aber Nafloyd Scott hatte immer ein großes Talent. Er war gut an dieser Gitarre. »Mein Daddy hatte immer eine Gitarre. Am Anfang habe ich mit seiner gespielt.«

Wenn man Scotts frühe Sachen hört, könnte man sagen, er war einer der am stärksten unterschätzten Gitarristen, die Nord-Georgia je hervorgebracht hat. Nafloyd war der ursprüngliche Gitarrist bei *Please, Please, Please*, der Komponist des Blues-Songs *Chonnie-On-Chon* und der einzige reine Instrumentalist, der bei Brown blieb, als die Gruppe zerfiel. Er tourte weiter mit Brown, war de facto sein musikalischer Leiter und brachte den kurzzeitig einspringenden Musikern die einzelnen Songs bei, bis etwa 1957. Scotts Beiträge auf den frühen Famous-Flames-Platten klingen bis heute frisch und einzigartig. »Ich war gerne dabei«, sagt er über seine frühen Aufnahmen, »wobei sich die Jungs immer gewundert haben, dass ich die Songs nach einmal Hören spielen konnte. Ich hab mir immer alles schnell angeeignet.«

Wäre die Welt gerecht und fair, würde Nafloyd nicht in diesem verlebten Lokal sitzen und sich von mir und meinem Verleger zum Essen einladen lassen. Er hätte es nicht nötig, und ich, ich würde nicht an ihn herankommen, sondern mit seinem PR-Mann verhandeln müssen. Aber so ist es nicht, er ist kein Star. Die Gitarre ist ein komisches Instrument im R&B. So wichtig sie für die Kreation der Musik ist, so wenig Stars produziert sie. Mir fallen aus dem Stand ein halbes Dutzend Gitarristen ein, deren typische Schlag- und Zupftechnik hinter den Themen und Refrains großer, alle Zeiten überdauernder Pophits steht, die aber selbst relativ unbekannt sind. Jeff Lee Johnson aus Philadelphia kommt mir da gleich in den Sinn, der größte Gitarrist, mit dem ich je persönlich zusammengearbeitet habe. Zweifellos verdient auch David Williams Anerkennung, der den so unverwechselbaren rhythmisch-melodischen Groove von Michael Jacksons Megahits *Beat It* und *Billie Jean* geschaffen hat. Oder Hiram Bullock. Alle starben sie zu jung: Johnson war vierundfünfzig, Williams achtundfünfzig und Bullock zweiundfünfzig. Und natürlich stehen auf jeder Liste großer R&B-Gitarristen auch Nafloyds Nachfolger bei Brown: Hearlon »Cheese« Martin, Alphonso »Country« Kellum und der unvergleichliche, legendäre Jimmy Nolen, der letztlich das »Chicken-scratch«-Zupfen erfand, eine ganz eigene Kategorie. Viele von ihnen, die oft nur als »James Browns Gitarrist« aufgeführt werden, spielten Jimmy Nolens Musik. Es waren gute Musiker, doch Nolen war der Meister, der ihnen den Rasen mähte.

Wie Nafloyd. In den späten 50ern war die Rhythmus-Gitarre noch dabei, ihren eigenen Sound zu finden. Nafloyd Scotts Spiel ist eines der zentralen Elemente, die eine Brücke vom reinen Blues und Country zum R&B schlugen. Sauber, präzise, unverwechselbar, und äußerst rhythmisch.

Ich frage Scott danach, aber wie viele Musiker kann er nicht sagen, was er getan hat. »Ich spielte, was ich hörte«, sagt er. »Damals war ich wie verrückt hinter den Frauen her.«

Er wendet den Kopf, weil er die Schritte der näher kommenden Bedienung hört. Außer uns an unserem winzigen Tisch ist niemand im Restaurant. Scott dreht sich zum Klacken der Absätze hin, als hörte er das ferne Getriebe der Geschichte.

»Was nehmen Sie?«, fragt er.

Ich will sagen: *Einfach die Wahrheit. Erzählen Sie mir, wie man Sie gelinkt hat. Erzählen Sie mir, wie Sie diese tolle Musik schufen und das Business Sie ausgelaugt und Ihnen die Seele aufgefressen hat. Sagen Sie mir, dass es an einem anderen lag.* Aber stattdessen erwidere ich: »Nur einen Tee. Und Sie?«

»Ein Roastbeef-Sandwich, und eine Cola.«

Nachdem die Kellnerin unsere Bestellung aufgenommen hat, streckt er die Hand nach dem Foto aus, hält sie vor mir in die Luft. Ich lege das Bild hinein. Er lächelt, es ist ein scheues Lächeln. Er wirkt glücklich. Jemand ist gekommen, um mit ihm zu reden, eine Stimme aus dem Dunkel mit einem New Yorker Akzent. Jemand, der ihn von zu Hause abgeholt und gebeten hat, von den Übeln der Vergangenheit zu erzählen. Ich versuche es noch einmal, und jetzt spreche ich es aus. »Erzählen Sie mir, wie es war«, sage ich. »Erzählen Sie, wie man Sie gelinkt hat.«

Aber Nafloyd hat genauso wenig Interesse, sich über die Vergangenheit aufzuregen, wie an dem Roastbeef-Sandwich, das schließlich vor ihm landet. Er rührt es kaum an. Weit weg ist er mit seinen Gedanken, weit weg in einem Toccoa, das früher ganz anders war, einer Welt aus Feldwegen und Farmen. Wir waren Highschool-Kids, sagt er. Wir spielten einfach gerne. Wir lebten für die Musik, übten und hörten bis spät noch *Randy Records*, ein R&B-Programm von einem Sender in Nashville. Nach elf Uhr abends spielten sie nur noch R&B, das war toll, sagt er. Und er erinnert sich an die bekannten schwarzen Musiker, die in Toccoa Halt machten, was allerdings selten vorkam: Rosetta Tharpe, Cab Calloway, Jimmie Lunceford und Louis Jordan. Country-Sänger liebten sie ebenfalls: Tennessee Ernie Ford und Roy Acuff. Wir mochten eigentlich alle Musik, sagt er. »Die meisten Bands aus dem Radio sahen wir nie. Das wäre ein Traum gewesen.« Selbst dazuzugehören ... das lag noch jenseits aller Träume. Das waren der Mond und die Sterne.

Er erinnert sich an die Musikkneipen, die Kellnerinnen und die anderen Musiker. »Cal Green spielte bei den Midnighters Gitarre. Er mochte, wie ich spielte. Ich mochte, wie er spielte.« Er nickt, hört die Freudenrufe noch und erinnert sich an die langen Fahrten in dem 57er Ford, an die Kämpfe, das Publikum, die Frauen, den Whiskey. Er lächelt scheu.

... Der Whiskey.

»Es geht mir okay«, sagt er. »Ich fühl mich ziemlich gut. Ich hab Diabetes, aber ich kann mir die Zähne umsonst ziehen lassen. Morgen kann ich hingehen und sie ziehen lassen, dafür zahlt meine Versicherung.«

Ich bitte ihn, mir vom Whiskey zu erzählen.

Er überlegt eine Weile und fängt an: »Ich hab ein Mädchen kennengelernt, in einer der Städte, durch die wir tourten. Ich und sie, wir sind in ein Hotel. Am nächsten Morgen bin ich aufgestanden und mit der Band weiter. Früh raus bin ich, als sie noch schlief, und hab sie auf der Rechnung sitzen lassen. Hab sie nie wieder gesehen.

Das hätte ich nicht tun sollen.«

Mehr sagt er dazu nicht, aber ich verstehe, was er meint. Fünfzig Jahre später erinnert er sich noch an diese Sünde. Das ist es, was der Whiskey mit dir macht.

»Angefangen haben wir in der Schule. In der Kapelle. Von der Whitman Street School«, sagt Nafloyd. »Freitags haben wir in der Kapelle gespielt.« Die Whitman Street war eine rein schwarze Schule in Toccoas rassengetrenntem Schulsystem.

»James Brown ging auch auf die Whitman?«, frage ich.

»Nur kurz. Vielleicht zwei, drei Monate. Wissen Sie, James hat nie gesagt, wie alt er wirklich war, und ich glaube nicht, dass er je irgendwem seine Geburtsurkunde gezeigt hat. Mir hat er immer gesagt, er wär vierunddreißig geboren. Ich war von fünfunddreißig. Er sagte immer, er wär nur ein Jahr älter. Am siebten Mai hatte er Geburtstag, aber er war kein Vierunddreißiger. Er muss von dreißig oder einunddreißig gewesen sein, denn tatsächlich war er vier Jahre älter als ich. Er wollte so tun, als wäre es nur ein Jahr. Da hat er nie die Wahrheit gesagt. Er wollte immer der Jüngste sein und das meiste machen.«

»Hat er das meiste gemacht?«

»Ganz sicher hat er das. Ja, er hat das meiste gemacht.«

Die Kellnerin kommt mit den Getränken. Er legt das Foto zur Seite und greift vorsichtig nach seiner Cola. Mit seinen langen, schlanken Fingern. Gitarrenfingern.

Dann holt er ein zweites Foto hervor, diesmal nur von James Brown und jemandem mit einem Saxofon.

»Von wann ist das?«

»Neunzehnvierundfünfzig«, sagt er. »Es wurde bei Berry Trimier aufgenommen, ewig weit die Barlow Street runter.«

»Was war da?«

»Ich erinnere mich nicht genau.«

»Hatten Sie einen Saxofonspieler?«

»Nein, die haben wir später manchmal unterwegs aufgegabelt. Am Anfang konnten wir uns auch keinen Bass leisten. James besorgte eine Fußwanne, drehte sie um, nahm ein Stück Holz und nagelte es seitlich dran fest. Darüber hat er dann Saiten gespannt.«

Nafloyd stützt die Ellbogen auf den Tisch und hält die Hände in die Luft. Die schlanken Finger verschränken sich, und er nickt langsam. Die Augen bleiben hinter der Brille verborgen.

»Wer hat das Ding gespielt?«

»James. Das war was Kleines zum Üben, wissen Sie. Dann ergatterte mein Bruder einen Satz Bass-Saiten und zog sie auf seine Gitarre. Damit hatten wir einen richtigen Bass.«

»Was war mit Ihnen?«

»Mein Daddy hatte immer schon eine Gitarre. Ich benutzte sie, und wenn wir bei einer Tanzveranstaltung spielten, nahmen wir das Geld und kauften, was immer wir brauchten. Ein Schlagzeug, eine Gitarre. Und wenn alles gekauft war, teilten wir den Rest des Geldes unter uns auf. James sagte immer: ›Wir dürfen nicht klingen wie Hank Ballard and The Midnighters, Clyde McPhatter oder eine der anderen Gruppen. Wir brauchen unseren eigenen Stil.‹ Nun, wissen Sie, James machte sowieso die meisten Arrangements.«

»Störte Sie das?«

»Das störte keinen von uns.«

Er tastet nach dem Sandwich, hebt es an und macht eine

Pause, um hineinzubeißen. Er kaut langsam, das Gesicht reglos und gelassen hinter der dunklen Brille. Man kann nicht mal die Umrisse seiner Augen sehen, aber was er sagt, scheint von Herzen zu kommen. Wenn ich ihn so betrachte, fühle ich mich selbst alt. Wie oft habe ich das schon gesehen? Einen schwarzen Musiker, der nie richtig bezahlt wurde. Schraub den Kopf von seinem Körper und setz einen anderen drauf, und du siehst die Hälfte meiner Freunde.

Nennen Sie mich naiv, aber wie kommt es, dass eine der reichsten Nationen der Welt so wenig tut, um ihren Künstlern zu helfen, die einer unserer größten kulturellen und wirtschaftlichen Exportschlager sind? Steuermittel und Spenden großer Unternehmen helfen, Renten für klassische Musiker in unseren großen Städten zu finanzieren, Musiker, die die Musik von seit Jahrhunderten toten Komponisten spielen. Ihnen wird geholfen, ganz sicher nicht genug, aber was ist der Unterschied zwischen jemandem, der Musik aus den Gassen Wiens des Jahres 1755, und jemandem, der Musik aus den Straßen Toccoas des Jahres 1955 spielt? Letztlich entspringt doch alle Musik dem gleichen Ort, entsteht aus Schmerz, Leiden, Freude. Dem Leben. Ein paar Schritte von Nafloyd und mir liegt die alte Militärbasis, in der einmal das 506. Infanterieregiment ausgebildet und die zu dem Jugendgefängnis umfunktioniert wurde, in dem James Brown saß. Eine ganze HBO-Serie, *Band of Brothers – Wir waren Brüder*, wurde über die Erfahrungen der Soldaten dort gedreht, und ganz in der Nähe gibt es ein Museum voller Dinge aus der Serie. Wäre es nicht schön, wenn wir unseren größten Exportschlager neben dem Krieg ähnlich glorifizierten?

Es ist eine so große Geschichte und eine so große Ungerechtigkeit, dass die meisten Musiker keine Späße darüber machen. Nafloyd auch nicht. Er erinnert sich nur an das Gute. »Mit den

Einnahmen kauften wir unsere Monturen«, sagt er. »Ich erinnere mich noch an die ersten roten Anzüge. In Dallas haben wir sie machen lassen. Das war auf einer Tour durch Texas und Louisiana. Die Städte, in denen wir spielten, lagen ziemlich weit auseinander, manchmal fünfhundert, sechshundert Kilometer. Abends spielten wir, blieben die Nacht und vielleicht noch einen halben Tag und fuhren dann die Nacht durch bis zum nächsten Morgen, mieteten ein Zimmer in einem Hotel oder einer Pension und schliefen erst mal ein paar Stunden.«

Er nimmt sein Sandwich, beißt hinein und kaut langsam. Er denkt zurück.

»Auf der Straße nach Baldwin, Louisiana, stand ein Schild, auf dem stand: *Lauf, Nigger, wenn du das lesen kannst. Wenn du es nicht lesen kannst, lauf erst recht.*«

Er lacht.

»Trotzdem habe ich immer gesagt, mein ganzes Leben, ich will in keiner großen Stadt leben.«

Die Erinnerungen an 1955 kommen ihm so leicht über die Lippen, wie einmal der Alkohol über sie floss. Er gesteht, dass es der Whiskey war, der ihn aus der Bahn geworfen hat. Der Whiskey und die Frauen. Seine Finger tanzen über den Rand des Tellers, während er spricht. Nachdenklich bewegt er sich durch die Bilder in seinem Kopf und bekennt sich zu der Zeit, als er achtundvierzig Stunden auf den Beinen war, mit drei Stunden Schlaf auskam, ob nun mit oder ohne Whiskey, der Zeit, als Manager wie Clint Brantley und Künstler wie Little Richard oder Plattenfirmen wie Federal und King Engel zu sein schienen, die mit Geld, Hilfe und Anweisungen kamen. Geht dahin und geht dorthin. Macht den Auftritt. Oder den. Spielt hier, spielt da. Und immer gab es Geld, fünfunddreißig Dollar den Abend, mehr als irgendwer von ihnen zu Hause in Toccoa mit Möbelpacken oder Autowaschen verdienen konnte. Aber das Leben unterwegs war hart. Zweimal arbeiteten sie sich bis Kalifornien vor, vielleicht auch öfter, denkt er, und zu mehr Orten, als er heute noch aufzählen kann: nach Macon, Pensacola, Houston, Dallas, Fort Worth, Chicago, Detroit, New York ... Sie verheizten einen 56er Ford Kombi mit Holzverkleidung, als wäre es ein Nudelholz. Dann den nächsten Wagen. »Einzelkonzerte bringen dich um«, sagt er.

Ich kenne das Gefühl. Ich habe selbst Tourneen mit Einzelauftritten gemacht, einmal in den Staaten und einmal in Europa. Nie wieder. Man vergisst, wie groß diese Welt ist, bis man durch sie durchfährt. Ich habe es in einem Tourneebus gemacht, mit zehn Musikern und zwei Fahrern. Nach einer Woche mit jedem Tag in einer neuen Stadt ist man erschöpft. Nach sechs Wochen steht man kurz davor, den Verstand zu verlieren. Nafloyd machte es fast zwei Jahre, erst 1954, dann von 1955 bis 1957, in dem Ford Kombi ohne Klimaanlage tief durch den Süden, wo sie nicht überall bleiben, essen oder zur Toilette konnten. Im Sommer verbrannten, im Winter erfroren sie, immer auf der Suche nach etwas zu essen. Sie erlebten das Hoch, vor einem jubelnden Publikum zu spielen, und das Tief, die Letzten zu sein, die den Club verließen, sich ihr Geld von einem aalglatten Veranstalter erkämpfen und in den frühen Morgenstunden auf die trostlose weiße Linie der Straße vor sich starren zu müssen, halb wach, mit einem Auge auf den Fahrer (oft war es Nate Knox, der Bruder des Bandmitglieds Nash Knox), der gegen den Schlaf ankämpfte, und du wusstest, dass du selbst bald ans Steuer musstest und genauso müde warst.

Nafloyd spielte sich durch mehrere Gitarren und versuchte, den Kopf oben zu behalten – erst war es die alte Sears von seinem Vater, dann eine Gibson, dann eine Vox. Die Gitarren ertrugen die Eskapaden auf der Bühne und das von Stadt zu Stadt und von Bühne zu Bühne Geschlepptwerden nicht. Er spielte hinter dem Rücken, spielte zwischen den Beinen und warf sein Instrument hin und her. Die Saiten rissen. Die Tonabnehmer versagten, die Hälse verbogen und die Stege lösten sich. Als die Reiserei härter wurde, sagt Nafloyd, schien Brown stärker zu werden. Er war voller Leidenschaft, ein Mann mit einer Mission. Und als Brown die Band immer noch mehr pushte, immer noch mehr Termine annehmen wollte, begannen einige Flames zu schwächeln und schließlich aufzugeben. Während sie von einer Stadt in die nächste zogen, schienen die Entfernungen größer zu werden, die Fahrten wurden schwerer. Es kam zu Streit. Einige begannen ihre Familien zu vermissen, einige ihre Freundinnen. Die Flames mussten vor Ort Musiker finden, und Nafloyd kam die Aufgabe zu, ihnen die Songs für den Abend beizubringen. Er kannte alle Tonarten und Grooves. »Wir spielten am liebsten in G-Dur und c-Moll«, sagt er. Die anderen Gitarristen fragten: »Wie kannst du spielen und keine Noten lesen?« »Ich spielte einfach, was ich hörte«, sagt er wieder. Er brachte ihnen die Songs bei, und wenn der Auftritt gelaufen war, fuhren die Flames in die nächste Stadt.

»Wann wurden die Flames James Brown and the Famous Flames?«, frage ich ihn.

»Am Anfang waren wir nur einfach die Flames«, sagt er. »Ich werde nie vergessen, wie wir eines Tages ins Douglas Hotel in Macon kamen, rauf zum Haupthaus, wo wir uns treffen wollten. Und der Manager steht da, und wir alle. Er sagte: ›Wie gefallen euch die Plakate, die ich gemacht habe?‹

Wir standen zusammen und James für sich, verstehen Sie. Und wir sehen das Plakat an, und darauf steht: James Brown and the Famous Flames. James sah es an. Wir sahen ihn an, und er senkte den Kopf. Das hat am Anfang keiner so gemocht, aber es ging nicht anders.«

»Dann steckte also der Manager dahinter?«, sage ich.

»Ich glaube, ja. Er erklärte uns, dass die Leute immer noch kamen, um die Famous Flames zu sehen, aber jetzt kriegten sie zwei Shows. Zwei in einer. Sie kriegten James Brown *und* die Famous Flames. Am Ende kamen alle drüber weg. James hatte sowieso am meisten Anteil an der Show. Er legte richtig los. Ich meine, wir sind oft mit Little Richard aufgetreten, und der tat nichts, als sich hinzustellen, Klavier zu spielen und zu singen. Aber wir zogen eine echte Show ab. Ich spielte meine Gitarre in allen Positionen. Nahm den Gurt auf die andere Schulter, nahm sie unter ein Bein und spielte, hinter den Rücken und spielte. Hinter den Kopf. Die Leute drehten durch. Und James...«

Die Erinnerung lässt ihn lächeln.

»Wir hatten ein normales Klavier, keinen Flügel, und James, der tanzte obendrauf, schweißgebadet. Die Leute waren verrückt nach ihm.« Er gluckst. »James war schon einer.«

Scott verließ die Band 1957, nicht, weil James Brown ihm die Show stahl oder ihn schlecht behandelte. Er wollte einfach nur nach Hause. Fünfunddreißig Dollar am Tag waren gutes Geld, aber nach mehr als zwei Jahren hatte er genug vom Leben auf der Straße.

Er kam zurück nach Hause und sah zu, wie das Leben mit dem Tempo eines überschnellen Autos an ihm vorbeizog. Heute lebt er bei seiner Tochter in Toccoa, in einem ordentlichen einfachen Haus voller religiöser Gegenstände. Mit Ausnahme einer kurzen Zeit in Pensacola, Florida, war er sein ganzes Leben in Toccoa.

»Was ist Ihr Lieblingssong?«, frage ich.

»Nun, James hat die meisten geschrieben. Aber mein liebster, der Beat, den ich mag, ich denke, das ist *Chonnie-On-Chon*. Da steht mein Name drauf. Ich hab allerdings nie irgendwelche Tantiemen gekriegt, also wird es wohl kein Hit gewesen sein. Ich weiß noch, wie ich einmal, nachdem ich die Band verlassen hatte, mit James in Pensacola geredet habe. James meinte, wenn ich noch eine von den alten Platten mit meinem Namen drauf hätte, könnte er mir um die fünfundzwanzigtausend Dollar dafür besorgen. Aber ich hab nie mehr eine gefunden.«

»Haben Sie sich noch getroffen, nachdem Sie die Band verlassen hatten?«, frage ich.

»Klar. Ich hab ihn über die Jahre oft gesehen. Jedes Mal, wenn er nach Toccoa kam. Seinen Sohn Terry hat er geschickt, um uns zu holen, mich und Nash Knox. Oder er kam selbst. Einmal war ich in meinem Haus in der Whitman Street. Da fuhr er gerade diesen weißen Cadillac. Er kam an, und es liefen so viele Leute auf die Straße, dass er sagte: ›Komm runter zu Velma. Die lassen mich hier nicht in Ruhe.‹

Also bin ich runter in die Prather Bridge Road und hab ihn bei Velma getroffen. Da in der Whitman Street hätten sie ihm keine Ruhe gelassen. James war einfach zu gut zu einigen Leuten.

Er hat mir immer was Kleines mitgebracht, wenn er kam, und er wollte es mir nicht vor den Leute geben, weil sie nicht aufhören konnten, ihn um Sachen zu bitten. Er war immer großzügig mir gegenüber. Auch als ich nach Pensacola gezogen war. Er hat da gespielt, und ich hab ihn hinterher hinter der Bühne besucht. Ich sagte denen (dem Sicherheitsdienst), wer ich war, und die sagten: ›Dahinten ist er.‹ Er hat sich immer gefreut, mich zu sehen.«

Das Sandwich liegt vor ihm, ganze zwei Bissen hat er davon genommen. Es ist die tote Zeit zwischen Mittag- und Abendessen, und der Laden hier war schon leer, als wir kamen.

Nafloyd scheint müde. »Reicht das?«, fragt er. »Das Sandwich nehme ich mit nach Hause. Ich will zurück sein, ehe mich der Zucker erwischt.«

Wir reden noch ein bisschen, während wir aufbrechen. »Ich habe das Gefühl, dass Sie nur Gutes über James Brown zu sagen versuchen«, sage ich. »Das müssen Sie nicht.«

Nafloyd hebt den Kopf und starrt ins Nichts. Seine Sonnenbrille ist eine Maske, sein Ausdruck leer. Dann lächelt er ein kleines, trauriges Lächeln. »James braucht meinen Schutz nicht«, sagt er.

Das Sandwich kommt in einer Tüte, die Kellnerin gibt es mir. Ich reiche es an Nafloyd weiter, in die Hand ohne die Fotos. Er zerknittert die Tüte mit seinen schlanken Fingern und sagt: »Fahren Sie mich nach Hause?«

»Ja, sicher.«

Er steht da, dieser Stadt zugewandt, die ihn nicht mehr kennt. Nicht weit ist das Museum voller Erinnerungsstücke aus der HBO-Serie über den Krieg, es gibt ein Frühlingsfest, ein Sommerfest und ein Zugmuseum. Es wird gefeiert, was sich feiern lässt, nur die schwarzen Musiker von hier, deren Leben und deren Musik sich in die Annalen der kulturellen Weltgeschichte eingeschrieben haben, finden kaum Beachtung. Wir gehen zur Tür, er hält sich an meinem Ellbogen fest, in der anderen Hand hat er das Sandwich. Draußen schlägt ihm die frische Luft entgegen, er bleibt stehen. Ihm ist eine Erinnerung gekommen.

»Einmal kam James hier raus in die Seventeenth zu Quincy's. Er kam, ging mit mir in die Toilette und gab mir fünfzehn Hundert-Dollar-Scheine. Er sagte: ›Steck das weg.‹ Eintausendfünfhundert Dollar. Und raten Sie mal, was er sagte. Er sagte: ›Nafloyd, du hörst besser mit dem Whiskey auf.‹ Er hatte meine Fahne gerochen.«

Nafloyd lacht. Es ist ein leises, leichtes Lachen, und wir gehen zum Auto. Drei Jahre später, am 15. August 2015, stirbt Nafloyd Scott im Alter von achtzig Jahren, mittellos, und seine Familie muss um finanzielle Hilfe bitten, um ihn begraben zu können, bei einem Freund und bei James Browns Enkel William. Damit ist auch die letzte ursprüngliche »Flamme« erloschen.

Kapitel 10

Der Reverend

Die Lincoln Town Cars und schwarzen SUVs reihen sich von der Ecke 53. Street und Fifth Avenue bis hinüber zur Sixth Avenue. Der Grand Havana Room Cigar Club ist oben in diesem funkelnden Gebäude, und ich finde keinen Parkplatz. Ich bin mit dem Fahrrad unterwegs, und ich kann es nirgends anschließen. Die schwarzen, in zwei Reihen geparkten Wagen auf der Straße haben das Problem nicht. In denen sitzen Fahrer und warten. Ich schätze, es gibt nicht viele Radfahrer, die zum Havana Cigar Club kommen und ihre Räder anschließen wollen, wie auch: Es ist ein Raucher-Club. Eine private Einrichtung. Keine Hipster. Keine Radfahrer. Frauen? Nicht, dass ich viele gesehen hätte, das Personal nicht mitgerechnet. Es ist ein Club für Tabakliebhaber, in dem sich die großen Nummern treffen, um zu essen, zu kiffen und auf Havana-Zigarren zu kauen. Hierher kommt Reverend Al Sharpton zum Essen.

Ich sehe von meinem Rad aus, wie er die windige Straße überquert, fast ätherisch schlüpft er an den geparkten SUVs vorbei und verschwindet geschmeidig wie eine Katze im Gebäude. Endlich finde ich eine gute Stelle, schließe mein Rad an und renne ihm hinterher, um ihn noch zu erwischen, was ein ziemliches Tempo erfordert. Es ist unser zweites Treffen, er nickt, als er mich kommen sieht, und wird nur einen Moment langsamer, als ich mit ihm in den Aufzug trete. Ich schnappe nach Luft, aber er atmet völlig ruhig. Er bewegt sich mit der Leichtigkeit eines Lufthauchs, schnell, wendig und dreiundsiebzig Kilo leichter als vor Jahren. Al Sharpton wirkt schlank und fit in seinem langen schwarzen Mohairmantel, mit Anzug und Krawatte darunter. Er drückt den Aufzugknopf und sieht zur Anzeige hinauf... 1... 2... 3... Er hat weder Block noch Stift oder ein Notizbuch dabei, wobei er doch eigentlich Reporter ist. An diesem kalten Februarabend kommt er direkt von seiner Talkshow auf MSNBC. Zwei Mitfahrer im Aufzug sehen zu ihm hin. »Hey, Rev«, sagt der eine.

»...'n Abend«, sagt er. Der Gruß ist nett und herzlich.

Der Aufzug kommt an, und er betritt den Raucher-Club. Die Frau an der Garderobe kennt ihn, die Männer an der Theke winken. Und noch einer winkt quer durch den Raum. Sharpton tritt ein, nickt hierhin und dorthin und nimmt auf einem bequemen Sofa mit Kaffeetisch Platz, genau wie an den meisten Abenden nach seiner Sendung, isst rohes Gemüse, kaut auf einer Zigarre und telefoniert mit den Strippenziehern dieser Welt.

Kaum, dass der Rev sich gesetzt hat, klingelt sein Handy auch schon.

»Hey...«

Während er spricht, linsen die anderen Anwesenden im Raum, hauptsächlich weiße Männer, zu ihm herüber. Ein paar weiße Anzugträger schlendern vorbei, um ihn näher in Augenschein zu nehmen, als wollten sie sagen: *Ist das Reverend Sharp-*

ton? Vor fünfundzwanzig Jahren wären genau diese Männer vor ihm zurückgewichen, als hätten sie einen doppelköpfigen Godzilla vor sich. Damals, als er noch Jogging-Outfits trug, Turnschuhe und goldene Medaillons, als er New York eins auf die Ohren gab, indem er der Stadt den Schleier des nördlichen Liberalismus herunterzog und ihren institutionalisierten Rassismus zum Vorschein kommen ließ, da haben sie ihn gehasst. Einer der Witze, die damals die Runde machten, ging so: *Wenn du mit Hitler, Saddam Hussein und Al Sharpton in einem Raum bist, hast aber nur zwei Kugeln, wem verpasst du dann eine? Al Sharpton. Und zwar alle beide.*

Das ist der Mann, der 1989 in Bensonhurst, Brooklyn, bei einem Protestmarsch gegen den Mord an Yusef Hawkins, einem jungen, von einer Gruppe weißer Männer ermordeten Afroamerikaner, ein Messer in die Brust bekam, der sich 1994 um die demokratische Präsidentschaftskandidatur bewarb, der die fünfzehnjährige Tawana Brawley bei ihrer berüchtigten öffentlichen Lüge unterstützte, von einer Gruppe Weißer mehrfach vergewaltigt worden zu sein, der Mann, der in einem Bundesgefängnis landete, weil er gegen die Bombardierungsübungen auf der puerto-ricanischen Insel Vieques protestierte, und der allein zu Michael Jackson stand, als der, wie er annahm, zu Unrecht des Kindesmissbrauchs angeklagt wurde und niemand sonst in Hollywood für ihn eintrat. Sharpton ist vor Gericht gezerrt, niedergestochen, verunglimpft, mit Füßen getreten, angespuckt und gehasst worden, ist aber immer noch da, ein lockerer, dreiundsechzig Kilo leichter Mann, der kaum mehr an den über einhundertdreißig Kilo schweren Hydranten mit James-Brown-Frisur erinnert, der einst die New Yorker Medien heimsuchte. Dieselben Stadtvertreter, die vor zwanzig Jahren die Cops riefen, wenn Sharpton auftauchte, gehen heute vor ihm auf die

Knie und hoffen bei Gott, dass wer auch immer es gewesen ist, dessen große Sünde ihn einst in die Stadt geholt hat, tot umfällt oder irgendwo von einer Brücke stürzt. Sharpton hat diese Art Einfluss. Er ist einer der mächtigsten schwarzen Männer Amerikas.

Und eine Schöpfung, zum Teil, von James Brown.

Er wird mir das heute und an den nachfolgenden Abenden selbst erzählen, im Laufe von etwa drei Stunden, begleitet von ein paar Zigarren. Das und mehr. Von den Jahren, da sie gemeinsam unterwegs waren, als Brown das Geld ausging und sein Geschäft zusammenbrach, seine Privatjets konfisziert wurden, als er seine Radiosender verlor und ihm die Steuerbehörde im Nacken saß. Von den unerträglichen wöchentlichen Fahrten Sharptons von New York City nach South Carolina, um Brown im Gefängnis zu besuchen. Sharpton hat den unbeugsamen Willen erlebt, der Brown aufrecht hielt, als alle glaubten, er sei am Ende, weggefegt vom Eintritt ins Disco-Zeitalter. Aber bevor der Rev mit seiner Erzählung beginnt, muss er essen. Er ist hungrig und sieht müde aus. Er hatte schon vor einer Stunde hier sein wollen, musste nach seiner eigenen Sendung aber noch zu CNN. »Da hatte noch jemand was bei mir gut«, sagt er.

Er bestellt, während er telefoniert. Die Kellnerin verschwindet und kommt gleich mit dem Gewünschten zurück, leicht gedünstetem Gemüse. Kein Hähnchen mehr für diesen Priester.

Der Rev legt auf, zieht den Teller zu sich heran und nimmt die Gabel. Endlich Zeit zum Essen.

In dem Moment kommt ein junger weißer Anzugträger und beugt sich mit einem Stift und einem Stück Papier über ihn. »Hey, Rev? Kann ich ein Autogramm bekommen?«

Es ist klar, dass er lieber essen würde. Dieser Mann ist hungrig. Doch bevor der Rev zum Bürgerrechts-Trommler wurde und dem Al Sharpton von MSNBC, war er ein einfacher Reverend, ein jugendlicher Prediger, der zu Füßen des Godfather saß und den Dingen lauschte, die ihn der alte Mann in jenen harten, mageren Jahre lehrte. Browns Stimme klingt ihm immer noch im Kopf: *Du hast dein ganzes Leben dafür gekämpft, bekannt zu werden, und jetzt regst du dich über die Leute auf, die dich kennen? Du hast nicht die Zeit, ein Autogramm zu geben? Du hast nicht die Zeit, mit den Leuten zu reden? Wer hat dich gemacht?*

Der Rev legt seine Gabel zur Seite, greift nach dem Stift, unterschreibt und unterhält sich ein paar Minuten mit dem Mann, während sein Essen kalt wird. Geduldig hört er zu, als der Kerl ihm irgendeine abgeschmackte, nichtssagende Geschichte erzählt. Endlich geht der Mann, glücklich.

Der Rev wendet sich mit ausdrucksloser Miene seinem Essen zu. Das Gemüse ist kalt. Der Tee ebenfalls. Er greift nach seiner Gabel und steckt sich etwas in den Mund. »Alles, was ich heute bin«, sagt er, »eine Menge davon verdanke ich James Brown. Die wichtigsten Dinge habe ich von ihm gelernt. Er war wie ein Vater für mich. Der Vater, den ich nie gehabt habe.«

Drehen wir die Uhr zurück in das New York der 1960er Jahre, bevor ein reizender jüdischer Bürgermeister namens Ed Koch durch die Straßen spazierte und spaßte: »Wie gut bin ich?« Als Staten Island noch Richmond hieß und die South Bronx gerade dezimiert worden war, zerstört durch den von Stadtplaner Robert Moses verantworteten Cross Bronx Expressway, der ihr wie ein Metzgermesser durchs Herz schnitt und zahllose Arbeiterfamilien in die Suburbs trieb. Damals war Queens noch eine Vorstadtidylle, für schwarze Familien sowieso, von denen die meisten aus Brooklyn und Harlem dorthin zurückgerudert waren. Selbst Manhattan war damals noch eine andere Geschichte, viel davon raues Land. Auf der Upper West Side konntest du den Kopf eingeschlagen bekommen, und der Times Square war eine Renne-um-dein-Leben-Gegend mit Hurenhäusern, nicht jugendfreien Striplokalen und Kinos. In Hell's Kitchen waren irische und italienische Gangster damit beschäftigt, sich gegenseitig umzubringen. Den Gerüchten nach zerteilten sie die Leichen in der Bar unter der verwohnten Bude an der Ecke 43. Street und Tenth Avenue, in der ich diese Worte schreibe. New York, das war eine Fünfzehn-Cent-Fahrt mit der Subway in ein Land schauerlicher als Voodoo. In den 70ern wurde es noch schlimmer. Kamst du in jenen Jahren aus dem Lincoln Tunnel, tauchte plötzlich ein Scheibenputzer auf, mit einem Gesicht wie eine Kreuzung aus Wischmopp und Kleiderbügel, klatschte dir Rotz und Pampe auf die Windschutzscheibe und wehe, du wolltest einfach so weiterfahren, ohne ihm einen Vierteldollar in die Hand zu drücken, die aussah, als könntest du dir schon vom bloßen Hinsehen eine Tuberkulose einfangen. New York war funky, und es war Alfred Sharptons New York. Und meines. Wir liegen altersmäßig nicht so weit auseinander.

Sharpton wuchs in Brooklyn auf und durfte in Hollis, Queens, kurz ins gediegene Mittelklasse-Leben hineinschnuppern, bevor er, als sein Vater sich von seiner Mutter trennte, zurück in den Stadtdschungel Brooklyns geworfen wurde. Er war Kinderprediger in der Washington Temple Church of God in Christ, einer der ältesten und größten Gemeinden Brooklyns, ein wirklich außerordentliches Kind, das bereits mit vier Jahren seine erste Predigt hielt und tief in den Sud schwarzer Religion eintauchte. Mit elf Jahren ging er mit der Gospelgröße Mahalia Jackson auf Tour und wurde von Adam Clayton Powell jr. unterrichtet. In den 60ern, als Teenager, erfasste ihn die Bürgerrechtsbewegung, er blieb aber ein Außenseiter. Die meisten seiner jungen Freunde waren bei den schwarzen Nationalisten oder den Panthern, und Bibel und Gospel passten nicht so recht zur kleinen roten Mao-Bibel, die seine Seelenbrüder in jenen revolutionären Tagen durch Brooklyn trugen, besonders seine konservative Nähe zur Pfingstkirche nicht. Sport? Football? Basketball? Dem ging er aus dem Weg. Sein Talent war die Rede.

Mit dreizehn schloss er sich Reverend Jesse Jacksons Operation Brotkorb an, dann der Operation PUSH (People United to Save Humanity), aber die ultrareligiösen Pfingstler trauten weder Martin Luther King noch schwarzen Radikalen wie Malcolm X – in jenen Tagen war New York City Malcolm Xs Stadt – oder den weißen Kids mit ihren SDS-Buttons (Students for a Democratic Society), die gegen den Vietnam-Krieg schrien. Sharpton bewunderte sowohl King als auch Malcom X, er hatte mit allen radikalen Bewegungen etwas gemeinsam, passte aber in keine richtig hinein. Wie folgte man Gott in einer grauen Welt? Was solltest du tun, wenn sich Black Power als ein Spinnennetz fortdauernder Anpassung erwies und Baptisten wie King und Jesse Jackson auf Pfingstler wie ihn herabsahen – obwohl sie doch eine junge Stimme wie seine gebraucht hätten? Er sah da keinen Raum für sich, also gründete er seine eigene Bewegung.

Raten Sie mal, wer der Mann war, der ihm zeigte, wie er das anzustellen hatte?

»Ich lernte Mr Brown mit siebzehn kennen«, erklärt mir Sharpton. Im Jahr davor, sagt er, war PUSH auseinandergefallen, und so hob er 1971 seine National Youth Movement aus der Taufe, eine Wählerregistrierungs-Einrichtung. Browns ältester Sohn Teddy schloss sich der Bewegung an, und die beiden wurden für etwa ein Jahr Freunde, bis zu Teddys plötzlichem Tod.

Zu der Zeit stellte der New Yorker DJ Hank Spann den jungen Sharpton bei einer Veranstaltung im alten RKO Albee Theatre in Brooklyn vor, die zu Ehren Teddys stattfand und dazu diente, schwarze Jugendliche dazu zu bringen, sich in die Wählerlisten einzutragen.

Selbst heute noch, vierzig Jahre später, wird Sharpton, der Meister der markanten Sprüche, der nur selten sein wahres Gesicht zeigt und eher tot umfallen würde, als sich öffentlich verletzt zu zeigen, noch heute wird Sharpton leicht sentimental, wenn er an sein erstes richtiges Gespräch mit Brown zurückdenkt. Sie trafen sich in einem Theater in Newark, um ein bevorstehendes Wählerregistrierungs-Konzert zu besprechen, direkt vor einem Auftritt Browns. Sharpton wurde nach hinten in eine Garderobe gebracht, wo der Godfather persönlich vor dem Spiegel stand und sich die Haare kämmte.

Ich frage Sharpton: »Hat es Sie umgehauen?«

»Was denken Sie? Das Einzige, was sich meine Mutter und mein Vater jedes Jahr mit mir gönnten, war ein Konzert mit Jackie Wilson und James Brown im Apollo. Als ich Adam Clayton Powell kennenlernte, hatte ich das Gefühl, fast so etwas wie einen Gott vor mir zu haben. Dann kam James Brown, und ich dachte, das ist er, das ist Gott. So habe ich es empfunden. Ich war vollkommen überwältigt.«

Brown war sehr direkt und geschäftsmäßig. »Er sah mir ins Gesicht und fragte: ›Was willst du mal werden, mein Sohn?‹

Ich sagte: ›Entschuldigung?‹

›Was willst du werden?‹

›Also, ich bin in der Bürgerrechtsbewegung.‹

›Ich werd dir zeigen, wie du die große Nummer ziehst.‹

›Entschuldigung?‹

›Die ganz große Nummer. Du darfst nur nicht kleckern. Ich

mach dich größer als groß. Aber du musst genau das tun, was ich sage. Geht das?'«

Die Hälfte von dem, was Brown sagte, verstand Sharpton nicht. Er brauchte etwa ein Jahr, bis er den South-Carolina-Tonfall und Browns verstümmeltes, schnelles, wildes Rattattatta verstand, Begriffe, die halb verschliffen und halb erfunden klangen. Aber er hörte die magischen Worte: *Ich mache dich größer als groß.* Sharpton willigte ein, genau das zu tun, was Brown sagte.

Brown gab ihm Instruktionen, wie er die bevorstehende Wählerregistrierungs-Show promoten solle. Sharpton, der noch ein Teenager war, ging aus dem Raum und dachte: *Ich habe in meinem ganzen Leben noch nichts promotet.* Eine Show war keine Messe. Eine Show war keine Predigt. Bei einer Show ging es um Eintrittskarten, Geld und Geschäftsleute, die ihr Geld zurückwollten, wenn die Sache danebenging. Und vielleicht gab es Schlägereien. Und Cops. Die geplante Wählerregistrierungs-Show war keine Weltverbesserungsveranstaltung mit Mao-Buttons tragenden Brüdern oder ein vertrauliches Gespräch mit seinen weißen Mitschülern, die gegen den Vietnamkrieg auf die Straße gingen. Sie hatte nichts mit einer Predigt unter dem schützenden Arm des Geistlichen zu Hause in der Kirche zu tun, der ihm Liebe und Güte entgegenbrachte. Hier ging es um echtes Geld. Ein echtes Geschäft. Und wenn er es da verdarb, nun ...

Er beschloss, es nicht zu verderben, und machte sich an die Arbeit. Die nächsten Wochen verbrachte er damit, Plakate aufzuhängen und Förderer zu finden, wandte sich an Radio-DJs und Freiwillige – warb für ein James-Brown-Konzert, um Schwarze für die Wahlen zu registrieren. Er wandte sich an Freunde, Nachbarn, Freunde von Freunden, Gauner, Halunken, Kämpfer und Streiter, Gemeindemitglieder und Teenager so wie er, die verrückt waren nach James Brown. Er schleppte Plakate, Klebestreifen, Tacker mit der Subway hin und her, mit dem Bus (er würde nie selbst fahren lernen), hängte Plakate in East New York und Bed-Stuy, Jamaica, St. Albans, Hollis und Harlem auf und verbreitete überall: *James Brown kommt nach Brooklyn! Kommt und hört ihn euch an! Kommt und schreibt euch in die Wählerlisten ein!*

Ein paar Monate später war es dann so weit, Brown kam tatsächlich. Sharpton wusste nicht, wie die Kartenverkäufe gelaufen waren, kam ins RKO Albee und sah, dass alles voll war. Wieder wurde er hinter die Bühne gerufen und in eine Garderobe geschoben, wo er auf Mr Brown warten sollte. Als Brown hereinkam, sah er Sharpton nicht an, sondern seinen Manager, Charles Bobbit.

»Wie hat er sich angestellt, Mr Bobbit?«

»Mr Brown, der Junge hat's gut gemacht.«

»Wie meinen Sie das, Mr Bobbit?«

»Er hat dafür gesorgt, dass beide Shows ausverkauft sind.«

Brown wandte sich an Sharpton. »Hast du getan, was ich gesagt habe?«

»Yes, Sir, Mr Brown.«

Brown nickte und war eindeutig zufrieden. Ohne ein weiteres Wort drehte er sich auf dem Absatz um, marschierte auf die Bühne, und die Band legte los. Sharpton sah hinter der Bühne zu, wie Brown das Publikum mit seiner ersten Show begeisterte. Zwischen den Shows wurde Sharpton erneut in die Garderobe gerufen, wo er sein Idol mit Lockenwicklern unter einer Trockenhaube vorfand. Brown rief unter der Haube hervor und konnte Sharptons Antworten kaum verstehen. Sharpton hatte Schwierigkeiten zu hören, was Brown sagte, weil die Haube so laut war, gab sich aber alle Mühe mitzukommen.

»Weißt du, wie ich es geschafft habe, mein Sohn?«

»Nein, Sir.«

»Ich war ein Original. Jemanden wie mich gab es noch nicht. Wenn du Angst hast, ein Original zu sein, sag es mir. Dann vergeuden wir keine Zeit.«

»Ich war ein Kinder-Prediger, Mr Brown.«

»Was heißt das?«

Sharpton schrie seine Antworten gegen den Lärm der Trockenhaube an und erklärte Brown, dass er mit dem Wort Gottes im Herzen geboren worden sei und predigen konnte, bevor er lesen lernte. Dass er anders sei als seine Klassenkameraden und Gerechtigkeit für die wolle, die unter Ungerechtigkeit litten. »Ich will sein wie Jesse Jackson...«

Brown schnitt ihm das Wort ab. »Nein, das willst du nicht«, sagte er. »Du willst kein zweiter Jesse Jackson sein, sondern der erste Al Sharpton. Du hast da was Besonderes, aber hör mir zu. Meine eigenen Kinder hören mir nicht zu. Wenn du mir zuhörst, kannst du das hier im ganzen Land tun. Du kannst Wähler registrieren, wirklich junge Leute, weil die Leute da draußen in der Bürgerrechtsbewegung keinen Mumm haben. Du bist ein Junge aus Brooklyn, du hast Mumm. Aber du musst anders sein. Besonders.«

Brown verließ New York, kam zwei Wochen später zurück, rief Sharpton zu sich und sagte: »Pack deine Taschen, wir gehen nach Los Angeles.«

Sharpton packte seine Sachen, stieg in Browns Privatflugzeug und kam die nächsten fünfzehn Jahre nicht wieder nach New York. Er verließ New York City als Alfred Charles Sharpton, ein siebzehnjähriger Prediger, ein Wunderkind, und kam als Reverend Al Sharpton, der »Rev«, eine der mächtigsten, charismatischsten, kontroversesten und einzigartigsten Gestalten der afroamerikanischen Geschichte zurück. Die Freundschaft mit Brown hielt bis an dessen Lebensende.

Es gibt viele große kreative Allianzen in der amerikanischen Künstler-Diaspora. Stephen Sondheim und Leonard Bernstein mit ihrem großen Broadway-Klassiker *West Side Story* fallen einem gleich ein. Das Miles Davis Quintet, featuring John Coltrane mit Cannonball Adderley. Miles und Gil Evans. Sinatra und Basie. Der Dirigent Eugene Ormandy und das Philadelphia Orchestra. Letztere ist eine meiner Lieblingsverbindungen, aber etwas mit Al Sharpton und James Brown Vergleichbares gibt es in der ganzen amerikanischen Geschichte nicht.

Es ist eine Zusammenarbeit, die sich jeder einfachen Erklärung widersetzt und von Brown-Biografen gern übersehen wird, von denen die meisten professionelle Musikjournalisten und nicht dumm genug sind, sich wie ich auf die amorphe Mischung aus schwarzer Politik, Kultur und Musik einzulassen, die dazu beigetragen hat, Brown zu dem zu machen, der er war. Amiri Baraka mit seinem Buch *Blues People*, Guthrie Ramsey mit *Race Music*, Teresa Reed mit *The Holy Profane* und Samuel Floyd mit *The Power of Black Music* gehören zu denen, die es mit größerem Erfolg getan haben, als es mir je möglich sein wird. Aber hier ist meine laienhafte Einschätzung:

Unterhaltung und Politik sind sich ähnlicher, als den meisten bewusst ist. Jedes Mal, wenn ich nach Los Angeles komme, staune ich über die Ähnlichkeiten zwischen Hollywood und Washington, D.C.: Geld. Macht. Einfluss. Sex. Skandale. Partys. Verlogenheit. Getue. Kommunikation als Aphrodisiakum. Der einzige Unterschied, wie es scheint, besteht darin, dass die Leute in L.A. schöner sind, während sie dir in D.C. mit der einen Hand die Tasche leeren und mit der anderen der Flagge salutieren. Die Grundbestandteile sind jedoch die gleichen: Geschäft und Macht. Sich durch das schmale Schlüsselloch von Macht und Ruhm zu zwängen, ist in beiden Welten schwer, ganz gleich, welche Farbe man hat, und schwarze Amerikaner, denen es gelingt, sind oft skrupelloser als ihre weißen Gegenstücke, wenn es darum geht, denen, die nach ihnen kommen, ein Messer zwischen die Rippen zu stechen. Amerika mag seine schwarzen Stars, aber immer nur einen: Barry White oder Marvin Gaye, Bill Cosby oder Flip Wilson, Sammy Davis oder Johnny Mathis, was die Sache schwierig macht. Zu seiner besten Zeit in den 60ern und 70ern sah sich die Ein-Mann-Hit-Maschine Brown Motown mit seinem mächtigen Kader erfolgreicher Musiker gegenüber – beide Seiten drängten ins weiße Radio, wo das große Geld zu holen war. Es gab aber auch noch andere, mit denen Brown konkurrierte: Jackie Wilson, Joe Tex, Little Willie John, den er bewunderte, Isaac Hayes, Gamble and Huff, die O'Jays, die Spinners und Teddy Pendergrass. Aber die beiden Schwergewichte, der Kampf Ali-gegen-Frazier der Plattenindustrie, der fand, wenigstens eine Zeitlang, zwischen Motown und James Brown statt. Die beiden führten die Konkurrenz an, und sie waren voller Kraft und Energie.

In diesem kruden Vergleich ist Brown Joe Frazier, der donnernde, dunkelhäutige, schlagkräftige Mann aus dem Getto Nord-Philadelphias, und Motown ist Muhammad Ali, der leichtfüßige, direkte, wortgewandte Junge aus Louisville, Kentucky, der unerhört interessant war und Frazier unfairerweise als Onkel Tom abstempelte. Brown mochte Berry Gordy und seine Motown-Mannschaft nicht. Er respektierte Gordy, spürte tief in sich aber eine Abneigung gegen die weichen, intelligenten, gebildeten, weißenfreundlichen Leute, die Berry und Motown zu repräsentieren schienen. Die Probleme und Leiden der hochtalentierten Diana Ross, Smokey Robinsons, Gladys Knights, Stevie Wonders, brillanter Songwriter-Teams wie Ashford & Simpson und unbesungener Sidemen wie des Bassisten James Jamerson – sie alle zahlten ihren Preis, doch das berührte Brown nicht. Brown hatte den steinigen Weg zur Berühmtheit genommen, durch den Chitlin' Circuit, und dabei hart kämpfende Konkurrenten wie Little Willie John, Joe Tex, die Midnighters und Little Richard hinter sich gelassen, Musiker, die dir auf der Bühne musikalisch den Kopf einschlagen konnten – oder auch, wie Jackie Wilson, jenseits der Bühne. Brown fühlte sich im Vergleich mit seinen schwarzen Konkurrenten aus dem Norden, die, wie er glaubte, vom clever verschleierten Rassismus der Weißen dort hereingelegt wurden, immer wie ein Südstaaten-Landei. Sein Manager Buddy Dallas, ein weißer Südstaatler, erzählt, wie Brown 1988 in der Präsidenten-Suite des Beverly Hills Hotel in Los Angeles übernachtete, als der Komiker Bill Cosby dort abstieg. Cosby, der aus einem harten Viertel in Nord-Philadelphia stammte, schickte ihm aus Spaß einen Teller Kohl in die Suite. Brown war außer sich. »Ich gehe mit dem Kohl zu ihm und schieb ihm den in den Arsch«, sagte Brown. Dallas musste ihn beruhigen.

Browns Vorurteil gegen Männer wie Cosby, die gebildeter, kultivierter und irgendwie »hellhäutigere«, »akzeptiertere« Schwarze waren, blieb ihm sein ganzes Leben erhalten.

Sharpton war das politische Gegenstück zu Browns Musik, jedoch vielseitiger. Er reflektierte Martin Luther Kings Religiosität, zog aber Malcolm Xs Direktheit vor. Sharpton predigte das Wort Gottes, im Unterschied zu den konservativen Pfingstlern allerdings, für die alle Politik gefährliches, unsicheres Terrain war, stieg Sharpton mit dem Mut eines Brooklyner

Gangsters in sie ein. Sharpton war jung, ohne Angst, witzig und in der Lage, in alle Richtungen zu arbeiten, wie es Brown nicht vermochte. Mit seiner Seidenstimme konnte er mit Vorstandsvorsitzenden reden, sich aber auch mit Browns Jasagern heftige Wortgefechte liefern. Brown umgab sich mit Männern, denen er traute, hauptsächlich Männern, und die wie er waren, aus dem Süden, vom Land, tolerant. Sie bewunderten seine Eigenarten, waren gewillt zu essen, was er aß, zu leben, wie er lebte, und zu glauben, was er glaubte. Wie Browns Sohn Terry sagt: »Er brachte dir bei, sparsam zu sein. Rede nicht. Tu was. Und pass auf dein Geld auf.« Viele trugen wie Brown eine .38er bei sich und hatten keine Angst, sie auch zu benutzen: Baby James, Henry Stallings, Browns Cousin Willie Glen und Johnny Terry, der mit Brown im Jugendgefängnis saß und eine Weile bei den Famous Flames war. Sie waren treue, harte Kerle. Das Plattengeschäft war rau, und Brown brauchte Schutz. Wenn er zu einem Auftrittsort kam, wollte er für gewöhnlich eine gewisse Summe Bargeld vorab. Egal, was für ein Problem die Leute haben mochten, wer der Veranstalter war oder wie die Abmachung im Einzelnen lautete, wenn James Brown kam und der Veranstalter hatte keinen Beutel mit fünfzig Prozent der Einnahmen aus dem Kartenverkauf für ihn parat, dreißig-, vierzigtausend in bar, manchmal mehr, war Browns Frage: »Können Sie singen?«, und er nannte ihm einen seiner Songs.

Die Antwort lautete stets: »Nein.«

»Nun, Sie werden ihn aber selbst singen müssen, wenn mein Geld nicht da ist.«

Ende der 70er, wie Sharpton sich erinnert, hatte die Mafia großen Einfluss im Musikgeschäft, und als Brown nach New York kam, um an seinem Lieblingsort, dem Apollo Theater in Harlem, zu spielen, riefen einige Gangster an und machten ihm

Angebote. »Sie sagten: ›Jimmy‹, diese Kerle nannten ihn Jimmy, ›Jimmy‹, sagten sie, ›brauchen Sie einen Kredit von sagen wir dreißig Riesen zur Zwischenfinanzierung? Wir können Ihnen da weiterhelfen und dafür sorgen, dass bei Ihrer Show alles glatt geht. Das Geld zahlen Sie zurück, wann immer Sie können.‹« Brown lehnte immer ab, und wenn sie drohten, ihn zusammenzuschlagen und während der Show Ratten in den Zuschauerraum zu schleusen, sagte Brown: »Na, los doch ...«, und setzte seine Schlägertruppe in Gang, Baby James, Henry Stallings und andere Burschen, die, wie er angab, jedem Mann für tausend Dollar das Licht ausblasen würden. Sie mischten sich unters Publikum, hielten die Augen offen und beobachteten Ein- und Ausgänge. Im Norden fühlte er sich oft in die Enge getrieben, wo sich einige Veranstalter und Radiosender von ihm schmieren ließen, was in jenen Tagen ziemlich normal war, sich aber dennoch weigerten, seine Musik zu spielen. Letztlich hatte er das Gefühl, dass der Norden noch rassistischer war als der Süden, was Sharpton Jahre später austestete, als er New York City mit seinen Protesten an den Rand der Verzweiflung trieb. Browns Reaktion auf den Rassismus des Nordens bestand darin, sorgfältig Männer auszusuchen, die unbeschriebene Blätter waren, und sie zu einer Art Armee zu machen, die seine Vorstellungen teilte. Charles Bobbit, Browns persönlicher Manager und ein ehemaliges Mitglied der Nation of Islam, war so jemand, wie auch Browns jüngerer Sohn Terry. Die beiden waren scharfsinnig und clever, formal nicht unbedingt hochgebildet, aber sie funktionierten wie Leckpumpen, kamen in einen Raum und vermochten binnen Sekunden sämtliche Details in sich aufzusaugen, wussten, wem was gehörte, wer was tat und wer wen in der Tasche hatte, entwickelten Ausstiegsstrategien und fanden Wege zu überleben. Während Browns großer Jahre arbeitete

Terry regelmäßig für seinen Dad, verkaufte Radiowerbung und kümmerte sich um Browns Geld und gewisse diskrete Dinge, zwischendurch jedoch hielten ihn Auseinandersetzungen mit ihm immer wieder auf Distanz. Bobbit war über vier Jahrzehnte ein treuer Soldat. Browns wichtigstes Kind jedoch, sein größtes Werk, abgesehen von seiner Musik, sein größter Beitrag zum sozialen Gewebe Amerikas, ist womöglich keiner seiner Songs, sondern seine Fähigkeit, das Potenzial eines jungen Mannes zu erkennen, der hungrig, talentiert und bereit war, Befehle zu empfangen, mutig, schlau, beweglich und in der Lage, die komplizierten Drehungen und Windungen des amerikanischen Rassismus zu erkennen, um sich seinen Verfechtern entgegenzustellen. Reverend Al Sharpton ist ein erstklassiger Summa-cum-laude-Absolvent der Denkschule James Browns.

»Sie müssen sich vorstellen, dass er für mich, der ich in den 60ern und 70ern aufwuchs, mehr als nur irgendein toller Künstler war«, erklärt Sharpton. »Er war die Geschichte der Schwarzen. Er hatte sich unter Kontrolle. Ich habe nie wieder jemanden kennengelernt, der diese Art kontrollierter Präsenz besaß. Es klingt verrückt, aber James Brown hatte so eine Präsenz und so ein Charisma, dass man es förmlich spürte, wenn er ein Haus betrat. Er dominierte jeden Raum, in den er kam, und ich bin einer der wenigen, die mit ihm im Weißen Haus bei Reagan und Bush waren, und in seiner Gefängniszelle. Es war sein Selbstvertrauen. Sein Geist. Es war eine Gabe. Er dominierte alle und alles.«

Eine der ersten Veranstaltungen, zu denen Brown Sharpton mitnahm, war ein Auftritt im Caesars Palace in Las Vegas. Mit ihm traten an dem Abend Aretha Franklin, Barry White und einige andere schwarze Top-Musiker auf. Die beiden kamen nachts um zwei mit Browns Privatjet in Vegas an und mussten feststellen, dass die Präsidenten-Suite belegt war. Brown machte so ein Theater, dass das Hotel die Suite freimachte, wer immer da im Bett lag. Sharpton, der noch nie so etwas wie eine Präsidenten-Suite gesehen und die Art von Erste-Klasse-Behandlung erlebte hatte, wie Brown sie genoss, wollte unbedingt im Kasino bei den Stars bleiben, die aßen und sich mit den Leuten an Spielautomaten und Kartentischen verbrüderten. Aber Brown rief ihn zu sich in die Suite.

Brown fragte Sharpton: »Warst du unten?«

»Yeah.«

»Waren da welche von den Künstlern?«

»Yeah, ein paar von ihnen spielen und so«, sagte Sharpton und konnte es nicht abwarten, wieder nach unten zu kommen.

»Weißt du, was wir jetzt machen, Reverend?«

»Was?«

»Wann ist der Auftritt heute Abend?«

»Ich glaube, Sie sind um zehn an der Reihe.«

»Gut. Bis dahin bleiben wir hier. Keiner kriegt James Brown zu sehen, bevor die Show beginnt. Alle anderen da unten sind gewöhnlich. Sei nicht gewöhnlich, Rev. Sie werden den ganzen Tag mit den Leuten spielen. Wir bleiben hier. Lass uns noch ein paar Discjockeys anrufen.«

Sie arbeiteten bis in den Abend hinein. »Discjockeys anrufen«, erinnert sich Sharpton, »da ging es darum, dafür zu sorgen, dass sie seine Platten spielten. Ich fühlte mich so elend.«

Um acht Uhr abends, weiß Sharpton noch, »ging Brown nach unten und sprach mit dem Veranstalter. Der Mann sagte: ›Es ist uns eine Ehre, Mr Brown‹, und blablabla ... Brown fuhr ihm ins Wort: ›Wie ist die Reihenfolge‹, fragte er. ›Wer fängt an?‹

Der Mann erklärte Brown, dass er in der Mitte der Show eingeplant sei.

›Oh, Sie können mich nicht in die Mitte stecken. Ich komme zum Schluss, weil wenn ich aufhöre, ist die Show zu Ende.‹« Der Mann willigte ein.

Brown sah Sharpton an. »Die verspeise ich bei lebendigem Leib.«

Als die Musik begann, stand Sharpton neben der Bühne und sah den anderen Künstlern zu. »Ich werde nie vergessen, wie sie James Brown ansagten und die Band loslegte«, sagt Sharpton. »Er nimmt das Mikro und wirft es in die Luft, und ich warte darauf, dass er es über der Schulter auffängt, aber da springt er ein Stück zurück, fängt es mit der Hand und springt ins Publikum, zwischen zwei Tische, in einen perfekten Spagat. Kommt wieder hoch und zieht das Mikro ran. Da hatte er sie.«

Nachdem er den Laden aufgemischt hatte, unterzog sich Brown in der Garderobe dem gewohnten Ritual mit der Trockenhaube und ging anschließend hoch in seine Suite, während die anderen Stars an einer After-Show-Party teilnahmen. »Es kommt noch schlimmer«, sagt Sharpton. »Als wir in seine Suite kommen, unterwegs wird ihm ständig gratuliert, sagt er zu Mr Bobbit: ›Machen Sie das Flugzeug fertig. Wir fliegen.‹«

»Heute Abend noch?«, fragte Sharpton. »Wir sind doch gerade erst angekommen.«

»Lass mich dir eines sagen, Rev. Wenn du sie gekillt hast, Rev, verschwindest du. Du killst sie und verschwindest. Kapiert, mein Junge? Kill sie, und weg.«

Sie stiegen in sein Privatflugzeug und flogen nach Los Angeles. Und genau so ging es auch während der nachfolgenden fünfzehn Jahre.

»Ein normales Leben gab es für ihn nicht«, sagt Sharpton. »Jesse (Jackson) und die anderen wollten ganz oben auf die Liste. James Brown wollte da nirgends hin. Er *war* die Liste. Er sagte: ›Reverend, wenn ich dafür Kompromisse machen muss, steige ich nicht auf. Dann bin ich ein anderer, der aufsteigt, aber ich muss ich sein. Ich steige nach meinen Bedingungen auf. So habe ich's am Anfang geschafft, und so schaffe ich es wieder, oder ich muss es nicht.‹ Das hat er mir eingetrichtert. Erfolg bedeutete, es als der zu schaffen, der man war, nicht, sich zu ändern, um es zu schaffen.«

Einen großen Teil von Browns besten Jahren, 1971 bis 1975, saß Sharpton auf dem Beifahrersitz, und als es mit der Karriere nach unten ging, 1975 bis 1984, blieb der Rev auch weiter dabei. In den guten Jahren fuhr die Band mit dem Bus, während Brown flog. Der Band graute davor, mit ihm zu fliegen, weil es ein einseitiges Gespräch wurde: Er redete, und du hörtest zu. Du aßt, was er aß. Du folgtest ihm, wohin immer er ging. Posaunist und Hintergrundmusiker Fred Wesley, Browns großer musikalischer Leiter und Co-Komponist, lacht laut, als er sich daran erinnert, in Browns Flugzeug mitfliegen zu müssen, um an der Orchestrierung zu arbeiten oder neue Ideen mit Brown zu entwickeln. »Es war einfach nur fürchterlich«, sagt er. »Ich vergoss Tränen, um zurück in den Bus zu kommen.« Aber Sharpton liebte es, mit Brown zu reisen.

»Die Band plante, wie sie von ihm wegkommen konnte«, sagt Sharpton, »und ich fragte mich, was mit ihnen nicht stimmte. Ich wollte in mich aufsaugen, was immer er mir zu geben bereit war.«

Sharpton änderte seine Frisur, um Brown nachzueifern. »Ich hatte heftige Auseinandersetzungen mit Leuten, die sagten: ›Warum hast du ihm immer nachgegeben?‹ Dazu will ich Ihnen eines sagen: Er war nicht einfach nur ein Vater. Leute, die wie ich aufwachsen, mit einem Geschäftsmann als Vater, der uns sitzen ließ, worauf wir aus der Mittelklasse – wir waren das, was die Schwarzen ›neger-reich‹ nannten – ins Nichts abstürzten, da entwickelst du unwissentlich Komplexe und fragst dich: ›Warum hat mein Vater mich verlassen, wo er doch nur mit meiner Mutter nicht auskam?‹ Ich bin nach meinem Vater benannt worden und so weiter. James Brown bestätigte meinen Wert, und so konnte er mir gegenüber nichts verkehrt machen. Das war Teil unserer Beziehung. Wir bestätigten uns gegenseitig. Er gab mir ein Gefühl von Wert und Selbstachtung, weil ich sah, dass ein Mann von solcher Größe an mir interessiert war, was mein Vater nicht war. Und was ihn anging, so bestätigte ich wohl, wie er gesehen werden wollte: als große historische Persönlichkeit. So begriff ich ihn. Wenn ich also sagte, es gibt vier große Bs in der Musik: Bach, Beethoven, Brahms und Brown, glaubte er, dass ich es auch so meinte.«

Er war ein Mann, der ein Treffen mit den Rolling Stones in den Wind blasen konnte, und es auch tat, mit den Red Hot Chili Peppers und, wenn er keine Lust hatte, sie zu treffen, mit Würdenträgern jeder Couleur, gleich welcher Wichtigkeit. Laut Sharpton trug Brown seine treue .38er in der Tasche, als er Präsident Richard Nixon traf. In Zaire war er Teil einer Gala vor dem großen Ali-Foreman-Kampf – die Welt und die Creme des schwarzen Entertainment sahen zu, wie er achtzigtausend jubelnde, schreiende Fans in Begeisterung versetzte, und hinterher sagte er zu Sharpton: »Pack zusammen. Wir gehen.«

Sharpton wollte noch nicht weg. Er wollte zusammen mit den anderen Künstlern bleiben, die gekommen waren, den bevorstehenden Kampf zu genießen, der wegen einer Verletzung Foremans verschoben worden war. Im Übrigen hatte Präsident Mobutu von Zaire, einem Land reich an Diamanten, verlauten lassen, dass er den Künstlern bestimmte Geschenke machen wollte. Brown war nicht interessiert.

»Aber Mr Brown«, protestierte Sharpton. »Wir sind gerade erst angekommen.«

»Kill sie, und weg, Rev. Kill sie, und weg.«

Und so machten sie's, hauten die Leute Stadt für Stadt um, und der Rev sah zu, fünfunddreißig Jahre lang. Welchen Zweck hat es, fragte Brown, den großen Mann zu geben? *Sei* groß. Als der Disco-Sound ihn vom Radar holte und seine Popularität schwand, löste sich seine wunderbare Band auf, aber Sharpton blieb. Er sah zu, wie Brown vom Superstar, der den Madison Square Garden füllte, zum Oldies-Act wurde und für fünftausend Dollar in Blues Clubs auftrat, ohne Plattenvertrag, mit einer neuen Band, den Soul Generals, die seine alten Hits mit Hochgeschwindigkeit spielten, und mit weißen, in Rot, Weiß und Blau gekleideten Background-Tänzerinnen, die über die Bühne tobten wie die Pompom-Girls bei den Dallas Cowboys. Veranstalter ließen ihn im Stich, die Steuerbehörde nahm ihn aus, er verlor sein Flugzeug und seine Radiosender. Die Frauen, die er benutzt und in einigen Fällen übel malträtiert hatte, begannen ihn mit Klagen zu überziehen, und seine Drogenprobleme, die er vor dem Rev verborgen hielt, brachten ihn ins Gefängnis. Aber der Rev blieb ihm treu, fuhr zwei-, dreimal im Monat von New York nach South Carolina und besuchte ihn. Daneben warb er um öffentliche Unterstützung, um ihn freizubekommen. Sharpton liebte Brown, nicht nur als Vaterfigur, sondern als einen Mann, der aufrecht stand, einsteckte, was kam, und nicht in die Knie ging und bettelte. Als Brown in den 90ern keinen Plattenvertrag hatte, bemühte er sich um eine Plattenfinanzierung beim Veranstalter Don King. King lehnte ab und sagte, er habe keine Ahnung vom Plattengeschäft, wolle Brown aber zehntausend Dollar schenken. Brown nahm das Geld nicht an. »Ich bitte nicht um Almosen«, sagte er.

Ihm entglitten die Dinge. Seine ganze Karriere über hatte er die Leute in Schubladen gesteckt, die Bandmitglieder hierhin, den Buchhalter dahin. Die Frauen, die weißen Manager, die schwarzen Manager. Schwarze Freunde, weiße Freunde. Ehefrauen. Freundinnen. Alles um ihn herum fiel in sich zusammen, und als er den Blick hob, waren fast alle weg. Allein die alten Weggefährten waren noch da: Charles Bobbit, Leon Austin und, natürlich, der Rev.

Im Mai 2005, als Augusta den Bronze-James-Brown in der Broad Street aufstellte, lud Brown Sharpton, der mittlerweile zu einer landesweit bekannten Persönlichkeit geworden war, ein, ein paar Worte zu sagen. Hinterher, als die beiden in Browns Auto saßen, fasste Brown ihn am Arm.

»Weißt du, was ich an dir liebe, Rev?«

»Was, Mr Brown?«

»Du warst der Einzige, der mich nicht verlassen hat. Alle anderen sind abgehauen, aber du bist geblieben. Du bist geblieben, Rev.«

Ich erinnere mich an den Sharpton jener Jahre und aus der Zeit davor. Zum ersten Mal sah ich ihn 1984 auf meiner ersten L.A.-Pressekonferenz in Encino, Kalifornien, auf der Michael Jackson seine *Victory Tour* ankündigte. Ich war noch nie in Los Angeles gewesen, hatte den Glitzer und den Glamour noch nicht erlebt, das Billige und die Wildheit der Stadt. Die Pressekonferenz wurde auf Jacksons Einfahrt abgehalten, wie ich mich erinnere, und bei den Veranstaltern, die sich der Presse stellten, Chuck Sullivan, dem die New England Patriots gehörten, Don King und Michaels Manager Frank DiLeo, stand der damals berüchtigte Al Sharpton in seinem typischen Trainingsanzug und mit der wilden James-Brown-Frisur. Er war bei der sechsmonatigen Tournee dabei, doch ich erinnere mich nicht recht an das, was er sagte. Auch während der Tour wechselte ich kaum ein Wort mit ihm. Ich war Reporter und konnte mit meinen Quellen keinen näheren Umgang pflegen, und schon gar nicht mit einer so umstrittenen Figur wie Sharpton. Trotzdem erinnere ich mich sehr gut an eine Sache, die er während der *Victory Tour* sagte, und zwar immer wieder: »Ich bin wegen James Brown hier.« Er sagte: »Ich bin hier, um mich um Michael Jacksons Interessen zu kümmern, weil James Brown mich geschickt hat.« Ich war damals ziemlich naiv, aber nicht naiv genug, um zu sagen, was ich wirklich dachte, nämlich: »Der Kerl redet so einen Scheiß.«

Wie sich herausstellte, sagte er die Wahrheit. Er war von James Brown geschickt worden, um Michael zu helfen. Lange nach Ende der Tour noch war Sharpton einer der wenigen aus Politik und Showbiz, der zu Jackson stand, als Michael (einen gutherzigeren Menschen habe ich im Entertainment-Business nicht kennengelernt) der Kindesmisshandlung bezichtigt – und später freigesprochen wurde. Jackson hat es James Brown nie vergessen, seine rechte Hand zu schicken, um ihm in schweren Zeiten beizustehen. Viele Jahre später würde er Brown seine Güte zurückzahlen.

Kapitel 11

Der Money Man

Er tritt durch die ramponierte Fliegentür von Brooker's Soul-Food-Restaurant in Barnwell, South Carolina, als gehörte ihm der Laden. Und in gewisser Weise ist es auch so. Er ist einer von den Alten. Miss Iola, die hinter der Theke arbeitet, sieht herüber und winkt. Sie betreibt das Lokal mit ihrer Schwester und hat ihn am Abend zuvor zu Hause angerufen und ins Bild gesetzt.

»Morgen gibt es Leber«, hat sie gesagt. »Kommen Sie, bevor sie weg ist.«

Das reichte. »Da komme ich jedes Mal«, lacht er. »Das muss sie mir nicht zweimal sagen.«

Miss Iola lächelt, als er sich der Theke nähert. Er ist ein korpulenter Mann, trägt ein Oberhemd und eine dicke Brille. Er sieht aus wie ein Anwalt oder ein Buchhalter, ein Vertreter, und er ist der einzige Weiße in einem Raum voller Schwarzer. Was nicht unbedingt ein sicherer Ort ist. Zumindest hat ihm das sein Anwalt gesagt, als er ins Gefängnis kam: »Die Schwarzen da drin bringen Sie um.« Aber sie haben ihn nicht umgebracht.

Tatsächlich haben ihm viele von ihnen Respekt entgegengebracht. Manche haben ihn sogar um Rat gefragt. Ein paar wollten ein Autogramm, was ihm noch nie passiert war. Er bewegte sich unter den Schwarzen dort, wie er sich heute hier durch diesen Diner bewegt, locker und ruhig, denn er ist hier zu Hause. Er kennt diese Leute. Einige sind seine Nachbarn. Mit anderen geht er zur Kirche. Sein Name ist David Cannon. Er war James Browns Buchhalter. James Browns Money Man.

Cannon nimmt sein Tablett von der Theke und geht damit zu einem der einfachen Picknicktische im gut besetzten Raum. Die normalen Essgeräusche gehen unverändert weiter. Er stellt sein Tablett auf den Tisch und betrachtet, was er hat: Kohl. Süßkartoffeln. Makkaroni mit Käse. Etwas Huhn. Süße Limonade. Und, natürlich, die köstliche Leber. »Die beste Leber in Barnwell«, sagt er und faltet seine Papierserviette auseinander.

»Wann waren Sie zuletzt hier?«, frage ich. Ich habe Cannon schon viele Male getroffen, aber heute sehe ich ihn zum ersten Mal in der Öffentlichkeit. Er trägt eine elektronische Fußfessel, die es ihm zu gewissen Zeiten nicht erlaubt, aus dem Haus zu gehen.

Er hört nicht zu. Ich sitze ihm am Tisch gegenüber, aber er ist mit den Gedanken woanders. Seine Augen sind geschlossen, und er hält den Kopf im Gebet gesenkt.

Cannon betet laut, dankt Gott für das Essen, seine Gesundheit, seine Frau Maggie und seine Freiheit. Und während er betet, sehe ich verstohlen um mich und fürchte um meine eigene Haut. Weil ich schon so viel Zeit mit diesem Mann verbracht habe, und weil ich ihn mag. Er redet offen, ist ein Christ, ein alter Herr, ein zahlendes Mitglied der Republikanischen Partei, der Einzige, dem James Brown sein Geld anvertraute, und das will einiges heißen, denn Brown traute eigentlich niemandem mit seiner Kohle. Brown hinterließ Millionen in diversen Anlagen und vermachte den Großteil seines Geldes nicht seinen Sprösslingen und deren Familien, sondern armen Kindern. Was einigen Mitgliedern der Familie nicht gefiel. Sie rotteten sich zusammen und glaubten einen Strippenzieher im Hintergrund. Sie brauchten einen Schuldigen, einen Sündenbock. Und da saß er, David Cannon, der perfekte Schurke. Ein weißer Südstaatler, ein Republikaner, der Mann, der Browns Geld verwaltete. Es traf ihn völlig unvorbereitet. Nach vierzig Jahren, in denen er sich den Ruf eines respektierten Buchhalters geschaffen hatte, fand er seinen Namen plötzlich überall im Internet unter Überschriften voller Halbwahrheiten, und musste für ein Verbrechen ins Gefängnis, das ihm nie von einem Gericht nachgewiesen wurde.

Ich sehe ihn an, wie er inbrünstig betet, mit geschlossenen Augen. Und überlege. Die Vielzahl an Klagen nach Browns Tod hat das Leben dieses Mannes praktisch zerstört. Seine Frau hat zweimal versucht, sich das Leben zu nehmen. Vier Tage vor seiner Verurteilung wurde sein Sohn ermordet, und am selben Tag kam seine Ex-Frau bei einem Verkehrsunfall ums Leben, als sie zu ihrem Sohn wollte. Und der Großteil seiner Lebensersparnisse wurde von Anwaltshonoraren aufgefressen.

Dennoch dankt dieser Mann Gott, aus tiefstem Herzen.

Ich fahre aus meinen Gedanken hoch, sehe, wie Cannon mich anstarrt, und höre ihn sagen: »Warum nehmen Sie keine Leber?«

»Ich bin kein großer Freund von Leber.«

»Dann verpassen Sie was«, sagt er und langt kräftig zu. »Wenn Sie die probieren, werden Sie nichts auszusetzen haben. Das garantiere ich Ihnen.«

Er isst mit einer Lust, als wäre es das letzte Essen, das er je bekommt, während ich dort sitze und denke: *Nur Gott kann einen Mann so aufrichten.*

Ich bin dankbar, das zu erleben.

1984 war Browns Karriere auf einem Tiefpunkt. Der Disco-Sound hatte ihn geschluckt, und seine ehedem großartige Band mit Maceo Parker, Fred Wesley, Pee Wee Ellis, Sweet Charles Sherrell, Jimmy Nolen, Richard »Kush« Griffith, Joe Davis, St. Clair Pinckney, Clyde Stubblefield, Jabo Starks und anderen war Geschichte. Michael Jackson war der King of Pop. Jede einzelne von Browns Geschäftsideen scheiterte oder war längst am Boden. Das große Unternehmen James Brown mit Büros in New York und Augusta existierte nicht mehr. Seine drei Radiosender von Gläubigern verkauft, seine Soul-Food-Restaurantkette *Gold Platter* am Ende. Seine Rabattmarken-Idee, abgesoffen. Sein Flugzeug gehörte ihm nicht mehr. Der Nachtclub Third World, den er zusammen mit einem guten Freund aufgebaut hatte, brannte unter mysteriösen Umständen ab, der Brandstifter wurde nie gefasst. Und das Verheerendste: Er schuldete der Steuerbehörde, die seine Geschäfte im Würgegriff hielt und seine Aktiva beschlagnahmt hatte, fünfzehn Millionen Dollar. Sie nahmen ihm seine dreißig Autos und seine Kunstwerke. Sie ließen sein Haus versteigern. Und das war nur die geschäftliche Seite, privat war es ein ähnliches Desaster. Die Verbindung mit seiner bei ihm wohnenden Freundin Adrienne Rodriguez, die er 1985 heiratete, war ein einziges öffentliches Chaos. Viermal ließ sie ihn verhaften, und Brown, der nie auch nur mit einer Zigarette gesehen worden war, wurde von PCP, »Angel Dust«, abhängig, was eine große Schande für ihn bedeutete. Sein Stern war untergegangen. Seine eigene Revolution ließ ihn hinter sich zurück. Er war zu einem Oldies-Act mit einem schrecklichen Ruf verkommen.

»Beruflich war er eine Seuche«, sagt Buddy Dallas, ein Anwalt aus Thomson, Georgia, den Brown ansprach, damit er ihm aus seinem Fiasko half. »Mit seiner Beliebtheit war es vorbei. Er zahlte seine Schulden nicht, hatte zu Hause nicht mal mehr ein Telefon. Seine Rechnungen blieben unbezahlt. Die Leute wollten kaum etwas mit ihm zu tun haben.« Brown bekam siebentausendfünfhundert Dollar für einen Abend, aber es kostete ihn neuntausend, die nötigen Leute auf die Bühne zu bringen. »Stromrechnungen blieben unbezahlt. Seiner Band schuldete er Geld. Wenn er jemandem fünfhundert Dollar zu zahlen hatte, gab er ihm zweihundertfünfzig und versprach ihm den Rest. So ging es mit James Brown.«

Dallas, der Sohn eines Sägewerksarbeiters aus Lincolnton, Georgia, besitzt die wache Intelligenz und den scharfen Geist eines alten Anwalts vom Land. »Mein Daddy«, erzählt er, »hat immer gesagt: ›Sohn, lügen kannst du auf tausend verschiedene Arten, aber die Wahrheit lässt sich nur auf eine Weise sagen.‹« Er traf Brown bei einer Feierlichkeit, und Brown, der immer schon ein Auge für Talent und Männer mit einem Sinn für Humor gehabt hatte, nahm ihn in Augenschein, während er mit Dallas' dreijähriger Tochter spielte. Kurz darauf rief er Dallas an, die beiden trafen sich, und Brown sagte: »Mr Dallas, ich habe mich nach Ihnen erkundigt, und ich sehe, dass man Ihnen vertrauen kann. Ich möchte, dass Sie mich vertreten.«

Dallas, ein Weißer, hatte nie für einen Schwarzen gearbeitet. Er war im nach Rassen getrennten Süden aufgewachsen, hatte an der University of Georgia Jura studiert und in den 60ern nach Browns Musik getanzt und sein *Night Train* gesungen. Die beiden stellten fest, dass sie einiges gemeinsam hatten. Sie zitierten gern Bibelverse, jagten Eichhörnchen und liebten Brathähnchen. Und das Wichtigste: Beide kamen aus dem Süden, vom Land, und kannten die Bedeutung von Tugend, Aufrichtigkeit und Stolz.

Dallas dachte über Browns Angebot nach und gestand ihm: »Mr Brown, ich habe keine Ahnung vom Unterhaltungsgeschäft.«

»Das bringe ich Ihnen bei«, sagte Brown. »Ich brauche jemanden, dem ich trauen kann.«

Dallas willigte ein, was ihm nach Browns Tod dreihunderttausend Dollar Anwaltskosten und Jahre voller Sorgen und Probleme einbrachte. Er entwickelte einen Plan, Browns weiteren Absturz zu stoppen. Brown hatte kein Bargeld, und nur Tage, nachdem er per Handschlag zugestimmt hatte, Brown zu vertreten, ging Dallas in die Bank of Thomson, Georgia, und lieh sich auf seinen eigenen Namen zweiunddreißigtausend Dollar. Er ersteigerte Browns Haus, übertrug es für einen Dollar zurück an Brown und benutzte den Rest des Geldes, um einige finanzielle Brandherde zu löschen. Brown suchte derweil einen Steuerexperten, der sich um seine fünfzehn Millionen Steuerschulden kümmern sollte. Er wollte jemanden, der absolut ehrlich und genau war und zudem die Erfahrung besaß, ihm die Steuerbehörde vom Leib zu halten. Er wandte sich an Cannon, der als Steuerberater und Nachlassverwalter in einer Kanzlei in Barnwell, South Carolina, arbeitete, einen soliden Ruf genoss und über vier Jahrzehnte Berufserfahrung verfügte. Brown kam in die Kanzlei, erläuterte seine Probleme und bat Cannon, für ihn zu arbeiten.

Cannon, ein vorsichtiger, bedächtiger Mann, hörte ihm zu und sagte, als Brown fertig war: »Mr Brown, ich fühle mich geschmeichelt. Aber ich stehe kurz vor der Pensionierung.«

»Bitte, gehen Sie noch nicht in Rente«, sagte Brown. »Ich brauche Sie. Sie müssen das für mich in Ordnung bringen.«

Wie Dallas hatte auch der in Columbia, South Carolina, gebürtige Cannon noch nicht für einen Schwarzen gearbeitet. Wie Dallas war er im Süden aufgewachsen, wo Schwarze und Weiße wie eine dysfunktionale Familie zusammenlebten, in einer Vertrautheit, die für Außenstehende nur schwer zu verstehen ist. Zum Beispiel war Cannons Sohn mit einem schwarzen Jungen namens Eric befreundet, den er regelmäßig zum Spielen mit ins Haus von Cannons Mutter brachte. Das schwarze Kind und Cannons Mutter entwickelten ein enges Verhältnis, Eric nannte sie Grandma, und sie sprach von ihm als ihrem »Enkel«. Sie kochte für Eric, passte auf ihn auf und ermahnte ihn, wenn er etwas Falsches tat, aber eines Nachmittags spielten ihr schwarzer »Enkel« und ihr weißer Enkel auf der Straße vor dem Haus, und sie rief die Jungen herein, nahm ihren weißen Enkel beiseite und sagte: »Spiel mit Eric nicht vor dem Haus, spielt hinten im Garten. Ich möchte nicht, dass die Nachbarn euch sehen.«

Als Cannon das hörte, machte er seiner Mutter Vorhaltungen.

Sie lief rot an. »Es tut mir leid«, sagte sie. »Ich liebe ihn, aber... Ich möchte nicht, dass die Nachbarn es sehen.«

So komplex sind die Beziehungen zwischen Schwarz und Weiß im amerikanischen Süden, wo die Rasse einen in einer Art Raster hält und man nie weiß, wohin man treten soll. Schwarze und Weiße gemeinsam – und nicht gemeinsam. Zusammen leben, aber nicht zusammen. Als Familie, aber eine dysfunktionale Familie. Cannon erinnerte sich, dass es, als er noch ein Junge war, beim Haus seiner Großmutter in Turbeville, South Carolina, einen Haushaltswarenladen mit einem Papagei gegeben hatte, der immer, wenn eine schwarze Person durch die Tür kam, rief: »Da kommt ein Nigger!« Ich lachte, als er mir die Geschichte erzählte, aber Cannon sagte finster: »Schon als Kind fand ich das nicht komisch.«

James Brown bot ihm fünf Prozent von was immer er ihm einbrachte, dazu Anteile und Prozente von allen größeren Geschäften, die sie machten. Es war ein Gentlemen's Agreement. James Brown zahlte nicht gern große Gehälter und hatte Angst vor Verträgen. Mit Buddy Dallas arbeitete er genauso. »Ich werde Ihnen kein Geld schuldig bleiben«, versprach er. Cannon taxierte Dallas. Dallas stammte aus Georgia, und die Leute aus Georgia und South Carolina trauen sich traditionell nicht über den Weg, aber Cannon sah Dallas als offenen, ehrlichen Mann, der einiges geleistet hatte. Und wie Dallas sah auch Cannon, dass er mit Brown viel gemeinsam hatte. Sie waren ehrbare Leute, Südstaatler, die an Gott, gegenseitigen Respekt, einen Handschlag und harte Arbeit glaubten. Und so gab der kurz vor seiner Pensionierung stehende, finanziell abgesicherte Cannon seinen sicheren Job auf und schloss sich Browns Mannschaft an.

Cannons erste Aufgabe bestand darin, sich um das Problem mit der Steuerbehörde zu kümmern. Es war ein Chaos, zum Teil, weil Brown sein Geld überall versteckte. Zudem hatte Browns erster Aufstieg zu Berühmtheit unter dem King-Records-Gründer Syd Nathan und dem Universal-Music-Promoter Ben Bart stattgefunden. Nathan und Bart waren brillante jüdische Pioniere, die zufällig beide 1968 starben. Danach managte sich Brown praktisch selbst und stellte eine ganze Reihe Vollzeit- und Teilzeit-»Manager«, »Promoter« und »Road Manager« ein. Aber das sind wenig aussagekräftige Titel, die im Showbiz alles bedeuten können. Als ich selbst Tenorsaxofonist in der Band eines bekannten Jazz-Sängers war, wurde aus einer

Frau, die kurz als »Fotografin« bei uns war, ein »Road Manager«, später war sie der »Manager«, der uns unseren Lohn auszahlte. Dann verschwand sie völlig von der Bildfläche, war gefeuert worden oder hatte gekündigt, wer weiß. Wenn du deinen Job behalten willst, fragst du nicht nach. So funktionierte auch Browns Organisation, und den wenigen Managern, denen er über die Jahre traute, war nicht zu trauen. Einigen, denen er hätte trauen sollen, traute er hingegen nicht, und das Ende vom Lied war, dass der Junge, der in Augusta mit einem von seinem Schuhputzgeld gekauften Ball und Schläger Baseball gespielt hatte und, sobald es zu einem Streit kam, gegangen war, niemandem erlaubte, sein Geld zu zählen, einzutreiben oder aufzubewahren.

Browns Neigung, sein Geld zu verstecken, war unter Freunden und Mitarbeitern legendär. Er gehörte der Generation an, die miterlebt hatte, wie die Banken während der großen Depression ihre Türen geschlossen und Millionen Menschen auf dem Trockenen hatten sitzen lassen. Diese Generation versteckte ihr Geld in Matratzen, stopfte es in Keksdosen und unter Bodendielen. Meine Mutter war auch so. Sie versteckte Viertel-Dollar-Münzen und Fünf-Dollar-Scheine. Braun dagegen versteckte Tausende Dollar – in Vasen und Safes, unter Bäumen und in Gärten, in den Bodenblechen eines Autos und unter den Teppichen ferner Hotels, die er, auf Tour, einmal im Jahr besuchte. Die letzten zwanzig Jahre seines Lebens lief er mit Barschecks im Wert von dreitausend Dollar in der Tasche herum. Mit den dreitausend blieb er unter dem Radar der Steuerbehörde. Trompeter Joe Davis, ein ehemaliges Bandmitglied, erinnert sich, wie Brown ihnen erklärte: »Wenn ihr euer Geld behalten wollt, vergrabt es im Garten.« Brown versteckte sein Geld gern an jedem nur erdenklichen Ort, ganz offenbar nur an dem einen Ort nicht, wo es sicher gewesen wäre. »Mr Brown traute den Banken nicht«, sagt Cannon. »Punktum. Er war nicht dazu zu bringen.« Buddy Dallas sagt das Gleiche.

Brown war pingelig, wenn es darum ging, wie er für seine Auftritte bezahlt wurde. Ich habe die braunen Papiertüten selbst gesehen, in denen das Geld vom Veranstalter an den Star geht. Einige sind voller Fettflecken, damit es aussieht, als wäre ein Schinken-Käse-Sandwich darin, dabei ist es genug Geld, um gleich das Schwein und die ganze Farm zu kaufen. So machten es viele der alten Entertainer, die von ihren Labels, den Platten-Managern und DJs betrogen worden waren (Letztere ließen sich gegen das Gesetz dafür bezahlen, ihre Platten zu spielen, taten es aber nicht). Einige von diesen Stars, und auch Brown, waren von den Managern schon mit einem brandneuen Thunderbird oder Ähnlichem abgefunden worden, statt ihre Tantiemen in bar ausbezahlt zu bekommen, oder sie wurden mit Dope versorgt und bekamen nicht mehr als ein paar Dollar für Songs oder Aufnahmen, von denen einige zu Klassikern wurden, die sich ewig verkauften. John Coltrane und Cannonball Adderley bekamen beide etwa einhundertfünfzig Dollar pro Aufnahmesitzung für *Kind of Blue*, einen unsterblichen Jazz-Klassiker und eine der bestverkauften Jazz-Platten aller Zeiten. Unter Musikern erzählt man sich unzählige Geschichten, zum Beispiel von dem Sänger, der an den Füßen aus dem zehnten Stock eines Hotels gehängt wurde, weil er seinen Vertrag nicht erfüllt hatte. Und dann ist da der mysteriöse Mord an Sam Cooke. Oder die Geschichte von einer bekannten Soul-Sängerin, die ich von einem Musikerkollegen gehört habe. Die Frau kam in die Stadt, um ein paar Takte für eine Autowerbung aufzunehmen, aber bevor sie auch nur eine Note sang, machte sie klar, dass sie keine Tantiemen oder Prozente von irgendwas wollte. All die tollen Rechnungen, sagt sie, gingen am Ende nicht auf. Sie wollte, und bekam, fünfundsiebzigtausend Dollar in bar, sang ihren Sechzig-Sekunden-Jingle und war auch schon wieder weg. Diese alten Stars waren so oft betrogen worden, dass sie keinen Spaß mehr verstanden.

Infolge von Browns Geldparanoia waren seine Finanzen ein einziges Desaster. 1984 kehrte er zu der alten Methode aus den 1950ern zurück, das Geld für die Auftritte in einen Koffer oder eine Schachtel zu packen. Manchmal gab er die Schachtel Al Sharpton oder Charles Bobbit, später auch einem Road Manager namens Albert »Judge« Bradley, dem er vertraute. In Sachen Steuern stellte er sich dumm. 1972 traf er Richard Nixon, den republikanischen Präsidentschaftskandidaten, der ihn ein »nationales Kulturgut« nannte. Brown, der von der schwarzen Presse und seinen Fans angegriffen wurde, weil er sich mit Nixon gemein gemacht habe, benutzte den Ausdruck, als ihn die Steuerbehörde ins Visier nahm. Er behauptete, keine Steuern zahlen zu müssen, weil ihm der Präsident gesagt habe, er sei ein »nationales Kulturgut«. Um die Ansprüche der Steuerbehörde abzuwehren, behauptete er später noch, er sei teilweise indianischer Herkunft und, offenbar verzog er dabei keine Miene, mit Geronimo verwandt.

Die Steuerbehörde fand das alles andere als amüsant und ging in den 80ern mit beiden Fäusten auf ihn los. »Bei einer Show in Texas«, sagt Cannon, »tauchten sie auf und kassierten die gesamte Einnahme. Er konnte die Band nicht bezahlen. Sie saßen fest.« Das war der finanzielle Stand, als Cannon 1992 den Auftrag bekam, Browns Finanzen zu ordnen.

»Er hatte nicht mal einen Steuerberater«, sagt Cannon. »Ich bin in sein Büro, um mir die Unterlagen anzusehen. Sie zeigten mir die Aktenordner, und ich sagte: ›Ist das alles?‹

Sie sagten: ›Die Steuerbehörde hat acht bis zehn Kisten mitgenommen.‹«

Cannon versuchte die Kisten zu finden. »Die Steuerbehörde hatte sie überall verteilt.« Er flog nach Atlanta, rief in Tennessee an. »Alle habe ich nicht gefunden. Ich sagte zur Steuerbehörde: ›Sie müssen beweisen, dass Sie seine Unterlagen haben.‹

Sie sagten: ›Müssen wir nicht.‹

Ich sagte: ›Sie müssen sie mir zeigen.‹«

Sie konnten es nicht. Die gereizten Verhandlungen zwischen Cannon und der Steuerbehörde zogen sich über zwei Jahre hin. Sie wollten fünfzehn Millionen, keinen Penny weniger, und drohten damit, Brown einzubuchten. Cannon, der nur Browns schludrige Unterlagen hatte, fand sich in die Ecke gedrängt. Er hatte keine Zahlen, mit denen er arbeiten konnte. Die Steuerbehörde dagegen wusste, was Brown verdiente. Aber Cannon sah, dass die Unterhändler der Steuerbehörde besorgt schienen, Brown könnte bankrottgehen, worauf die Regierung mit leeren Händen dagestanden hätte, oder doch höchstens mit dem Maximum, das bei einem Bankrott erlaubt war, einer Million. Cannon wusste, dass sich Brown niemals bankrott erklären würde. Brown hatte seinen Stolz, und Cannon verstand, was Anstand für ihn bedeutete, da sie beide mit der südlichen Mentalität aufgewachsen waren. Cannon verstand, dass ein Mann wie James Brown, der darauf bestand, mit »Mr Brown« angeredet zu werden, und der auch seinerseits alle, selbst noch die kleinste Hilfskraft, »Mister« oder »Miss« nannte, ein Mann, der sich nach jedem dreistündigen, erschöpfenden Auftritt ewig lang unter eine Trockenhaube setzte, damit ihn niemand mit zerstörter Frisur sah, zerzaust und unordentlich, dass so ein Mann niemals bankrott und auf den Knien gesehen werden wollte.

Cannon wusste, dass Brown lieber ins Gefängnis ging, als

bankrottzugehen, doch er behielt die Kugel in seiner Pistole, und als es am Verhandlungstisch so schien, als hätten sie ihn in der Ecke, benutzte er sie.

»Wir melden Bankrott an«, sagte er. Es war ein Bluff.

Es funktionierte. Die Steuerbehörde zuckte zurück und beraumte eine Woche später ein neues Treffen an.

Bei diesem Treffen willigten sie ein, von den fünfzehn Millionen auf eins Komma drei Millionen herunterzugehen, allerdings unter zwei Bedingungen. Die erste war, dass sie in Zukunft, wenn es um Brown ging, nur noch mit Cannon verhandelten und nicht mehr mit der Vielzahl verschiedener Angestellter, mit der sie es bisher zu tun gehabt hatten. Und zweitens: »Sie machen von jetzt an seine Steuererklärungen.«

Das kippte die Sache fast noch, weil Cannon das nicht wollte. Cannon und Dallas, die beiden Männer, die James Browns Karriere neu belebten, trauten Browns dritter Frau Adrienne nicht, einer Visagistin, die er bei einer Musik-Show im Fernsehen mit dem Titel *Solid Gold* kennengelernt hatte. Cannon wie Dallas können zahllose Geschichten über das wüste Verhalten Adriennes erzählen: Sie stahl Brown Geld, versteckte es in Schränken und Decken, stahl Silberbesteck und Brot aus dem Sands Hotel in Las Vegas und stach angeblich einer von Browns Freundinnen in einer New Yorker Hotelsuite mit einer Schere in den Hintern. Sie können ihre Drogenprobleme und teuren Schönheitsoperationen auflisten, von denen sie eine schließlich umbrachte. Zwischen 1987 und 1995 ließ sie Brown viermal wegen Körperverletzung verhaften. Dallas nennt sie eine »Kleptomanin« und »überzeugte Drogenabhängige«. Aber Brown liebte Adrienne. Er nannte sie »meine Ratte«. Sie war eine intelligente, hübsche Frau mit gemischtrassigem Hintergrund, eine treue Ehefrau, die ihm bei seinem Comeback half und ihm auch zur

Seite stand, als er nach seiner PCP-Episode in Augusta, die mit einer Verfolgungsjagd endete, von 1988 bis 1991 im Gefängnis saß. Sie versuchte ihm so etwas wie eine Familie zu geben und lud zu den Feiertagen seine verschiedenen Kinder zum Essen und Miteinander ein. Das Leben mit Brown war nicht leicht. Browns Freundin Emma Austin erklärte sie: »Emma, ich muss high sein, nur um mit diesem Scheiß fertigzuwerden.«

Aber Cannon traute ihr nicht, und er hatte zu leiden, wenn Brown ein paar Stunden Ruhe vor ihr wollte, sich in seinen Lincoln setzte, zu Cannons bescheidenem Haus in Barnwell fuhr, um mit dessen Sammlung alter Schwerter herumzuhantieren, auf seinem Sofa zu liegen und sich über die Ausgaben seiner Frau zu beschweren. Cannon hörte zu, machtlos. Das müssen sie untereinander ausmachen, dachte er. Er wusste, wie heftig sich Adrienne an Browns Geld bediente, was alle möglichen Steuer- und Buchführungsprobleme verursachte, aber: »Man sagte Mr Brown nicht, was er tun sollte. Das ging einfach nicht.« Und man sagte auch Mrs Brown nicht, was sie tun sollte. Und um es noch komplizierter zu machen, benutzte Brown Cannon als Schutzschild gegen alle möglichen Blutsauger. Wollte sich jemand etwas leihen, sagte er: »Fragen Sie Mr Cannon«, und Cannon sagte er: »Lehnen Sie ab.« Wenn jemand hinausgeworfen werden musste, sagte Brown: »Sprechen Sie mit Mr Cannon«, und Cannon feuerte ihn. Das trug ihm persönliche Feindschaften mit Browns Familie, seinem Gefolge und alten beruflichen Bekannten ein, die nach Browns Tod brutal über ihn herfielen. Und es schuf auch große persönliche Probleme in Cannons Haus, weil Brown, der niemandem traute, darauf bestand, furchterregend große Mengen Bargeld in Cannons Safe zu lagern. Cannon bot seinem Boss selten die Stirn, aber als es um die Aufbewahrung von Browns Geld ging, wehrte er sich.

»Ich sagte ihm ständig: ›Mr Brown, ich bin keine Bank.‹

›Bewahren Sie's nur für mich auf, Mr Cannon. Bewahren Sie es nur auf.‹«

Schließlich gab Cannon widerstrebend nach.

»Hätte ich gewusst, was passieren würde, hätte ich niemals eingewilligt«, sagt er. »Aber wer wusste schon, dass er so plötzlich sterben würde?«

Kapitel 12

Der Boden unter seinen Füßen

Im Jahr 2000 hörten die Dorfbewohner ihn zum ersten Mal. Es war ein herrlicher Frühlingstag in Frome, einer Stadt in Großbritannien, gut zwanzig Kilometer von Bath. Die Pendler saßen längst im Zug ins nahe Bristol und nach Warminster, und auch im nahen Kalksteinbruch von Whatley und Merehead liefen die Arbeiten bereits seit einer Weile. Die Läden hatten geöffnet, und auf den Straßen Fromes war es ruhig. Da plötzlich hallte vom Friedhof ein Klang herüber, wie man ihn in der zwölfhundertjährigen Geschichte der Stadt noch nicht gehört hatte.

Da spielte ein Mann auf einem Blasinstrument.

Ein einsamer Schwarzer saß auf der Mauer des Friedhofs, direkt vor der Christ Church, und spielte Tenorsaxofon. Er war Amerikaner, hieß es, obwohl da niemand ganz sicher war, weil sie ihn nicht stören wollten. Was immer dieser Mann vorhatte, was immer er auf seinem Instrument spielte, bei Gott, es war herrlich, und so sagten sie untereinander: *Lasst ihn spielen.* In den Läden der Stadt hatte man ihn schon gesehen. Es hieß, er sei ruhig und freundlich – mehr war nicht bekannt. Die Leute aus Frome waren so höflich, sie fragten nicht. Sie verstehen Künstler in Frome, das man übrigens mit einem langen u ausspricht, wie *broom* und nicht wie *home*. Die Leute wissen, wie es sich anfühlt, anders zu sein, und dieses Wissen reicht vierhundert Jahre zurück bis in die Zeit der Reformation, als die nonkonformen Anglikaner Fromes getötet wurden, weil sie sich von Protestanten und Katholiken trennten und ihre Kirche nur einen Steinwurf von dem Platz erbauten, wo jetzt der schwarze Mann sitzt. *Stört ihn nicht,* sagten die Fromer zueinander. *Lasst ihn spielen.*

Und so spielte er. Spielte an diesem Tag und dem nächsten und den darauffolgenden, saß auf der Mauer des Friedhofs, spielte die Harmonien, die Tonleitern und Arpeggien, die er so gut kannte, die Songs und Stücke seiner Geschichte, und kleidete den Friedhof ins prächtige Melodienwerk und die dahintreibende Schönheit des Jazz. Der Friedhof lag voller Toter, und das Instrument des Mannes gab ihren Erinnerungen Form, Gestalt und Nahrung. Und als er mit den Friedhofsbewohnern fertig war, trug er sein Instrument ins Zentrum des Ortes, und sein kräftiger Tenor bedeckte Mauern und Häuser und die umliegenden Hügel mit Melodien und gefügigen Noten, die noch in den Ohren der Lastwagenfahrer auf der schmalen Straße nach Nunney widerhallten.

Fünfzehn Jahre später wandert Alfred »Pee Wee« Ellis, zweiundsiebzig, Saxofonist und Komponist, Schüler des legendären, großen Tenorsaxofonisten Sonny Rollins, wesentlicher Architekt des James-Brown-Sounds und eine der wichtigsten Gestalten der amerikanischen Musikgeschichte, wie ein ganz normaler Fromer durch die Straßen der Stadt. Es ist ein kühler Nachmittag im Jahr 2012. Pee Wee und seine reizende englische Frau

Charlotte sind unterwegs zu einem Eiscafé in Fromes berühmter Cheap Street, einer schmalen, steinernen Gasse mit einer Wasserrinne in der Mitte, die hier schon wenigstens tausend Jahre verläuft.

Als Pee Wee an den Läden vorbeigeht, winken ihm die Leute daraus zu, Manikürien, Buchhändler, Antiquitätenhändler, Teeverkäufer, sie sehen durchs Fenster zu ihm hinaus und manche kommen an die Tür, um ihn zu begrüßen. Jedes Hallo ist freudig, jedes Lächeln herzlich. Er ist die Legende von nebenan.

»Morgen, Pee Wee!«

»Aye, Pee Wee!«

»Pee Wee!«

»Pee Wee! Wie geht's?«

Pee Wee geht langsam die Straße entlang, seine Frau an seiner Seite. »Geht gut«, grunzt er. »Geht gut.«

Plötzlich, wie aus dem Nichts, taucht der Dorf-Irre auf, und er sieht tatsächlich wie ein Irrer aus. Vielleicht wohnt er im Blauen Haus ein Stück die Straße hinauf, in dem früher einmal die Armen untergebracht waren. Vielleicht schläft er auch auf einer der Bänke vor der Bibliothek, wo sich die Fromer gern treffen, unterhalten und lesen. Wo immer er wohnt, er sieht aus wie jemand, der nicht ganz dabei ist. Er hält den Kopf leicht zur Seite geneigt, als wäre er zu fest und etwas schief zwischen die Schultern geschraubt, und seine Mütze sitzt ihm wie ein loser Kronkorken auf dem Kopf. Er geht auf Pee Wee zu, der eine ordentliche irische Tweedkappe und ein Sakko trägt.

»Pee Wee, rat mal!«

»Was?«

»Ich habe meine Klarinette wieder. Ich bin bereit für eine neue Stunde.«

»Okay. Später.«

Der Irre ist glücklich. Er verschwindet, und Pee Wee und Charlotte gehen weiter. Im Eiscafé begrüßt ihn die Besitzerin, eine junge Frau, mit seinem Namen. Pee Wee ächzt seine Begrüßung, setzt sich und bestellt ein Eis, das »Gin and Tonic« heißt. Ich setze mich zu ihm und staune, wie sehr er zu einem Fromer geworden ist.

Nachdem die Besitzerin auch meine Bestellung aufgenommen hat und davongeht, wende ich mich ihm zu und frage: »Pee Wee, würden Sie hier wieder fortgehen? Vielleicht eines Tages zurück nach Amerika?«

Pee Wees verspielte dunkle Augen blicken im Café herum, er nimmt einen Löffel Eiskrem, hält ihn vor sein immer noch wunderbar pfiffiges, immer noch glattes und trotz der Jahre engelhaftes Gesicht, betrachtet ihn genau und wirft einen Blick durchs Fenster hinaus auf die hübschen Läden, die herrliche alte Straße, die lachenden, schwatzenden Mütter mit ihren Kinderwagen und einen Passanten, der lächelnd zu ihm hersieht und winkt.

»Wenn«, sagt er, »dann auf den Händen.«

Es sind wahrscheinlich um die zweihundert Musiker, die während Browns einundfünfzig Jahre währender Karriere in seiner Band oder auf einer seiner Platten gespielt haben. Davon haben vielleicht zehn zentrale Bestandteile zu seinem Sound beigetragen. Keine waren dabei wichtiger, weniger bekannt und anerkannt als der Posaunist Fred Wesley und der Mann, von dem er so viel lernte, Pee Wee Ellis.

Es ist eine komplizierte Sache, die Originalität einer Musik zu beschreiben, auf der noch kein Label klebte, bis diese Männer dazustießen, was mit daran liegt, dass Musik ein Kontinuum bildet. Soul, oder R&B, bestand aus einzelnen Teilen, vielen einzelnen Teilen, bevor James Brown und seine Musiker ihn zu einem Ganzen machten. Browns Bassist Bernard Odum zum Beispiel, der sicher so bestimmend für den frühen James-Brown-Sound war wie sonst keiner, fing in den 50ern als Aushilfsspieler bei ihm an, als Brown allein durch den Chitlin' Circuit tourte. Seine sich wiederholenden Fender-Bassläufe auf Dutzenden von James-Brown-Hits, die mal über dem Beat trieben und dann wieder gemeinsam mit der Basstrommel wummerten, sind ein charakteristisches Merkmal des Brown-Sounds. Und doch ist Odum, der mit Swing und Blues begann, in Musikkreisen relativ unbekannt. Ähnlich verhält es sich mit Jimmy Nolen, Browns größtem Gitarristen, Hearlon »Cheese« Martin und Alphonso »Country« Kellum. Nolen ist der zentrale Schöpfer der melodischen, sauber gespielten Gitarrenläufe, die heute auf Tausenden Platten zu hören und mit Millionen billiger Computer-Keyboards zu kaufen sind. Auch er ist praktisch unbekannt. Tatsache ist, dass die James-Brown-Band in ihrer 1965er bis 69er Besetzung, mit dem Frontmann Pee Wee die, würde ich behaupten, beste R&B-Musiker-Band war, die je zusammenfand.

Musikexperten können sich darüber die Köpfe heißreden, bis sie tot umfallen, denke ich, aber Motown besaß trotz allen Glanzes und allen Schliffs nicht den Biss und das Feuer des James-Brown-Sounds. Motown hatte ein Genie, Stevie Wonder, hatte die Jackson 5 und andere unbezwingbare Mächte wie Marvin Gaye, Gladys Knight, die Supremes und außergewöhnliche Autorenteams wie Holland-Dozier-Holland und Ashford & Simpson. Und auch vor und neben Motown gab es echte Größen, die tollen Bands der 1950er aus Memphis, die unterschätzten supertollen Soul-Groups von Philadelphia International Records in den 70ern, dazu unvergleichliche Soul-Sängerinnen wie Aretha Franklin und Ruth Brown, wie es sie nie wieder geben wird. Aber selbst Aretha mit all ihrem Soul und ihren fetzigen Rhythmen kam nicht an das Feuer und die Individualität des James-Brown-Sounds heran. Es waren andere Sounds. Andere Musiker. Andere Städte. Andere Schwarze. James Browns Einzigartigkeit überragte sie alle.

Das Problem mit der Kategorisierung »Soul« ist, dass sie als Gattung letztlich alles und gar nichts bedeutet. Es ist ein Label wie »christliche Musik«, eine Vertriebsgröße, die Legionen wichtiger Einflüsse und Schöpfer vergisst, deren frühere Beiträge James Brown mit groß gemacht haben, einschließlich zweier Großväter des Rock 'n' Roll, Lionel Hampton und ganz besonders des so talentierten Louis Jordan. Jordan, der in Arkansas geborene und in den 1940ern populäre Saxofonist, Sänger und Komponist, dessen Bühnenshow und Theatralik Brown später nachahmte und modernisierte, ist eine von Amerikas wahren Musikgrößen. Jordan hatte einen enormen Einfluss auf Brown und seine Zeitgenossen wie Little Richard, Little Willie John und Jackie Wilson. Was ihre Brillanz, ihre Cleverness, ihre musikalische Gewandtheit und ihren Unterhaltungswert anging, waren Jordan and his Tympany Five praktisch unerreicht. Ihr tänzerischer Groove und ihr Swing trieben das Publikum in die Raserei. Die Band war bestens trainiert, makellos aufgemacht und präsentierte ihre Musik mit militärischer Präzision. Hinter Jordans lockeren Sprüchen, Gags und Showbiz-Gelächter arbeitete eine präzise Groove-Maschine, die fast so straff lief wie Count Basies Band und zu der sich origineller tanzen ließ als zu Duke Ellington, bei dem ein Trupp Super-Solisten ernste Kompositionen spielte. Dennoch hat Jordans Einfluss auf die amerikanische Popmusik meines Wissens nie mehr als oberflächliche Beachtung erfahren. Zu Lionel Hampton:

Quincy Jones, einer der größten Plattenproduzenten der amerikanischen Musikgeschichte, der seine Karriere als jugendlicher Trompeter und Arrangeur in der Band des Vibrafonisten und Schlagzeugers begann, erklärte mir, dass es Hampton war, der den Elektrobass in den Rock 'n' Roll einführte, und zwar in den frühen 50ern mit seinem Bassisten Monk Montgomery, dem Bruder des großen Gitarristen Wes Montgomery. Er besteht darauf, dass Hampton einer der ersten wirklichen Rock 'n' Roller war. Und wo ich schon dabei bin, Leute zu verletzen und Musikexperten in Aufruhr zu versetzen, kann ich es gleich auch noch ein Stück weitertreiben und zu den legendären Latino-Musikern wie Chano Pozo, Machito, Mario Bauzá und dem großen Tito Puente hinübernicken, der laut dem Tenorsaxofonisten und bahnbrechenden Jazz-Flötisten Jerome Richardson von weit größerer Bedeutung für die Entwicklung der amerikanischen Musik war, als ihm je zuerkannt wurde. Richardson arbeitete in den 1940ern in Lionel Hamptons Band, und sie spielten damals bei Tanzveranstaltungen in New York City oft gegenüber von Puente. »Titos Band«, sagte Richardson trocken, »war weit besser als wir.« Puente und Amerikas Latino-Musiker werden bei Diskussionen über die Entwicklung von Soul und Jazz nur selten genannt, doch schon bei flüchtigem Hinhören zeigt sich ihr starker Einfluss darauf, und umgekehrt.

Die Frage, wer am Ende eine Musik »schuf«, ist nur schwer zu beantworten, ganz besonders, wenn es um James Brown geht. Was noch dadurch kompliziert wird, dass sich Browns Musik, voll entwickelt, meiner Meinung nach leichter mit Count Basies oder Duke Ellingtons vergleichen lässt als mit irgendeiner einfachen R&B-Band, lebt ihr Sound doch von komplexen, sich harmonisch verschiebenden Teilen, sich oft kontrapunktierend, vor und zurück, hoch und runter, in Mustern, die gemeinsam ein

Ganzes ergeben. Eine ganze Industrie mit Samplern, Sequenzern und Computern, der Grundausrüstung des Hiphop, ist ein klarer Beweis ihrer Komplexität. Diese Musik ging auf jemanden zurück, viele Jemande. Nicht nur einen. Nicht nur James Brown.

Viel von ihrem Sound erinnert an den schwergewichtigen Mann, der mir jetzt im Wohnzimmer seines Hauses gegenübersitzt. Sein Saxofon steht in der Ecke neben einem Notenständer, auf dem die Seite 34 von Franz Wohlfahrts *60 Studies, Op. 45* für Violine aufgeschlagen liegt, ein Buch mit Arpeggien und Etüden, die er auf seinem Saxofon übt.

Als Saxofonisten-Kollege werfe ich einen Blick hinein. »Oh, das ist schwer«, sage ich.

»Ich arbeite da an etwas«, antwortet Pee Wee. »Ich habe ein Konzert mit Yusef Lateef in Paris. Da muss ich üben.«

Pee Wee Ellis muss üben. Nach fünfundvierzig Jahren als eine der ungewöhnlichsten Stimmen der Musikwelt und als Mitkomponist von wenigstens sechsundzwanzig James-Brown-Songs einschließlich *Say It Loud – I'm Black and I'm Proud*, *Mother Popcorn*, *Licking Stick* und *The Chicken*, übt er immer noch. Ich habe mein Saxofon seit Monaten nicht angefasst.

Ich wechsle das Thema. »Sprechen wir von James Brown«, sage ich.

»Können wir nicht über was anderes reden?«, fragt er.

Schalten wir zurück in die letzten Monate des Jahres 1964, als sich James Brown an einem musikalischen Scheideweg befand. Sein bahnbrechender Song *Out of Sight*, der die I-IV-V-Akkordfolge und den zwölftaktigen Blues mit geringer harmonischer Bewegung einen Riesenschritt näher an den Soul heranrückte, war zum Teil vom Saxofonisten Nat Jones erdacht worden,

Browns Hauptarrangeur und musikalischer Leiter. Brown stand in seiner Blütezeit und war eine Furie, was die Arbeit betraf. Es gab endlose Proben, wenig Bezahlung, ständige Schreiereien, heftige Anforderungen und Strafen schon für kleine Verstöße wie nicht richtig geputzte Schuhe oder das Verpassen eines Einsatzes. Jones, erinnert sich Pee Wee, zeigte bereits erste Anzeichen einer psychischen Erkrankung. Später verlor er den Verstand und verfiel in eine solche Verzweiflung, dass Curtis Pope, der Soul-Sideman von Wilson Pickett und den Midnight Movers, völlig schockiert war, als er ihn bei einem Auftritt in Florida sah. »Es war nicht zu ertragen«, sagt er. »Ich habe in die Tasche gegriffen und ihm zweihundert Dollar gegeben.«

Trotz seines Beitrags zu *Out of Sight* verfügte Jones über nicht mehr als ein grundsätzliches Talent zum Arrangieren, und als Brown sah, dass sein musikalischer Leiter das Schreiben und Arrangieren an seinen ruhigen neuen, gerade aus Rochester, New York, engagierten Tenorsaxofonisten delegierte, schob er Jones beiseite und übergab Pee Wee die Sache.

»Das war nicht so einfach«, sagt Pee Wee. »Damals hatte ich noch keine wirkliche Erfahrung.«

»Und dann?«, frage ich.

»Es war ein harter Weg.«

Damit kannte Pee Wee sich wiederum aus. Er war 1941 als Alfred Bryant in Bradenton, Florida, geboren, ein außereheliches Kind von Garfield Davoe Rogers jr., des Sohnes eines prominenten Mittelklasse-Geistlichen, der Pee Wees Mutter Elizabeth kennengelernt hatte, als sie beide am angesehenen schwarzen Bethune-Cookman College studierten. Garfield gab allen seinen Söhnen Namen mit den Initialen »G. D.«, außer Pee Wee. Der junge Pee Wee war ein scheues, mageres, zurückgezogenes Kind, das an seiner Mutter hing und mit sieben Jahren langsam begriff, was für einen Außenseiter-Status er innehatte, der in der engen Gemeinde, in der er lebte, keinen Ehrenplatz bedeutete. Dann eines Nachmittags öffnete er eine Schublade seiner Großmutter Clyde und fand darin ein Saxofon. »Ich weiß nicht, wie es dort hinkam oder wem es gehörte«, erklärt er mir. »Ich rieche heute noch den Schimmel.« Er trug das Instrument aus dem Haus, setzte sich unter einen Baum an einem Schotterweg, legte den Mund daran und fand Vertrauen.

Bis zu diesem Moment hatte Pee Wee dieses Gefühl nicht gekannt. Niemand konnte ihm erklären, warum die Erwachsenen mit gedämpften Stimmen über ihn sprachen und er, der Enkel eines der angesehensten schwarzen Geistlichen der Stadt, allein zur Schule gehen musste, vorbei am Haus seines Großvaters, wo ihn niemand zur Kenntnis nahm. Niemand konnte ihm erklären, warum seine ruhige, sanfte Mutter das angesehene College hatte verlassen müssen, um Aushilfsjobs zu übernehmen und die Wäsche der Weißen zu waschen. Warum mussten sie an allen Ecken und Enden sparen und hatten nie Geld? Die Welt war ein schmerzhafter Ort. Aber an jenem Nachmittag, als er die Hände um das Saxofon legte, fiel das alles von ihm ab, und er spürte Boden unter den Füßen. »Ich hatte mit einem Mal das Gefühl, etwas zu haben, worauf ich stehen konnte.«

1949, als er acht war, heiratete seine Mutter einen liebenswürdigen Amateurmusiker und U.S.-Army-Veteranen namens Ezell Ellis. Ezell war ein einfallsreicher, offenherziger Mann, der Pee Wee wie seinen eigenen Sohn annahm, dem Jungen seinen Nachnamen gab und mit der Familie nach Lubbock, Texas, zog. Ezell veranstaltete Konzerte, und Lubbock war eine Station des Chitlin' Circuit. Pee Wee ging auf die örtliche, rein schwarze Dunbar Junior High und wurde unter Anleitung eines der Lehrer dort zu einem herausragenden Klarinettisten. Pee Wee war so begabt, dass Ezell ihn immer wieder aus dem Bett holte, damit er in der örtlichen Musikkneipe mit den durchreisenden Bands Klavier spielte. Pee Wees Mutter protestierte, aber Ezell beruhigte ihre Ängste. »Pee Wee hat etwas Besonderes«, sagte er. »Ein außergewöhnliches Talent.«

»Er schenkte mir etwas, was ich bis dahin nicht gekannt hatte«, sagt Pee Wee, »die Liebe eines Vaters. Ich habe viel von ihm gelernt.«

Ezell eröffnete vor ihrem Haus einen Hamburger-Stand, der ständig Geld verlor. Die Kunden aßen und zahlten mit Gefallen, Freundlichkeit oder auch gar nicht. Ezell war es egal. Er war ein glücklicher Mann mit einem großen Herzen und besaß eine Leichtigkeit im Umgang mit den Menschen, die etwas Ansteckendes hatte. Nie scheute er davor zurück, seine Liebe zu zeigen. »Verhalte dich den Menschen gegenüber anständig«, erklärte er seinem Sohn. »Verhalte dich anständig, und der Herr wird an allen Tagen ein Auge auf dich haben.«

Aber der Herr bewegt die Welt auch auf Arten, die nicht zu verstehen sind, und als Pee Wee vierzehn war, kostete die Freundlichkeit seinen Vater das Leben.

Als Musikveranstalter brachte Ezell eines Abends eine schwarze Band in eine weiße Musikkneipe. Die Band legte sich voll ins Zeug, und eine weiße Frau, die zu viel getrunken hatte, ging auf die Tanzfläche. Wir sprechen von West-Texas in den 1950ern. Da war eine betrunkene weiße Frau auf einer vollen Tanzfläche im Pulverfass von Rasse und Klasse des amerikanischen Südens ein gefährlicher Sprengsatz.

Ezell versuchte die taumelnde Lady behutsam von der Tanzfläche zu bewegen, und ehe jemand helfen konnte, kam ein weißer Mann aus der Küche gerannt, rammte ihm ein Küchenmesser in den Bauch und floh.

Ezell stolperte nach draußen, brach zusammen und wurde ins örtliche weiße Krankenhaus gebracht. Dort weigerte man sich, Schwarze zu behandeln, und so starb er, auf einen Arzt wartend, auf einem Krankenhauskorridor.

Er war ein Veteran der U.S. Army. Ein Mann mit Frau und Familie. Sein Mörder wurde niemals gefasst. Und so einfach verschwand der Boden unter Pee Wees Füßen wieder. »Hier sitze ich, fünfzig Jahre danach«, sagt er, »und ich kann es immer noch nicht verstehen.«

Pee Wees Mutter nahm ihren Sohn und seine zwei Schwestern und sprang in den Nachtzug. Erst in Rochester, New York, stiegen die vier wieder aus, fast schon in Kanada, Hunderte Kilometer nördlich der Mason-Dixon-Linie. Die Mutter schrieb Pee Wee in einer integrierten Highschool ein, seine Klassenkameraden waren nette weiße, großzügige Schüler, aber er hatte sich längst wieder in die Einsamkeit und den Trost des Einzigen außerhalb seiner Familie zurückgezogen, dem er trauen konnte, seinem Saxofon.

Zwei Jahre später jammten zwei Studenten der geachteten Eastman School of Music, Ron Carter, zwanzig, der später zu einer Jazz-Legende wurde, und der Trompeter Waymon Reed, damals achtzehn Jahre alt, der eine hätte werden sollen, mit einer Gruppe Musiker auf der Bühne des Rochester Pythodd Jazz Club, als Pee Wee hereinkam, sechzehn und dünn wie ein Besenstiel, sein Tenorsaxofon herauszog und sich in die örtliche Geschichte einbrannte. »Bruder, du siehst schrecklich jung aus, um hier zu spielen«, sagte Waymon. »Ich wette, du bist noch nicht mal alt genug für einen Führerschein.«

»Ich bin nicht zum Autofahren hier.«

Die beiden wurden gute Freunde. Später sollte Pee Wee Waymons Trauzeuge bei dessen Heirat mit einer reizenden Schönheit namens Greta werden, vor Waymons zweiter Ehe mit der Jazz-Königin Sarah Vaughan, doch nach diesem Sommer trennten sich die Wege der beiden zunächst einmal. Pee Wee trieb es nach New York, wo er einen Sommer beim großen Sonny Rollins Tenorsaxofon studierte und, nach einem kurzen Gastspiel an der Manhattan School of Music, einen Job als Tenorsaxofonist und Klarinettist bei einem Wanderzirkus bekam. In Wisconsin verkaufte er seinen Diamantring, um sich vom Zirkus davonstehlen und eine Fahrkarte nach Chicago leisten zu können, wo er den Tenorsaxofonisten John Coltrane sehen und hören wollte, dessen Name in jenen Tagen in der Jazz-Welt in aller Munde war. Pee Wee schaffte es, sich mit ihm zu unterhalten, einem der beiden Tenorsax-Giganten ihrer Zeit. Sonny Rollins war der andere. Coltrane beeindruckte ihn so sehr, dass er noch einen Tag in Chicago blieb und hinüber zu dem Motel wanderte, in dem der große Saxofonist wohnte. Er fand sein Zimmer und hörte Coltrane spielen. Es war bekannt, dass er ein Übungsfanatiker war.

»Trane war ein ruhiger Kerl«, sagt Pee Wee, »aber er wurde nicht gern beim Üben gestört.« Pee Wee, der unbedingt mit ihm reden wollte, hob die Hand, um zu klopfen, überlegte es sich dann aber anders.

Aber was er hörte, inspirierte ihn. Er übernahm Coltranes Neigung zum Üben und Sonny Rollins' Originalität, um seinen eigenen Sound zu kreieren, und sollte in seinen späteren Jahren zu einem angesehenen Produzenten und Jazz-Tenorsaxofonisten werden, der mit Größen wie Oliver Nelson, Dinah Washington, Esther Phillips, Duke Jordan, Sonny Stitt, Frank Foster, King Curtis, Lee Morgan und dem legendären Produzenten Creed Taylor spielte. 1965 begann er sich einen Namen im Jazz zu machen und hatte gerade eine Orgel-Trio-Tour mit Sonny

Payne, Count Basies fabelhaftem Schlagzeuger, beendet, als er einen Anruf von Waymon Reed bekam, dem Trompeter, den er vor Jahren im Pythodd Club in Rochester kennengelernt hatte, und dieser Anruf sollte Pee Wees Musikerleben für die nächsten vierzig Jahre bestimmen.

Waymon sagte: »Hey, Pee Wee. Ich arbeite mit James Brown. Willst du spielen?«

»Yeah, ich will spielen«, sagte Pee Wee. Damals hatte er noch kaum von James Brown gehört. Aber er brauchte das Geld.

»Komm nach Washington, D.C. Ich hab einen Job für dich.«

Pee Wee packte seine Taschen, schloss sich James Brown an und ließ eine Kindheit und Jugend hinter sich, die beide den Namen kaum verdient hatten.

Pee Wee war noch nicht lange dabei, als Brown den mental instabilen Nat Jones vom Stuhl des musikalischen Leiters holte und ihn daraufsetzte. Und fast hätte Pee Wee Jones ins Irrenhaus begleitet.

Heute, Jahrzehnte danach, ist es witzig, darüber zu sprechen, wie Brown seine Songs schuf. Posaunist Fred Wesley, der andere wegbereitende Mitgestalter der musikalischen Entwicklung James Browns, nennt es die »La-di-da«-Methode, die eine Art Insiderwitz unter Musikern ist. Viele Sänger, mit denen ich gearbeitet habe, benutzen sie. Sie sagen: »Es geht so«, und dann singen sie: »La-di-da...« Sie können keine Noten lesen und wüssten keinen Bass-Schlüssel von einer Milchflasche zu unterscheiden, aber ihr »La-di-da« kennen sie. Das ist übrigens keine große Sünde. Wes Montgomery, Dave Brubeck, Buddy Rich, Irving Berlin und der Pianist Erroll Garner, sie alle konnten keine Noten lesen und waren doch grandiose Musiker. Quincy Jones hat mir einmal erzählt, dass Garner, wenn er Noten lesen sollte, sagte: »*Shit*, die Leute kommen nicht, um mich lesen zu sehen.« Umgekehrt kenne ich etliche Leute, die selbst noch den Fliegendreck an der Wand zu lesen vermögen, aber keine großen Musiker sind. Ein wichtiger Broadway-Unternehmer zum Beispiel, der nicht nur Musik zu lesen versteht, sondern auch Hunderte Broadway-Shows gemanagt hat, spielt selbst auf dem Niveau eines Highschool-Schülers. Und wo ich schon dabei bin, kann ich auch gleich das Offensichtliche feststellen: Der Mann ist weiß, und trotz der fast schon übermenschlichen Anstrengungen des großen Komponisten Stephen Schwartz und Michael Kerkers von der ASCAP, der American Society of Composers, Authors and Publishers, die seit mehr als zwei Jahrzehnten daran arbeiten, Komponisten und Texter aus Minderheiten durch ASCAP-Workshops zu fördern, scheinen viele Broadway-Unternehmer allergisch gegen schwarze Musiker. Ein spektakulär talentierter afroamerikanischer Musiker, den ich hier Joe nennen will, fragte den oben genannten Unternehmer, warum er so selten schwarze Leute für seine Broadway-Shows engagiere, worauf der Mann behauptete, Schwarze könnten keine Noten lesen, hätten Intonierungsprobleme und wüssten dem Dirigenten nicht zu folgen – lauter dummes Zeug.

Joe regte sich auf und sagte: »Vergessen Sie nicht, Mann, ich habe auch *Sie* schon spielen gehört.« Jahrelang gab es für ihn daraufhin keinen Job mehr in einer der populären Broadway-Shows.

Aber am Ende geht es um die Musik, und jemand anders als Brown musste ihm helfen.

In den frühen Tagen der Famous Flames in den 50ern saß Brown an der Orgel oder am Schlagzeug und haute mit dem nicht so talentierten Bobby Byrd oder Nafloyd Scott bluesbasierte Hits für King Records raus. 1964 dann reichte der Blues nicht mehr. Eine der Lektionen, die Brown nach seinem 1955er Hit *Please, Please, Please* lernen musste, während er sich durch den Chitlin' Circuit brüllte und kämpfte, nur einen Schritt entfernt von dem alles verschlingenden Schlund, in dem Cab Calloway, Jimmie Lunceford, Billy Eckstine und die ganze »Rassen-Platten«-Crew der 30er und 40er verschwanden, bestand darin, dass sich deine Musik entwickeln musste. Louis Jordan und Lionel Hampton, später Kool Herc, Afrika Bambaataa, die Cold Crush Brothers und die kreativen Rap-Pioniere wurden geschluckt, weil sie auf der Stelle traten. Die Traumfresser-Maschine, bekannt als die Plattenindustrie, dieser sich selbst erhaltende Verbund, der die afroamerikanische Kultur mit gnadenloser Effizienz wegfrisst und stattdessen ausschließlich die Spreu als afroamerikanisches Leben präsentiert – und das Ganze kommt dreißig Jahre danach als Broadway-Show mit dem Titel *Porgy and Bess*, *Five Guys Named Moe* oder *Dreamgirls* in ein Theater auch in deiner Nähe –, dieser Apparat verlangt nach ständigem Wandel. Brown sah, wie die Künstler, die sich nicht weiterzuentwickeln verstanden, wegfielen, verkümmerten oder ihre letzten Jahre als Oldie-Acts fristen und ihren Film rückwärts leben mussten, zurück in kleine Clubs und vor ein Publikum, das sie am Ende hinter sich ließ oder ausstarb.

Das wollte er nicht. Im Übrigen hörte er nach seinem 1964er Hit *Out of Sight* etwas anderes. Er hörte eine andere rhythmische Akzentuierung. Statt der wie gewohnt mit der Snare Drum hervorgehobenen Schläge zwei und vier jedes Takts weitete sich die Spanne auf eine deutliche Betonung des ersten Schlages in jedem zweiten Takt. Er hörte einen neuen Groove und brauchte die besten Spieler, die er finden konnte, um ihn zu »übersetzen« und aus seinen »La-di-da«-Lauten und -Befehlen Hits zu machen.

Es war nicht leicht. Zum einen ist eine Band, jede Band, schwer zu handhaben, und die 1964er/65er-Ausgabe der James Brown Band, zu der Pee Wee stieß, war nicht irgendeine Truppe. Die Musiker, die am Ende Browns Band etwa von 1964 bis 1969 bildeten, setzten den Ton für die nachfolgenden Jahrzehnte amerikanischer Popmusik. Die Band war groß und bestand aus männlichen Instrumentalisten und einer Gruppe Sängerinnen, zumeist aus dem Süden. Einige kamen vom Land wie der Schlagzeuger Clyde Stubblefield aus Chattanooga, Tennessee, der neben einem Bahndepot aufgewachsen und dem Rattattam der Southern-Railway-Züge nachgeeifert hatte, das jeden Tag durchs Küchenfenster seiner Mutter hereinwehte. Andere wie der Trompeter Richard »Kush« Griffith aus Louisville, Kentucky, der ein absolutes Gehör besaß und im örtlichen Jugend-Sinfonieorchester gespielt hatte, waren in ihren Städten bereits »All-Stars« gewesen. Violinist Richard Jones aus Philadelphia war ein Jazz-Pionier und einer der ersten Schwarzen, die die spätere University of the Arts besuchten. Trompeter Waymon Reed verließ Brown, um sich Art Blakey's Jazz Messengers und dann Count Basie anzuschließen. Bassist Bernard Odum wurde später durch Bassist/Pianist/Sänger Sweet Charles Sherrell ersetzt, ein Musikgenie aus Nashville, und später durch den schwer groovenden Fred Thompson aus Brooklyn. Odum brachte zwei fantastische junge Musiker aus seiner Heimat Mobile, Alabama, in die Band, den Schlagzeuger Jabo Starks und den Posaunisten Fred Wesley, der nach Pee Wee dessen Job übernahm. Saxofonist Maceo Parker aus Kinston, North Carolina, der heftig zu Browns Sound als Solokünstler beitrug, wurde nach Brown ein eigenständiger, einmaliger R&B-Star. Der in Augusta geborene Rohrblattbläser St. Clair Pinckney mit seinem charakteristischen weißen Haarwuschel war ein unterschätzter Künstler, der laut eines Insiderwitzes länger in der Band war als James Brown selbst. Jimmy Nolen, Hearlon »Cheese« Martin und Alphonso »Country« Kellums Gitarrenspiel (er spielte auch Bass) schufen, was das »Waschmaschinen-Ding« genannt wurde und den Ton für die Pop-Gitarristen der nächsten Jahrzehnte setzte.

Die Platten sagen alles. Diese Männer waren in einer Welt der Rassentrennung aufgewachsen und hatten Blues, Jazz und Country gehört. Manche waren harte Kerle wie Odum, ein hellhäutiger, rauer Bursche, der im harten »Down the Bay«-Teil von Mobile aufgewachsen war und, wie alle wussten, immer ein Messer bei sich trug, das er ohne Angst benutzen würde. Schlagzeuger Stubblefield war zwar scheu, konnte aber, wenn man den richtigen Knopf drückte, stur wie ein Maulesel sein. Gleiches galt für den etwas stärker extrovertierten Schlagzeuger Jabo, der keine von Brown ausgesprochenen Strafen akzeptierte. All diese Musiker waren jung, talentiert und bisweilen wild und ungebärdig. Einige tranken. Einige rauchten Gras. Einige wussten Musik zu lesen, mit Leichtigkeit, andere nicht eine Note. Individuell betrachtet, waren es mit Ausnahme von Ellis, Wesley und Reed keine reinen Jazz-Solisten, aber als Band stellten sie eine unaufhaltbare Macht dar. Und der, der sie formte, der oft zwischen ihnen stand und die Aufgaben verteilte, war Pee Wee.

Trompeter Joe Davis sagt: »Pee Wee war der, der den Sound zusammenstellte, das heißt, er machte ihn dingfest und übersetzte, was James wollte. Das war Pee Wee.« Die Arrangements? »Hauptsächlich Pee Wee«, sagt er, und Violinist Richard Jones, ein außergewöhnlich guter Notenleser und Techniker, fügt hinzu: »Pee Wee war das Gegenteil von Mr Brown. Seine Gabe bestand darin, dass er sogar die, die keine Musik lesen konnten, musikalischer machte. Er führte sie zu ihren Stärken. Er war sehr geduldig.«

Das Ergebnis von Pee Wees Arbeit zeigt sich deutlich bei *Say It Loud – I'm Black and I'm Proud*, das er um drei Uhr morgens in einem Studio in Los Angeles vom Fleck weg schrieb und mit einem Chor von dreißig Kids aufnahm, die Charles Bobbit wunderbarerweise irgendwie in Los Angeles aufgetan hatte. Der Song ist voller Jazz, die Akkordfolge I-IV, die eng geführten Bläser mit einem scharfen Nonenakkord, sehr ungewöhnlich in der Popmusik, selbst damals, akzentuiert von der kleinen Snare Drum Clyde Stubblefields. Auch heute gibt es nichts Vergleichbares. Pee Wees andere Arbeiten, *Mother Popcorn*, *Licking Stick* und das instrumentale *Chicken* sind langjährige Lieblingshits. *Chicken* ist ein Jazz-Klassiker, wobei allgemein angenommen wird, dass er von Jaco Pastorius, dem Genie am bundlosen E-Bass, geschrieben wurde. Ein anderer Ellis-Hit, *Cold Sweat*, geht direkt auf Miles Davis' *So What* zurück.

»Miles hat alle beeinflusst«, sagt Ellis. »Er ist bis ans Ende seines Lebens gewachsen.« Selbst ein völliger Neuling hört das Bläserthema von *So What* aus *Cold Sweat* heraus: Die Tonart ist gleich, aber der Groove ist anders. *So What* swingt, *Cold Sweat* groovt.

Lassen Sie mich hier ein Wort über den Groove sagen. Und den Funk. Als ich mit der Musik anfing, konnten viele ernsthafte Jazzmusiker Funk nicht ertragen. Ihr Grund: Er war technisch zu einfach. Im Gegensatz zum Jazz gab es keine harmonische oder technische Herausforderung, keine wilden Akkordwechsel, die einen mathematisch leistungsfähigen Kopf verlangten, um zu sehen, wohin die Sache steuerte und wie man sein Wissen über Theorie und Harmonien einpassen konnte. Jazz verlangt eine Mischung aus sekundenbruchteilgenauem Timing, Fertigkeit und Training. Es ist wie beim Basketballspielen. Man muss viele Fertigkeiten und Voraussetzungen mitbringen: Rennen, Springen, Werfen, Verteidigen, Kondition. Auf Profi-Niveau brauchst du das alles und wirfst auf den Korb, während dir ein Bursche, der mindestens so groß ist wie du, wenn nicht größer, einen Finger ins Auge steckt, mit der anderen Hand die Hose herunterzieht und deine Mutter beleidigt. So ähnlich geht es bei einem Solo im Jazz. Ein Solo im Funk funktioniert dagegen eher wie Baseball. Baseball verlangt athletisches Talent, aber mehr im Sinne von bestimmten angelernten Fähigkeiten, die fehlerlos ausgeführt werden müssen. Einen Curveball zu schlagen lernt man nur durch jahrelanges Üben. Egal, wie talentiert du bist, kannst du dich nicht einfach aufs Schlagmal stellen und einen einhundertdreißig Stundenkilometer schnellen Major League Curveball oder Splitter schlagen, ohne es gelernt zu haben. Und du darfst auch nicht jeden Wurf schlagen. Du hast nur drei Versuche, das heißt, du musst den Wurf oder Pitch im Bruchteil einer Sekunde erkennen, entscheiden, wohin er ausbricht, dich darauf einstellen und wissen, wann du schlägst. Und das muss fehlerfrei geschehen. Zumindest so fehlerfrei, dass du in der Mannschaft bleibst.

Deshalb ist Funk so anspruchsvoll wie Jazz. Du musst wissen, *wann* du in den Groove eintrittst und *was* du dann spielst. Funk verlangt, wie jede gute Musik, Raum. Das Wissen, wann du deinen kleinen Beitrag leistest und wann du aussetzt. Musikalisches Schweigen ist einer der Hauptgründe, warum der Trompeter Miles Davis ein so außergewöhnlicher Musiker war. Er verkörperte geradezu den Gebrauch von Raum. Es gibt großartiges Schweigen in seiner Musik, aber viele Jazzmusiker, besonders Bläser, vermögen sich nicht an das Raumbedürfnis von Funk anzupassen. Sie finden Funk frustrierend und blasen geradewegs daran vorbei. Deshalb wird auch Browns langjähriger Saxofonsolist Maceo Parker so verehrt. Es gibt Dutzende kunstfertigere Bläser als ihn, die eine größere technische Substanz haben, besser spielen, schneller, mehr. Aber Maceo wusste wie Miles Davis, wann er zu spielen hatte und wann nicht. Er hatte den Groove und spielte einfach. Was schwer ist. Er spielte so rhythmisch, dass er im Grunde eine Art zusätzliches Schlagzeug war. Das ist der Unterschied zwischen ihm und den meisten jungen Spielern heute, die seinen Sound nachzuahmen versuchen. Sie haben bestimmte Muster gelernt, Läufe, unterschiedliche Ansätze zu spezifischen Akkordwechseln, aus Büchern haben sie das alles, wobei diese Dinge 1941, als Charlie Parker sie spielte, neu waren, heute aber alt klingen. Um Funk zu spielen, musst du weniger methodisch sein, du musst es fühlen, aufteilen, den Raum nutzen und wissen, wann dein Einsatz kommt – sagen wir, auf drei im siebten Takt. Da bist du dran. Durchgängig. Jedes Mal. Konsistenz ist nicht selten der Schlüssel zu guter Musik. Die innere Konsistenz kann die Schönheit nach außen ausmachen, wenn der Komponist es so will. Nimm die zweite Violine aus einem Beethoven- oder Brahms-Konzert, und es klingt immer noch schön. Nimm die Gitarre aus einem James-Brown-Song, und er klingt womöglich nicht mehr gut. Aber wenn die Sprache auch eine andere ist, rhythmisch, ästhetisch ergibt es auch dann noch einen Sinn.

Es ist wie das Fahren eines Rennwagens. Jeder kann ihn geradeaus steuern, aber was ist mit den Kurven? Das lässt Pee Wee Ellis und später auch Fred Wesley aus den großen unter Brown arbeitenden Musikern herausragen. Sie waren Mit-Schöpfer. Brown schrieb die Texte, gab ihnen das Rezept, und sie waren die Köche. Sie übersetzten Browns Wünsche in die Sprache der

Musik, die seine Bühnenshow bestimmte, und schufen eine bis heute so originelle wie unendlich interessante musikalische Szenerie.

»Pee Wee war studiert«, sagt Fred Wesley. »Er wusste viel, und etliches, was ich über Musik gelernt habe, habe ich von ihm.«

Aber die Anforderungen jener Jahre mit Brown zermürbten Pee Wee. Unter ausgebildeten Musikern fühlte Brown sich unsicher, womit er bestimmt nicht allein war, seine Musiker beklagten sich jedoch, dass ihn das unerträglich machen konnte. Pee Wee mag über jene Jahre nicht sprechen. Man kann ihn zu dem und zu jenem bringen, kann mit ihm scherzen, bis er ausgelassen lacht, aber über die Zeit damals sagt er nichts. Dort in seinem Wohnzimmer voller Instrumente, Preise und Trommeln kann man ihn wieder und wieder fragen und sieht doch nur, wie aus seinem freundlichen Lächeln und seiner guten Laune ein verhaltenes Schweigen wird. Er zieht sich in eine stille Ecke zurück und bleibt dort. Da ist Schmerz dabei. Er muss die Geschichten nicht erzählen, ich habe sie gehört. Die Strafen, die Quälereien, das stundenlange Proben nach einem Auftritt wegen eines kleinen Fehlers, den einer gemacht hatte. *Meine Band. Meine Show. Mein Auftritt.* Ich kenne das Gefühl, für einen miesen musikalischen Boss zu arbeiten. Du denkst zurück, fühlst den schmerzhaften Druck in deinem Bauch, denkst an die Demütigung, das knappe Geld und das Wir-sitzen-alle-im-gleichen-Boot, das dir der Star verkauft, bis es ans Bezahlen geht. Wenn du dann den Zwanzig-Dollar-Schein in deiner Hand betrachtest, begreifst du, dass es keine Demokratie gibt. Es ist ein schreckliches Gefühl, und der ganze Auftritt und dein Musikerleben steigen dir wie billiger Whiskey die Kehle hoch und füllen den Raum mit seinem Geruch. Musiker kennen ihn, diesen Geruch. Es ist der Geruch des

Spiels. Des Showbiz. Du übst dein ganzes Leben, Tage, Monate, Jahre, wartest auf den Großen Auftritt, deinen Moment in der Sonne, und dann plötzlich ist er da, der Auftritt, wie es ihn nur einmal im Leben gibt, und er ist ganz und gar nicht das, als was er dir immer angepriesen wurde. Du stellst fest, dass es nicht mehr als eine Seifenreklame ist, und der Kerl, der die Fäden in Händen hält, ist ein schamloser, egozentrischer, narzisstischer, sich selbst hassender Drecksack, der den Bescheidenen spielt und dem Publikum zulächelt, während er gleichzeitig den Fuß fest auf deinem Nacken hat und weiß, du kannst dich nicht beklagen, weil du das Geld brauchst. Er fährt dir mit der Hand in die Tasche, um sich zu versichern, dass du pleite bist, und schläft mit deiner Freundin, und du wachst auf und fühlst dich wie ein Wurm in einem Pfirsich, der eines Tages den Kopf hinausstreckt, einen Satz weißer Zähne auf sich zukommen sieht und mit einem Mal begreift, wie die Sache wirklich aussieht.

Browns Verhalten seinen Musikern gegenüber ist eine der traurigsten Seiten der Geschichte. In den zwei Jahren meiner Recherche bin ich immer wieder auf die gleichen Antworten gestoßen: »Er hat nicht genug gezahlt.« »Er war fies.« »Richtiggehend grausam.« Schon für kleine Verstöße belegte er seine Leute auf der Bühne mit Geldstrafen, für das Verpassen eines Einsatzes, ungeputzte Schuhe, eine fehlende Krawatte. Er schaffte Uneinigkeit, schlief mit seinen Sängerinnen und war ein Meister der Manipulation. Er versuchte seine Musiker dazu zu bringen, große Häuser und Autos zu kaufen, nur um sie gleich anschließend hinauszuwerfen, zuzusehen, wie sie unter den hohen Schulden litten, und sie dann für weniger wieder einzustellen. Er verhängte sinnlose, stundenlange Strafproben, manchmal direkt nach einem Auftritt, bis es wieder hell wurde, allein um zu zeigen, wer der Boss war. Die Band fuhr mit dem Bus, Brown flog in seinem Privatflugzeug. Er verlangte zu allem sofortige Zustimmung. Seine Wutanfälle waren furchterregend, und offenbar drohten sie ständig. Er schlug den einen, drohte dem anderen mit einer Waffe und zwang den nächsten dazu, einen Cadillac von ihm zu kaufen. Fred Wesley beschreibt in seiner klarsichtigen Autobiografie *Hit Me, Fred*, wie Brown bei einer Probe einmal durch den Raum lief und alle Bandmitglieder dazu zwang, möglichst schnell die Reihenfolge der Songs herunterzubeten, wobei er jeweils die Zeit stoppte. Dazu muss man wissen, dass die Musiker sich ihren Teil und die Akkordfolgen merken, aber nicht unbedingt alle Titel und schon gar nicht ihre genaue Abfolge. Er hatte Spione in den Bussen, Bodyguards, Friseure oder tiefstehende Trossmitglieder, die jeden verpetzten, der etwas Ungünstiges über ihn sagte. Kurz, Brown entmenschlichte seine Musiker, und die meisten von ihnen, so sehr sie seine Musikalität und seine Bühnenpräsenz schätzten, mochten ihn persönlich ganz und gar nicht.

Aber es gibt eben auch die andere Sichtweise. In einer Band funktioniert keine Demokratie. Einer muss der Boss sein, das Geld einsammeln, mit den Veranstaltern verhandeln, der Agentur, der Plattenfirma. Einer muss die Sets bestellen und sich das Ganze einfallen lassen. Mit Musikern ist schwer zu arbeiten. Der eine trinkt, der andere hasst einen Mitspieler. Einer braucht mehr Geld, der Nächste kommt mit seinem Part nicht richtig klar, ist aber ein netter Kerl. Ein anderer ist ein Teufelsmusiker, macht allerdings nur Ärger. Quincy Jones sagte, er sei fast verrückt geworden, als er 1960 mit seiner ersten Big Band durch Europa tourte. Sich um so viele Leute kümmern zu müssen ist eine ziemliche Aufgabe, und Brown wusste nicht, wie er allen ein Freund sein sollte. Er brauchte seine Leute, und brauchte sie nicht. Er schwankte dazwischen hin und her, einer der Jungs auf der Bühne zu sein und der Boss, wenn sie nicht dort oben standen. Aber wenn es um eine Entscheidung ging, musste er der Boss sein. Erst in seinen späteren Jahren begriff er, was er an seinen großen Bands in den 60ern und 70ern gehabt hatte. Die letzten großen Musiker, die ihm blieben, der Bassist Sweet Charles Sherrell, der Saxofonist Maceo Parker und St. Clair Pinckney, mussten ihm in jenen späteren Jahren oft dabei helfen, die Show zusammenzuhalten. Sherrell erinnert sich daran, wie er Brown aus einem PCP-Schlummer weckte, indem er ihm Milch in den Mund goss, um ihn aus dem Hotel auf die Bühne zu bringen. Aber da waren schon die meisten seiner großen Sängerinnen und Musiker durch jüngere ersetzt worden, die die alten Hits in einem lächerlich schnellen Tempo spielten, mit Showgirls, die im Cheerleader-Outfit hinter Brown herumzappelten und wackelten. Da waren seine beiden größten Bandleader, Pee Wee und Wesley, längst nicht mehr da. Pee Wee ging nach einem Auftritt 1969.

»Er verdient Anerkennung«, sagt Ellis ruhig. »Ich habe eine Menge gelernt. Aber es nahm seinen Lauf. Er hatte das Gefühl, der König zu sein. Und für den König musst du eine Armee aufstellen.«

Er blickt aus dem Wohnzimmerfenster, und ich beobachte ihn dabei. Ich würde ihm so gern eine Frage stellen, auf die ich die Antwort bereits kenne.

Was ist mit dem König, wenn seine Männer ihn verlassen?

Ich öffne den Mund, aber was soll es bringen? Im nächsten Jahr wird dieser Mann die Ehrendoktorwürde für Literatur der Bath Spa University erhalten. Dr. Alfred Ellis. Er ist eine Legende, in Europa sichtbarer als zu Hause. Und ich sitze bei ihm. Also sage ich stattdessen: »Möchten Sie was essen? Ich lade Sie ein.«

Sein Gesicht verzieht sich zu einem Lächeln. Der alte Jazzmusiker greift nach seiner Kappe. »Sie sind mein Mann...«

Kapitel 13

Mehr Geld

Schon 1987 begann James Brown über seinen Tod nachzudenken. Sein Testament und seine Stiftung formalisierte er dreizehn Jahre später, aber da war sein Leben bereits aus den Fugen geraten. Seine zweite Ehe mit Deidre (Dee Dee) Jenkins war geschieden, sein Vater, dem er zugeneigt geblieben war, gestorben. Zwei Jahre später stieg seine dritte Frau Adrienne nach einer Fettabsaugung in Kalifornien tragischerweise ebenfalls in den Himmel auf, was ein vernichtender Schlag für Brown war. Seine vierte Ehe, im Dezember 2001 mit Tomi Rae Hynie geschlossen, einer Backup-Sängerin, die er in Las Vegas kennengelernt hatte, sollte sich zu einer einzigen Katastrophe entwickeln, die noch Jahre nach seinem Tod 2006 die Gerichte beschäftigte. Brown war achtundsechzig, als er sie heiratete, sie zweiunddreißig. Im selben Jahr noch brachte sie einen Sohn zur Welt, James jr. Aber Hynie hatte sich nicht von ihrem vorherigen Ehemann, einem Pakistaner namens Javed Ahmed, scheiden lassen, bevor sie Brown heiratete, was ihm laut Emma Austin, als er es erfuhr, das Herz brach. (Hynies Ehe mit Ahmed wurde drei Jahre *nach* ihrer Heirat mit Brown annulliert.) Browns Kinder, sechs anerkannte, ein adoptiertes, und wenigstens vier weitere nicht anerkannte, waren eine Mischung aus Kultiviertheit, Tragik und Gier, je nachdem, wen man fragt. Sie mussten einen Termin machen, um ihn zu sehen. 1998 war Brown zu einem immer isolierteren alten Mann geworden.

Aber er war immer noch eine Macht, war jähzornig, unerträglich, starrsinnig, impulsiv – und sogar erfolgreich, nachdem ihm nach dem Ende seiner Haft 1991 ein bemerkenswertes Comeback gelungen war: mit dem Kennedy-Preis, einem HBO-Konzert, verschiedenen Filmauftritten und einem neuen Management, Buddy Dallas und David Cannon, die ihn wieder solvent machten. Die Tage des Ruhms waren jedoch vorbei. Das Schallplattengeschäft hatte einen neuen König, den Rap, und Browns Körper brach ein. Das jahrelange Tanzen hatte ihm chronische Schmerzen in Knien und Zehen eingebracht, und er kämpfte mit Prostatakrebs. Darüber hinaus bereiteten ihm seine Zähne Probleme. Es waren Implantate, die Implantate eines Mannes, der immer die Zähne zusammengebissen und ein Leben voller loser Enden und tiefer Enttäuschungen gelebt hatte. Selbst die Stadt, die Brown liebte, Augusta, litt unter innerstädtischem Verfall, dem Wegzug der Weißen, Drogen, gewalttätigem Hiphop und ganz allgemein den gewohnt komplizierten Umständen, die dabei mithalfen, schwarze Familien zu zerstören. Obwohl Brown sich den Armen gegenüber großzügig zeigte, war er kein Anhänger von Sozialhilfe. Ihm missfiel alles, was einem Mann oder einer Frau den Anreiz nahm zu arbeiten. Cannon erinnert sich an einen Besuch Browns in einem Obdachlosenasyl in New York, bei dem sich so viele Insassen um ihn drängten, dass er auf eine Stehleiter steigen musste, um zu ihnen zu sprechen. Er sah sich in dem Raum voller Männer um, von denen viele körperlich gesund schienen, und sagte: »Sie sollten sich schämen. Sie sollten arbeiten, statt hier zu sein.«

»Es gibt keine Jobs«, sagte einer der Männer. »Wir sind arm.«

»Ich sag Ihnen was«, erwiderte Brown. »Sie ziehen meine Sachen an, ich Ihre. Kommen Sie heute Abend, und ich habe einen Job. Ich werde nicht der Boss sein, werde nicht die Uniform des Bosses tragen, aber ich werde eine Arbeit haben.«

Die Welt war kompliziert geworden, aber nach Jahren am Boden stand er wieder oben, ein Mann voller Widersprüche, ein Mann mit Kilometern verbrannter Erde hinter sich. Den Großteil seines Entertainer-Lebens hatte er Bildung und harte Arbeit gepredigt, und jetzt sah man ihn als eine Art Clown. James Brown, der Sträfling. James Brown, der Quertreiber. James Brown, der am Ende flach aufs Gesicht gefallen war, wie es so vielen von ihnen irgendwann geschieht. Er sah es. Und es schmerzte ihn. Er wollte es wiedergutmachen. Brown beschloss, der Gesellschaft etwas zurückzugeben.

Im Jahr 2000 gab er zwanzigtausend Dollar an Anwaltshonoraren aus, um seinen Nachlass zu ordnen, mit einem wasserdichten Testament, mit dem er seine persönliche Habe seinen Kindern hinterließ und zwei Millionen in einen Ausbildungsfonds zahlte, damit seine Enkel aufs College gehen konnten, wenn sie wollten. Den Rest, den Großteil seines Nachlasses einschließlich seiner Songs, des Rechts an der Vermarktung seiner Person und seines Namens sowie seiner Musikverlagsrechte, vermachte er einer Stiftung, dem I Feel Good Trust, der nach Aussage Cannons bei seinem Tod konservativ geschätzt wenigstens einhundert Millionen Dollar schwer war. Ziel der Stiftung sollte sein, armen Kindern in South Carolina und Georgia, weiß oder schwarz, zu Bildung zu verhelfen. Brown war da ganz klar: Das Hauptkriterium war Bedürftigkeit, und dabei nicht Schwarz vor Weiß oder umgekehrt. Was die Rasse betraf, sagte er: »Damit reicht es.« Die Stiftung sollte von beiden Geschäftspartnern geführt werden, die ihn auch wieder nach oben gebracht hatten, David Cannon und Buddy Dallas, sowie einem afroamerikanischen Road Manager und örtlichen Friedensrichter seines Vertrauens namens Albert »Judge« Bradley.

Er hinterließ wenigstens einhundert Millionen Dollar, um armen Kindern aller Rassen in South Carolina und Georgia eine Schulbildung zukommen zu lassen. Zehn Jahre nach seinem Tod ist in dem einen wie dem anderen Staat jedoch noch kein Cent seines Geldes für die Schulbildung eines armen Kindes ausgegeben worden. Was ist der Grund?

Die kurze Antwort ist: Gier.

Die lange Antwort ist langweilig, so wie Anwälte es mögen. So arbeiten die modernen Gangster unserer Tage. Sie ziehen keine Waffe und drücken sie dir gegen die Stirn, sondern erschlagen dich mit Papier. Sie langweilen die Öffentlichkeit und hoffen, dass die Leute weiterblättern, den Kanal wechseln, durchs Internet surfen, ein Footballspiel ansehen, in sich hineinmurmeln, was für eine Schande das alles ist, aber zum Teufel damit... und sich mit etwas anderem beschäftigen.

Das ist in etwa das, was da abläuft.

Es ist kompliziert, den rechtlichen Morast South Carolinas beschreiben zu wollen, eines Staates, der in Sachen Rasse und Klasse fünfzig Jahre hinter dem Rest Amerikas hinterherzuhinken scheint und in dem etwa dreißig Prozent der Kinder unter der Armutsgrenze leben. In Barnwell County sieht man arme Schwarze in weißen T-Shirts, Farmerhosen und alten Schuhen über die Straßen schlurfen, die wie die alten Sklaven aussehen. Einige von ihnen haben den Staat in ihrem ganzen Leben noch nicht verlassen, und die hiesige Politik ist voller Verbrechertypen, die sich, sobald sie Blut riechen, heftig genug an die Gurgel gehen, um noch den grauhaarigsten Politveteranen blabbernd in Therapie zu schicken. Das schreckliche Massaker an neun afroamerikanischen Gemeindemitgliedern der Emanuel African Methodist Episcopal Church in Charleston durch einen bekennenden Rassisten vermittelt nur einen kleinen Geschmack vom wild schwärenden Tosen hinter der nach außen hin ruhigen rassenpolitischen Wirklichkeit des Staates. Wenn alle Politik am Ende persönlich ist, ist sie das in South Carolina mit nuklearer Stärke, wo vier politische Führer, bekannt als der Barnwell Ring, im Prinzip über drei Jahrzehnte den gesamten Staat kontrollierten, der Parlamentssprecher 2014 erst nach den denkbar peinlichsten Enthüllungen über seinen mehrfachen Amtsmissbrauch zurücktreten musste und wo gegenwärtig ein Netzwerk aus das Gesetz vertretenden Einschüchterern und Rabauken, viele von ihnen Richter und Absolventen der University of South Carolina School of Law, das Justizsystem des Staates wie einen privaten Club betreiben. »Selbst wenn Sie einen Jura-Abschluss aus Harvard haben, kommen Sie da nicht weit«, sagt Buddy Dallas.

In diesen Morast aus gesetzlicher Hetze, Vetternwirtschaft und persönlichen Fehden geriet auch David Cannon. Cannon hatte einst das örtliche republikanische Komitee geleitet, das George W. Bushs Besuch Barnwells während der Wahlkampagne managte, und mit ebenjenem Richter im Edisto Beach House geluncht, der später zu denen gehörte, die ihm das Genick brachen. Laut Cannon begann der Ärger nur Tage nach Browns Tod. Einige von Browns Kindern, angeführt von seinen Töchtern Deanna und Yamma, gingen vor Gericht und behaupteten, Cannon, Dallas und Bradley hätten ihren Vater in seinen letzten Lebensjahren »unangemessen beeinflusst«, sprich: belogen. Tomi Rae Hynie, Browns »Witwe«, die bei seinem Tod, wie es hieß, Tausende Kilometer entfernt in Los Angeles war und deren Drogenentzug in Kalifornien Brown in dem Jahr fünfzigtausend Dollar kostete, erhob ihre eigenen Ansprüche. Kurz nach Browns Tod war sie in der Larry-King-Show und gebrauchte den Ausdruck »mein Ehemann« so oft, dass einem der Kopf schwirrte.

Die Klagen trafen die Gerichte South Carolinas wie eine Rauchbombe und breiteten sich schnell aus. Die weitgehend weißen politischen und rechtlichen Instanzen South Carolinas konnten James Brown sowieso nicht zu sehr gemocht haben. Der Mann hatte sich von der Polizei durch zwei Staaten jagen lassen und das stolze South Carolina aufs Peinlichste ins weltweite Rampenlicht gerückt, als nach seiner Verurteilung zu sechs Jahren Haft internationale Rufe nach seiner Freilassung laut geworden waren – und der öffentliche Druck wurde von Reverend Al Sharpton noch erhöht, der unter den Gesetzesrabauken des Staates ungefähr so beliebt sein dürfte wie eine Dose Sardinen freitags in Rom.

Nach Browns Tod tat sich ein hochgiftiges Trio aus Altherren-Anwälten, Browns Kindern und seiner armen weißen Witwe zusammen und benutzte die »armen Kinder«, denen Brown den Großteil seines Vermögens hinterlassen hatte, als eine Art Karotte, die man absurderweise hochhielt, um die eigene Gier zu rechtfertigen. Der Mob brauchte einen Kopf, der ihm auf dem Silbertablett serviert werden konnte. David Cannon bot sich an. Sie wollten seinen Kopf. Und bekamen ihn.

Cannon sitzt im Wohnzimmer seines bescheidenen Hauses in Barnwell, umgeben von Arbeitsunterlagen und alten Schwertern. Vor ihm auf dem Tisch steht eine Cola mit einem Scooter Pie, vor mir das Gleiche – meine Belohnung dafür, den armen Mann nach Dingen ausgefragt zu haben, die sein Leben auf den Kopf stellten.

»Nehmen Sie sich ein paar mit«, sagt Cannon zu den Keksen. »Ich habe eine ganze Schachtel davon.«

Ich habe sie in der Küche gesehen. Da wusste ich, dass ich Cannon wirklich mochte. Ich liebe Scooter Pies.

Draußen im kleinen Garten erwacht ein Rasenmäher zum Leben, und ein mittelalter Schwarzer mit cooler Sonnenbrille und Baseballkappe dröhnt vorbei. Er winkt und mäht das Gras hinten. Cannon ruft einen Gruß aus dem Fenster.

»Hey, hey«, antwortet der Gärtner.

Cannon folgt ihm mit dem Blick. »Ich kenne ihn schon lange«, sagt er. »Er wollte ein Haus kaufen, kam zu mir und sagte: ›Ich kann es nicht. Ich weiß nicht, wie ich es machen soll.‹« Der Gärtner hatte keine Ahnung von Banken. Er hatte nicht mal ein Konto. Cannon eröffnete eines für ihn und arrangierte ein Treffen mit einem seiner Freunde im Hypothekengeschäft, der ihm einen Überbrückungskredit verschaffte. Als der Gärtner eine ernste Operation machen lassen musste, besuchte Cannon ihn an seinem Krankenhausbett. »Er sollte gleich in den OP gefahren werden, und ich saß bei ihm«, sagt Cannon. »Er hatte Angst, und ich legte meine Hand auf seine und redete ihm gut zu. Da kam der Arzt herein und sagte: ›Wie ich sehe, ist Ihr Boss hier.‹«

»Ich bin nicht sein Boss«, sagte Cannon. »Ich bin sein Freund.«

Diese Art zu denken war einer der Gründe, warum Brown Cannon und Dallas in seiner Mannschaft wollte und warum sie später Freunde wurden. Und sie schafften etwas, was einigen hochkarätigen Managern und Anwälten aus dem Norden nicht gelungen war. Sie verhalfen ihm zu neuer Berühmtheit und befreiten ihn von seinen fünfzehn Millionen Steuerschulden. Brown vergaß das nie, und als eine Gruppe nördlicher Manager und Veranstalter Cannon und Dallas unterminieren wollte und Brown das Blaue vom Himmel versprach, falls er die beiden hinausschmiss und sie engagierte, schickte er sie zum Teufel. »Mr Brown starb, ohne der Regierung einen Penny zu schulden«, erzählt Cannon stolz. »Er sagte den Leuten immer: ›Mr Cannon hat der Steuerbehörde gesagt, was sie tun soll.‹ Aber so war es nicht wirklich.«

Cannon manövrierte Brown im Laufe von zwei Jahren mit großem Geschick aus seiner verfahrenen Situation mit der Steuerbehörde, und Brown wusste dieses Geschick zu schätzen. Er feierte Cannon und Dallas, als er sie bei der Taufe der James Brown Arena in Augusta, Georgia, im Oktober 2006 Tausenden von Zuschauern als zwei Freunde vorstellte, die seiner Karriere geholfen hätten. Als Verwalter von Browns Konten besaß Cannon die Vollmacht, Schecks in seinem Namen zu unterschreiben, und versuchte Browns verrückte Ausgaben auf ein Gehalt von einhunderttausend Dollar pro Monat zu kürzen, worauf er sich mit ihm einigen konnte. (Brown nannte es das »Spaziergeh-Geld«.) Cannon und Dallas arbeiteten daran, Brown auf der richtigen Seite zu halten, wobei Dallas' Job darin bestand, potenzielle Streitigkeiten zu klären. Wenn Brown dreihunderttausend Dollar auf ein Flugzeug anzahlte, es sich dann anders überlegte, wenn er ein Angebot für das Land neben seinem Haus machte, dann aber plötzlich kein Interesse mehr hatte, was den Verkäufer aufbrachte, oder wenn er sich den Keller von einem Bauunternehmer ruinieren ließ, knöcheltief im Scheiß stand, weil der Mann es geschafft hatte, das Abwasser hineinzuleiten, war es Dallas' Aufgabe, sich darum zu kümmern. Cannon verwaltete das Geld, überwachte die Geschäfte, fädelte das eine oder andere selbst ein und arbeitete daran, dass es keine Steuerprobleme gab. Seine Aufgabe bestand darin, sagt Cannon, Brown die Optionen zu erklären. Die letzte Entscheidung lag bei ihm. »Niemand sagte James Brown, was er tun sollte.«

Nach Beilegung der Steuerprobleme halfen Cannon und Dallas Brown, die Verbindungen zu seinem alten Buchungsagenten Universal Music zu kappen, und brachten ihn zu William Morris. Reverend Sharpton setzte seine enormen Möglichkeiten dafür ein, die Public-Relations-Maschinerie in die richtige Richtung zu bewegen, und erzeugte einen riesigen öffentlichen Aufschrei zugunsten seiner Freilassung aus dem Gefängnis, was zu mehr Auftritten führte. Browns Auftritt als Prediger in den *Blues Brothers* und später in Sylvester Stallones *Rocky* hatte ihm ein neues, junges Publikum verschafft. Die Dinge sahen gut aus.

Seine Neigung, Geld zu verstecken, ließ jedoch nie nach. Eines Nachmittags unterhielten sich Dallas und Cannon mit Brown in seinem Büro in Augusta, und Dallas fragte: »Mr Brown, wo suchen wir nach Ihrem Geld, falls Ihnen etwas zustößt?«

Brown saß an einem Tisch. Vor ihm lag ein gelber Block, auf den er drei Worte schrieb und den er dann so drehte, dass Dallas sie lesen konnte: »Graben Sie danach.«

In seinem Anwesen in Beech Island beim Douglas Drive hatte Brown einen kleinen roten Raum, den niemand betreten durfte. Es war sein Geldzimmer, in das er Cannon eines Tages führte. Er zeigte ihm einen von zwei großen Pappkartons, der bis oben voll mit Hundert-Dollar-Scheinen war. Cannon war perplex. »Wo haben Sie die her?«, fragte er. »Die sind ein Steuerproblem.«

Brown wollte es nicht sagen, und wenn Mr Brown etwas nicht wollte, hatte es keinen Sinn, ihn dazu zu zwingen. Cannon nahm an, dass sich die Steuer bald schon deswegen melden würde. Dann erfuhr er eben auf diese Weise, woher das Geld stammte.

Aber das tat er nicht, und das ist Teil des Problems. Das Staatsgerichtssystem South Carolina mit seinem Schwarm von Anwälten »verwaltete« Browns Nachlass während der verwirrenden Gerichtsverfahren, vergeudete dabei Millionen und versucht nach wie vor, Cannon die Schuld an »verlorenen Vermögensteilen« zu geben, indem es behauptet, Cannon wisse, »wo Browns Geld ist«. Cannon besteht darauf, dass er nichts weiß. Während seiner Anstellung bei Brown konnte er versuchen, dessen Ausgaben zu beschränken, am Ende aber seine Gewohnheiten nicht ändern. Brown war impulsiv. Wenn er in einen Juwelierladen gehen, zehntausend Dollar für ein Halsband ausgeben oder einen Privatjet für eine junge Lady mieten wollte, die er in Übersee, Tausende Kilometer entfernt, kennengelernt hatte, wenn er bei einer Tournee durch Europa spontan zusätzliche Auftritte zu buchen gedachte, ohne jemandem davon zu berichten, damit er das Geld in bar kassieren konnte, oder wenn ihm der Sinn danach stand, neuntausend Silberdollar in einer Schubkarre in sein Haus zu schaffen, tat er es einfach. Trotz Cannons Einwänden, die normalerweise nach der Tat kamen. »Ich war einer der wenigen Leute, die ihm hinter verschlossener Tür die Hölle heiß machen durften«, sagt Cannon.

Ändern tat es wenig. Brown ging so ungezwungen mit seinem Geld um, sagt Cannon, dass er, obwohl er »sein Geld doch auf den Dollar genau zählte«, kaum mehr nachhalten konnte, wie viel er denn nun tatsächlich besaß. Besonders ärgerlich, sagt Cannon, war Browns Angewohnheit, seinen vereinbarten Monatslohn auszugeben und sich dann an der Riesenmenge Bargeld zu bedienen, die er in Cannons Safe deponiert hatte. Laut Cannon behandelte Brown den Safe acht Jahre lang wie eine Bank, brachte Geld darin unter, kam, um sich mehrere Tausend davon zu holen, packte Tausende hinein, holte Geld, hatte keins mehr, schaffte neues heran, nahm, brachte und nahm. Das Problem verschlimmerte sich, als Brown herausfand, dass Adrienne dreiundneunzigtausend in der Decke des Poolhauses versteckte Dollar genommen hatte. Fortan nutzte er Cannons Safe noch intensiver. »Irgendwann hatte er etwa eine Million in meiner Wohnung«, sagt Cannon. »Ich sagte: ›Mr Brown, das Geld gehört in eine Bank. Ich bin keine Bank.‹

›Nein, Mr Cannon. Es ist hier gut aufgehoben.‹«

Nach Cannons Darstellung bewegte Brown so viel Geld in und aus seinem Safe, dass Brown selbst am Ende den Überblick verlor. Etwa anderthalb Jahre vor seinem Tod kam er zu ihm und sagte: »Ich weiß, ich hab kein Geld mehr bei Ihnen.«

»Ich sagte: ›Vierhunderttausend Dollar haben Sie hier.‹

Er sagte: ›Nein, das ist Ihres. Ich möchte mir dreihundertfünfzig ausleihen.‹

Ich sagte: ›Es ist Ihr Geld.‹ Ich gab ihm die dreihundertfünfzigtausend in bar.«

Brown steckte das Geld in eine Einkaufstüte aus Plastik und verschwand.

»Niemand weiß davon«, sagt Cannon. »Sie haben mich nie befragt, ich musste auch nie in den Zeugenstand. Niemand weiß, dass ich Bargeld für James Brown aufbewahrt habe.«

Brown bestand später darauf, dass Cannon sich die dreihundertfünfzigtausend selbst auszahlte, als Gebühr für das ständige Hin und Her mit seinem Geld. Er hatte Cannon während ihrer vierzehnjährigen Beziehung zehn, fünfzehn, sogar zwanzig Prozent dafür angeboten, dass er das Geld in seinem Safe aufbewahrte, und Cannon hatte immer abgelehnt. Darüber hinaus half er Brown bei einem großen Wertpapiergeschäft mit einer Wall-Street-Truppe, die Brown fünfundzwanzig Millionen an Prozenten vorauszahlte. Brown wollte ihn belohnen. Das war, sagt Cannon, Browns Art, Geschäfte zu machen, gestützt auf Vertrauen, Freundschaft und seine Launen. Wenn du ein großes Geschäft machtest, belohnte Brown dich auf seine Weise. Er gab dir, was du seiner Meinung nach verdientest, was mehr oder weniger sein mochte, als du selbst dachtest. Das passte zu seinem früheren Verhalten, zum Beispiel dazu, wie er laut seinem Sohn Terry Autos für Freunde oder vertraute Mitarbeiter kaufte – vielleicht war es ein gebrauchtes, aber wenn Brown sagte, ein gebrauchtes reiche, dann reichte es. Oder dass Fred Wesley, Browns Mitkomponist, laut eigener Aussage zwei bis achtzig Prozent von Songs bekam, an denen er beteiligt gewesen war oder die er ganz geschrieben hatte, aber auch für andere, mit denen er nichts zu tun hatte. »Es hing alles von JBs Launen ab«, sagte er.

Im Dezember 2006 vereinbarte Brown einen Termin mit einem Zahnarzt in Atlanta wegen seiner Zähne. Als er in die Praxis kam, sah der Mann gleich, dass Brown ernsthaft krank war, und schickte ihn ins nahe Emory Crawford Long Hospital. Cannon hörte davon und fuhr sofort hin. Zwei Tage später, es war Heiligabend, besuchte er ihn wieder und wollte über Nacht bleiben, aber Brown sagte: »Es ist Weihnachten, Mr Cannon. Fahren Sie nach Hause zu Ihrer Familie.« Cannon ging, wenn auch nur widerstrebend. Er sah Brown nicht lebend wieder.

Brown starb zwei Stunden, nachdem Cannon gegangen war, etwa um zwanzig nach eins, in der Nacht auf Freitag, den ersten Weihnachtstag. Cannon, der alle Schecks für die James Brown Enterprises unterschrieb, löste am Dienstag darauf, drei Tage nach Browns Tod, einen für sich ein, über dreihundertfünfzigtausend Dollar. Die direkte Quelle, sagt er, war eine etwa Neunhunderttausend-Dollar-Zahlung an Browns Firma nach der Routineüberprüfung eines der Unternehmen, die Browns Prozente und Tantiemen einnahmen. Die indirekte Quelle, sagt er, war er selbst. Das Geld gehörte ihm. Brown hatte es ihm gegeben, auf die brownsche Weise, für das Aufbewahren und Verwalten seines Geldes.

Bei einem Vermögen, das Cannon nach Browns Tod konservativ auf wenigstens einhundert Millionen Dollar schätzte – die Zahl selbst ist übrigens Gegenstand gerichtlicher Auseinandersetzungen –, und angesichts eines Millionen umfassenden jährlichen Geldflusses mit Hunderten von Transaktionen sind dreihundertfünfzigtausend nicht unbedingt viel, besonders zwischen zwei Partnern, die beide ihre eigenen Geschäfte machten und mit sehr viel Bargeld umgingen. Das Showbusiness, sagt Cannon, ist auch heute noch ein Bargeldgeschäft, in Bezug auf das hin- und herbewegte Geld wohl nur noch übertroffen vom Drogenhandel. Im Übrigen bekommen die meisten Künstler vertretenden Agenten zehn, fünfzehn, mitunter auch fünfundzwanzig Prozent der Honorare und Einnahmen. Über alles gerechnet, betrug Cannons Anteil im Laufe der vierzehn Jahre nach seiner Einschätzung etwa fünfzehn Prozent. Wahrscheinlich brachte Brown den verschiedenen Anwälten, Agenten und Abzockern, mit denen er zu tun hatte, bevor Cannon und Dallas ihm aus der Klemme halfen, weit mehr Geld, wobei sie weit weniger für seine Karriere taten als diese beiden. Wahrscheinlich hatte er sie, zusammen mit Richter Bradley, deswegen auch dafür ausgesucht, nach seinem Tod seine Stiftung zu leiten.

Aber das änderte nichts. Der Sturm der Klagen von Browns vermeintlicher Witwe und seinen Kindern kam so schnell und traf Cannon so heftig, dass es ihm einen Schock versetzte. »Sie können sich nicht vorstellen, wie sehr mich das getroffen hat«, sagt er. »Vierzehn Jahre hatte mein Job darin bestanden, für seine Glaubwürdigkeit zu sorgen.«

Das anfängliche rechtliche Geschrei und Gezerre um Browns Geld war so schlimm, dass sich die verschiedenen Parteien nicht einmal darauf einigen konnten, wo er begraben werden sollte. Nach drei Trauerfeiern, im Apollo in New York, in Augusta und einer privaten in der Kirche von Browns Tochter Deanna, lag Browns Leiche monatelang in einem Beerdigungsinstitut in Augusta, während die Anwälte es ausfochten. Cannon, den Brown dazu auserkoren hatte, ihm Scharlatane, Geldfresser und manchmal auch seine Kinder vom Leib zu halten, war plötzlich außen vor, mit einer großen Zielscheibe für alle auf dem Rücken, die ihre Schäfchen ins Trockene zu bringen hatten. Zunächst einmal musste Cannon vierzigtausend Dollar seines eigenen Geldes aufbringen, um für Browns Beerdigung zu zahlen, dann wurde er von einem Gericht in South Carolina dazu verurteilt, den Dreihundertfünfzigtausend-Dollar-Scheck zurückzuzahlen, den er sich ausgestellt hatte, ohne dass ihm eine Möglichkeit gegeben worden wäre, die Hintergründe zu erklären. Wie er sagt, wurde er nie gerichtlich befragt, noch wurden Zeugen gegen ihn aufgefahren. Nie bekam er die Erlaubnis, das Handeln eines Mannes zu erklären (nicht, dass er es leicht hätte erklären können), der keiner Bank traute, keiner Regierung und nicht mal allen seinen Kindern, einschließlich zweier seiner Töchter, die ihren Vater 1997 verklagt hatten, ihnen Tantiemen für Songs zu zahlen, die sie als Kinder »geschrieben« hatten. Am Ende kam es zu einem Vergleich, und die beiden hatten zweihundertfünfzigtausend Dollar bekommen, wie Cannon sagt. Cannons mittlerweile gefeuerter Anwalt sagte ihm: »Es sieht schlecht aus. Zahlen Sie's zurück, dann müssen Sie sich deswegen keine Sorgen mehr machen.« Cannon zahlte die Dreihundertfünfzigtausend an die James Brown Enterprises, um die Klärung voranzutreiben.

Tatsächlich ließen die Dreihundertfünfzigtausend auf dem JB-Konto die Sache aber noch schlechter aussehen. Mittlerweile war der Krieg voll entbrannt, und die kriegführenden Parteien, die aus dem Nachlassplan ausgeschlossen waren, die anerkannten Kinder minus Sohn Terry, die angebliche Witwe und das wachsende Kontingent Anwälte, die auf Basis von Erfolgshonoraren von, wie verlautet, bis zu dreißig Prozent arbeiteten, die aus Browns Nachlass bezahlt wurden und sich zu Millionen anhäuften, hatten ein leichtes Ziel: einen weißen Mann, der »unangemessenen Einfluss« auf den Godfather ausgeübt hatte. Dallas und Judge Bradley litten ebenfalls fürchterlich. Dallas gab dreihunderttausend Dollar für seine Verteidigung aus, überlebte knapp einen schrecklichen Autounfall und seine Kanzlei wurde fast vernichtet. Bradley starb, wobei der Stress zweifellos zu seinem frühen Tod beitrug. Die Hauptlast der Klagen traf jedoch Cannon. Ein cleverer »Tipp« eines gegnerischen Anwalts einem Reporter von AP gegenüber, ein darauf fußender Zeitungsartikel, und schon waren Cannons Name und sein Gesicht landesweit in den Medien, und es war zu hören, zu sehen und zu lesen, dass man den alten Brown um sein Geld betrogen habe. Das Internet erledigte den Rest, mit Halbwahrheiten und Gerüchten, die sich zu haltlosen Tatsachen entwickelten. Der Generalstaatsanwalt von South Carolina, Henry McMaster, der bei den Gouverneurswahlen antreten wollte, trat auf den Plan und versuchte den weißen Ritter zu geben. Er verwarf Browns Testament, schrieb es um und schuf eine neue Stiftung. Jetzt sollte die Hälfte des Nachlasses unter der Witwe und den Kindern aufgeteilt werden. Mittlerweile hatte das Gericht Cannon, Bradley und Dallas abgelöst und die Anwältin Adele Pope als deren Nachfolgerin eingesetzt, die am Ende aber, als sie versuchte, Browns Nachlass in seinem Sinne zu ordnen, vom selben Altherren-Netzwerk verdrängt wurde, das sie zunächst eingesetzt hatte. Es kam ein neuer Nachlassverwalter.

»Auch nach neun Jahren hat das Testament kein Nachlassgericht erreicht«, sagt Buddy Dallas. »Und solange es beim Staatsgericht liegt, können sie damit machen, was sie wollen. Ihm wird das Leben ausgesaugt.«

Währenddessen schossen sich die Anwälte von Tomi Rae Hynie und Browns Kindern weiter auf Cannon ein, behaupteten, er schulde dem Nachlass Millionen, und irgendwann war von einer »Entschädigung« von sieben Millionen die Rede. Warum nicht zehn oder hundert Millionen? Die Zahlen schienen komplett aus dem Nichts zu kommen, und es war unmöglich, zu entscheiden, worauf sie gründeten, hatte doch der zuständige Richter, Doyet Early, rückwirkend bis 2007 jeden Ausforschungsbeweis untersagt. Die sieben Millionen gehen laut Cannon wohl allein auf ein Einlagenzertifikat zurück, das er Brown besorgt hatte, der damit ein Flugzeug kaufen wollte. Als Gerichtsmitarbeiter nach einer CD suchten, die Cannon gestohlen haben sollte, fanden sie das Geld auf einem New Yorker Bankkonto Browns.

»Mein Anwalt beauftragte einen Finanzsachverständigen«, sagt Cannon. »Er ging durch die Bücher. ›Alles, was Cannon sagt, lässt sich mit den Büchern belegen‹, erklärte er meinem

Anwalt. Aber sie wollten mich nicht anhören. Noch heute wollen sie nicht hören, was ich zu sagen habe. Sie reden nicht mit mir und hören nur, was sie hören wollen. Alles andere interessiert sie nicht.«

Als sich der Rauch schließlich verzog, war Cannon ruiniert. Er hatte vier Millionen verloren, einschließlich eines Hauses in Myrtle Beach, South Carolina, das er als Anlage gekauft hatte, sowie eines Bürohauses in Columbia. Aber schlimmer noch als sein finanzieller Verlust ist, dass die Herabsetzung durch den Fall für seine Frau Maggie zu viel war, eine zarte, würdevolle Person, gastfreundlich und mit makellosen südstaatlichen Manieren. Geschmäht durch die öffentlichen Anwürfe, die den Ruf ihres Mannes zerstörten, und damit auch ihren, versuchte sie zweimal, Selbstmord zu begehen. Da Cannon glaubte, dass seine Frau allein nicht überleben würde, sollte er länger ins Gefängnis müssen, und zermürbt durch die jahrelangen Vorwürfe, ließ er sich auf einen Handel ein. Er stimmte einem Alford-Gesuch zu, das im Grunde besagt, dass der Beklagte für schuldig befunden *würde*, und akzeptierte eine Verurteilung wegen Missachtung des Gerichts. Vier Tage vor seinem Schuldspruch wurde Cannons Sohn David von zwei jungen Schwarzen ermordet, die in sein Haus einbrachen, um es auszurauben. Davids Mutter und Cannons erste Frau, Margaret Fulcher, erfuhr es, wollte ins Krankenhaus, um an der Seite ihres Sohnes zu sein, prallte jedoch mit ihrem Wagen gegen einen Telefonmast und kam bei dem Unfall um.

Zu Cannons Verurteilung hatte die Staatsanwaltschaft, die ihn zur Aufgabe gezwungen hatte, nicht einen einzigen Zeugen aufzuweisen. Der vorsitzende Richter, sagt Cannon, war so perplex, dass er den Anwalt der Staatsanwaltschaft zweimal fragte: »Sie haben *keine* Zeugen?«

Er bekam keine Antwort darauf. Der Richter fragte, was sich die Staatsanwaltschaft denn als Strafmaß vorstelle, worauf der Anwalt antwortete: »Kein Kommentar.«

Charles Bobbit, der einundvierzig Jahre für Brown gearbeitet hatte, sprach für Cannon. Seine Aussage bezeugte im Grunde, dass, was immer Mr Cannon getan habe, mit Sicherheit das gewesen sei, was Mr Brown ihm aufgetragen habe. Niemand habe Mr Brown reingelegt, wenn es um dessen Geld gegangen sei. Niemand habe ihm je gesagt, was er zu tun habe. Cannon sagt, die Staatsanwaltschaft habe einen ehemaligen FBI-Agenten auf ihn angesetzt, der vier Jahre gegen ihn ermittelte. Nach seiner Verurteilung sei dieser Mann zu ihm gekommen und habe seiner Familie gesagt: »Vier Jahre habe ich gegen diesen Mann ermittelt, und er sah im Laufe der Zeit immer tadelloser aus.«

Der Richter war milde. Er reduzierte die möglichen zehn Jahre auf einen Hausarrest, sechs Monate im Bezirksgefängnis und anschließend drei Jahre Bewährung zu Hause mit einer elektronischen Fußfessel. Cannon, der nie in seinem Leben eingesperrt gewesen war, saß am Ende drei Monate in einem Staatsgefängnis ab und war achtundsechzig, als er entlassen wurde.

Cannons und Dallas' Bestehen darauf, dass sie Brown nie »unangemessen beeinflusst« hatten, erwies sich am Ende als wahr. Im Februar 2013, nach siebenjährigen Anhörungen, an denen neunzig Anwälte beteiligt waren, zwei abgesetzten Nachlassverwaltungen, nach etlichen Klagen mit mehr als viertausend Seiten umfassenden Schriftsätzen, nahm sich das Oberste Gericht South Carolinas in einem Moment höchsten Anstands und vernünftiger Urteilskraft des Ganzen an und brachte den Fall zurück an seinen Anfang: Es erklärte, dass Brown von Cannon, Dallas und Bradley nicht »unangemessen beeinflusst« worden sei, als er sein Testament aufsetzte und die Stiftung gründete.

Unerklärlicherweise wich das Gericht aber davor zurück, damit auch die drei ursprünglichen Nachlassverwalter wieder einzusetzen, und so schleppte sich der Fall weiter hin, wuchsen ihm neue Köpfe und das rechtliche Gerangel setzt sich fort.

Zehn Jahre nach Browns Tod hat noch kein einziges Kind in Georgia oder South Carolina von seinem Vermächtnis profitiert, während der Wert seines Nachlasses, der laut Cannon bei Browns Tod wenigstens einhundert, vielleicht auch einhundertfünfzig Millionen betrug, auf eine unbekannte Größe abgestürzt ist. Folgt man Dallas und Cannon, wurde Browns Stiftung praktisch ruiniert. Sie wird nie wieder ihren ursprünglichen Wert erreichen, denn wenn ein Künstler stirbt, gibt es einen kurzzeitigen Ansturm auf seine Werke. Damit erreichen die Verkäufe normalerweise ihren Höhepunkt und bestimmen den endgültigen Wert des Nachlasses.

Cannon hat seinen Anwälten bisher achthundertsiebzigtausend Dollar gezahlt, Tendenz steigend, womit er finanziell ruiniert ist. Die Kosten dauern an, da das Gericht immer noch weitere Entschädigungen verlangt. »Je mehr sie mir zusetzen, umso mehr können sie dem Nachlass in Rechnung stellen«, sagt er. Statt nach vierzig Jahren Arbeit in den erhofften angenehmen Ruhestand gehen zu können, lebt er auf dünnem Eis, wartet auf die nächste teure Attacke und hofft darauf, lange genug zu leben, um sich um seine kränkliche Frau kümmern zu können, deren Medikamente ungeheuer teuer sind. Er sagt, der Fall habe »sein Vertrauen in das Rechtssystem South Carolinas zerstört. Das Altherrensystem lebt und blüht hier weiter«.

Sieben Jahre nach Browns Tod liegen seine sterblichen Überreste in einem Mausoleum im Vorgarten seiner Tochter Deanna, das den brownschen Nachlass, ausgezahlt vom Staat, der sein Vermögen immer noch verwaltet, allein 2013 einhunderttausend Dollar gekostet hat. Einige von Browns Kindern tragen sich mit Plänen, sein Haus in Beech Island zu einem Museum zu machen, wie Elvis Presleys Haus in Memphis. Deanna hat in Augusta eine James Brown School of Funk eröffnet, die dann in James Brown Academy of Musik Pupils umbenannt wurde, unterstützt von Unternehmensspenden, vermutlich, damit kleine Kinder den Funk lernen.

Keine Mathematik. Keine Naturwissenschaften. Sondern Funk. Was genau das ist, was arme Kinder brauchen.

Cannon sitzt an diesem heißen Augustnachmittag des Jahres 2012 im Wohnzimmer seines bescheidenen Hauses in Barnwell, genau da, wohin ihn Brown mit seinen letzten Worten schickte: *Fahren Sie nach Hause, Mr Cannon. Fahren Sie nach Hause zu Ihrer Frau…* Er isst seinen altmodischen Scooter Pie und sieht hinaus auf den frisch gemähten Rasen. Er mag das Gras, die Vögel, den hundert Jahre alten Baum. Er gibt mir einen weiteren Scooter Pie, nimmt sich selbst auch noch einen und beißt hinein.

»Im Gefängnis haben sie mich zum Arbeiten in die Küche gesteckt«, erzählt er mir. »›Wenn du dich gut anstellst‹, sagten sie, ›darfst du den Müll hinausbringen.‹ Alle wollten den Müll hinausbringen, weil man dabei rauskam und den Himmel sehen konnte. Einmal fragten sie mich: ›Mr Cannon, wollen Sie nicht den Müll hinausbringen?‹

Ich sagte: ›Nein, nein. Ich will erst raus und den Himmel sehen, wenn ich wieder frei bin.‹«

Tränen füllen seine Augen.

»Ich war nie draußen. Ich habe den Müll kein einziges Mal hinausgebracht. Das war das Schwerste.«

Einen Moment lang sitzt er schweigend da. Seine blauen Augen sind gerötet. Er wischt die Tränen nicht weg, schluchzt nicht, löst sich nicht in Jämmerlichkeit auf, sondern sitzt da und sieht schweigend in den Garten hinaus. Die Vögel. Ein sanfter, weicher Wind streicht über die nahen Äste des Baumes, an denen die Blätter sprießen.

»Ich sage Ihnen etwas. Zuerst kam ich in eine zweieinhalb mal drei Meter große Zelle zu drei anderen Leuten. Lag auf meinem Bett. Heulte. Mein Magen schmerzte. Ich wusste, dass ich sechs Monate vor mir hatte, und sagte: ›Lieber Gott, damit komme ich nicht zurecht. Das schaffe ich nicht. Gott, das musst du mir abnehmen.‹ Und wissen Sie, was? Am nächsten Morgen bin ich aufgewacht und war voller Frieden.«

Er wiegt sich leicht vor und zurück und nickt beim Sprechen. »Ganz gleich, was war, es gibt keinen Tag, an dem ich morgens nicht aufstehe und dem Herrn für das danke, was er für mich getan hat. Ich kenne niemanden, zu dem unser Herr besser war als zu David Cannon. Ich danke ihm. Ich bin ihm so dankbar.«

»Wofür?«, frage ich.

»Für jede Gnade, die ich von ihm erfahren habe. Für meine Frau. Für mein Leben. Ich habe mehr bekommen, als ich aufzählen könnte. Gott war gut zu David Cannon.«

Kapitel 14

Der Hundert-Dollar-Mann

Der alte Krieger sitzt im Wohnzimmer seines neumodischen Hauses in der Gegend von Atlanta und linst aus dem Fenster zu seiner roten Chevy Corvette hinaus, die er vom Präsidenten von Gabun geschenkt bekommen hat und die ihm in ein paar Wochen aus ebendieser Einfahrt gestohlen werden wird. Seine Frau wird den Dieb sehen. Wie klingt das denn? An der Tankstelle wird sie ihn sehen, nur ein Stück die Straße hinauf, einen jungen Kerl, schwarz, wie er sich über die rote Corvette beugt – *seine* rote Corvette volltankt. Sie will zu ihm gehen, ihn zur Rede stellen, aber der Kerl schöpft Verdacht, springt in den Wagen und rast davon. Der alte Krieger wird schäumen. »Du kriegst nichts auf die Reihe.«

So was passiert, wenn du lange genug lebst. Dann ist dir nichts mehr fremd. Du arbeitest dich an die Spitze des Musikgeschäfts, nachdem du dich früher in einem Schuppen in Franklin County in North Carolina von Schmalzbroten ernährt hast, und siehst zu, wie das Erreichte wieder entschwindet, genau wie deine Corvette. Er hat hart gearbeitet, sich jahrzehntelang um

James Brown gekümmert und war dann zwölf Jahre in Afrika, was auch kein Picknick war. Aber Charles Bobbit, einundachtzig, der Sohn eines kleinen Pachtbauern, der seinen Vater nie gesehen und seine Mutter mit sechs Jahren verloren hat, konnte sich nicht so weit emporarbeiten und dieses schöne Vorstadthaus in Snellville, Georgia, kaufen, weil er dumm war. Einundvierzig Jahre war er ein Freund und der persönliche Manager von James Brown, zwei Jahre der von Michael Jackson, naiv, wie er war. In Afrika hat er gearbeitet, weil es ihm gefiel, und als er nach zwölf Jahren in die Musikwelt zurückkehrte, hatte sie sich verändert. Der alte R&B war tot. Der Disco-Sound weg. Rap war die neue Welt. Die Kids trugen die Hosen tief auf dem Hintern und ihre Kappen zur Seite gedreht. Seine Freunde hatten sich ebenfalls geändert, selbst der alte Mann, sein alter Boss, James Brown.

Er erinnert sich an den Tag, als Brown ihn völlig aus heiterem Himmel anrief. »Kommen Sie und arbeiten Sie wieder für mich«, sagte er.

Bobbit zögerte. Er kannte das. Die Schreierei, die Kämpfe, das Geschimpfe und dann die fürchterliche Geschichte, als er sich selbst gekündigt hatte, als er es auf sich nahm, einen New Yorker DJ bestochen zu haben, damit der Browns Platten spielte, und Brown damit erlaubte, seine Hände in Unschuld zu waschen: Er habe nichts davon gewusst oder es gar gebilligt. Zahlungen an DJs, wenn auch ungesetzlich, waren damals im Plattengeschäft weit verbreitet. Brown gab Bobbit zwei Riesen. Zwei Riesen dafür, sich vor Brown in die Schusslinie zu werfen.

»Was soll ich für Sie tun?«, fragte Bobbit.

»Ich will Ihnen nicht sagen, was Sie tun sollen«, antwortete Brown. »Sie sollen mir sagen, was ich tun soll.«

Bobbit glaubte, seinen Ohren nicht zu trauen. Zwanzig Jahre

lang hatte Brown Befehle gegeben, und manche waren brutal gewesen, und jetzt, nach fünfunddreißig Jahren des Besserwissens, wollte er seinen Rat.

»Ich komme für eine Weile«, sagte Bobbit. Er wusste, wie clever Brown sein konnte. Wahrscheinlich ist es ein Trick, dachte er. Er will mich wieder hineinziehen.

Aber es war kein Trick. Der alte Mann hielt Wort. Er wollte Bobbits Rat. Nicht in großen Dingen. Nicht in Geldsachen. Niemand sagte Mr Brown, was er mit seinem Geld zu tun hatte. Aber in anderen Fragen, wichtigen Fragen wie: »Ich überlege, ob ich noch einen zusätzlichen Auftritt in Japan unterbringen soll. Was denken Sie?« Oder: »Könnten Sie mal nach Leon sehen?« Leon Austin war ein Freund aus Browns Kindheit, dem es schlechtging. Oder: »Was sollten wir wegen dem Rev machen?«, den sie doch beide liebten. Brown verfolgte Sharptons Handeln und Wandeln, wie ein Football-Fan aus Wisconsin den Green Bay Packers folgt. Jede Bewegung, jedes Blinzeln wollte er mitbekommen. Wann immer der Rev öffentlich für die Bürgerrechte Krach schlug, meist irgendwo in New York, verfolgte Brown es im Fernsehen, las in der Zeitung darüber und gab seinen Kommentar dazu ab. »Warum das jetzt wieder?«, sagte er, oder: »Mr Bobbit... Hören Sie sich das an. Der Rev hat sie am Haken... Haha!«

Das waren die guten Zeiten, die letzten Jahre, während derer sie den Rev beobachteten, ihren verlorenen Sohn, der vor fünfundvierzig Jahren in einem Theater in Brooklyn seine Feuertaufe bestanden hatte. Sie redeten über die alten Tage. Die Band. Die Frauen. Die guten Zeiten für ihn und Brown. Zum Beispiel, als sie hörten, dass der Rev in *Saturday Night Live* auftreten würde. Brown war außer sich. »Da macht er sich doch zum Affen, Mr Bobbit!«, brummte Brown. »Wie ein Narr wird er da aussehen.«

Die beiden verfolgten in einem Hotelzimmer, wie Sharpton an dem Abend den Gastgeber spielte, und als er mit der Saturday Night Live Band hinter sich eine James-Brown-Parodie gab, brüllte der vor Lachen und sagte: »Rufen Sie ihn an, Mr Bobbit! Holen Sie ihn ans Telefon!« Sharpton war nervös, als Bobbit ihn erreichte, doch Bobbit sagte: »Sie haben ihn überzeugt, Rev. Er sagt, es ist okay.« Bobbit spürte Sharptons Erleichterung und begriff, dass die einzige Meinung, auf die Sharpton Wert legte, die des alten Mannes war, der da plötzlich den Hörer in die Hand bekommen und es dem Rev selbst sagen wollte: »Rev! Dafür gibt's eine Zwei. Ich gebe dir eine Zwei dafür.«

Eigentlich war es mehr, aber James Brown gab nun mal nur James Brown eine Eins.

Selbst der Rev hatte sich mit der Zeit geändert. Er hatte den Hafen verlassen, war auf sich selbst gestellt und steuerte in die tiefen Gewässer der Bürgerrechtsbewegung im Norden. Der Rev war ein Star.

Browns Gefolgschaft hatte sich aufgelöst, und Brown selbst verschwand in der Geschichte, während jüngere, schlankere schwarze Stars die Bühne übernahmen. Leute, die nie auf dem Chitlin' Circuit gewesen waren. Leute, die Blues oder Jazz nicht von einer Beißzange unterscheiden konnten. Und selbst, wenn die jüngeren Stars Brown priesen, vergaßen sie ihn doch, einen der größten amerikanischen Einflüsse auf die moderne Musikgeschichte. Sie sahen ihn im Rückspiegel, lobten seine Tugenden und ließen ihn hinter sich. Die Geschichte schien sich so schnell voranzubewegen, und das nicht nur für Brown, sondern auch für seinen besten Mann, Charles Bobbit. Brown, der einst von der ganzen Welt gepriesen worden war, schien vor Bobbits Augen zu schrumpfen. Es war schrecklich. Es gab keine neue Musik, nur die alten Sachen, und neue Leute spielten sie mit Hochgeschwindigkeit. In den alten Tagen hätte Brown sie heruntergebremst, nach Groove verlangt und losgebellt: »Trommeln Sie die Band zusammen, Mr Bobbit. Wir gehen ins Studio«, und Bobbit hätte Fred, Maceo, Pee Wee, Jimmy Nolen und Clyde aus dem Bett irgendeines gottverlassenen Hotels geholt und zugesehen, wie Brown sie drangsalierte, bis was aus ihnen herausplatzte, das besser war als alle und alles andere. Aber Brown war alt. Und müde.

Sein Körper ließ ihn im Stich. Bobbit sah das schon im Jahr 2000. Der Prostatakrebs, den Brown verstecken wollte, die geschwollenen Knie, die geschwollenen Füße. Dass er nicht mehr leicht aus dem Bett kam. Und die Drogen, die er heimlich konsumierte, nachdem er früher nur gelegentlich ein Bier getrunken und in den einundvierzig Jahren vor Bobbit kaum mehr als eine Zigarette geraucht hatte. Du siehst den Mann, dem du den Großteil deines Lebens geschenkt hast, den Mann, der fast vier Jahrzehnte die Bühne in Brand gesetzt hat, der das schwarze Leben von Generationen vor und nach sich versinnbildlichte, siehst, wie er am Ende das eigene Leben verbrennt, allein, und du begreifst, wie reich du bist. Du begreifst, dass das eine, dessen du fähig bist und er nicht, das ist, was ihn zerstört: dass er sein Leben mit niemandem teilen, keinem anderen Menschen trauen kann. Brown erkannte das, er gab es sogar zu. Er gestand es Mr Bobbit freiheraus: »Mr Bobbit, Sie sind der Einzige, dem ich mich zu erkennen gebe. Sie sind der Einzige, der weiß, dass ich nicht weiß, wie man liebt.«

Charles Bobbit wusste, wie man liebte. Er liebte seine Frau Ruth. Er liebte seine Kinder und seine Enkel. Er liebte sein Haus, und er liebte seine rote Corvette – die, wie er später gestand, als er über den Diebstahl schimpfte, am Ende doch nur ein Auto war.

Er linst durch die Jalousien seines Hauses, betrachtet den manikürten Rasen, die ruhige Vorstadtstraße und murmelt leise: »›Bleib vorn.‹ Das sagte mir Mr Brown immer. Er blieb nie lange an einem Ort, brach immer nach irgendwohin auf, zu einem Treffen, was auch immer, blieb eine Weile und war auch schon wieder weg. Er sagte: ›Mr Bobbit, bleiben Sie nie irgendwo für länger. Machen Sie sich nicht unwichtig. Kommen Sie wichtig und gehen Sie wichtig.‹«

Die schreckliche Menge Klagen nach Browns Tod, die Dutzenden Anwälte, von denen die meisten Brown nie kennengelernt haben und die jetzt seinen Nachlass leersaugen, die streitenden Kinder und die verwitwete Frau oder Ex-Frau, was immer man glauben will, die sich gegenseitig nichts gönnen, während sie so tun, als liebten sie die Kinder, für die Browns Geld eigentlich gedacht ist, das alles nagt an ihm. Brown hat es vorausgesehen, sagt Bobbit. »Er sagte: ›Ein Chaos, Mr Bobbit, das wird ein Riesenchaos, wenn ich sterbe. Halten Sie sich da raus.‹«

Er hat sich herausgehalten. Brown wollte Bobbit zweihunderttausend Dollar geben. Er unterzeichnete einen Vierzig-Millionen-Dollar-Deal, mit dem er den Komponistenanteil an seiner Musik verkaufen wollte. Das war im Oktober 2006. Und dann, drei Monate später, im Dezember, starb er plötzlich, bevor der Deal vollendet war. Und wie das Auto in seiner Auffahrt, zu dem Bobbit im Moment noch hinaussieht, verschwinden die zweihunderttausend Dollar und kehren wohl nie wieder zurück.

»Es ist eine Schande, wie es in dieser Welt zugeht«, sagt Bobbit.

Bobbit war der Vermittler, der Mann, der dafür sorgte, dass etwas geschah. Es gab noch andere Vermittler in JBs Leben, Fred Davis, Judge Bradley, Buddy Dallas, aber Bobbit machte die Gigs während der frühen großen Jahre, 1965 bis 1976, als Brown ganz oben war, Musikgeschichte schrieb und das Symbol des schwarzen amerikanischen Stolzes war, als Millionen junge Schwarze dafür kämpften, sich integrieren, in eine gute Schule gehen und wählen zu können.

Er war bettelarm auf die Welt gekommen, in der Depression 1932, die das ländliche Franklin County in North Carolina, fünfundvierzig Kilometer nördlich von Raleigh, in die Knie zwang. Seine Mutter, eine Hebamme, starb, als er sechs Jahre alt war, und er wurde von einem Verwandten zum nächsten gebracht, arbeitete auf den Baumwollfeldern, erntete Tabak, lebte ohne Schuhe, anständige Kleider und ohne einen Dad. Keiner seiner Verwandten dort unten, sagt er, wollte den kleinen Charles Bobbit. Mit zehn wurde er zu einer Tante nach Crown Heights in Brooklyn geschickt, die einwilligte, ihn zu sich zu nehmen. So landete er unter Brooklyns Schlägertypen, ein vorsichtiges, zurückhaltendes Kind. Er besaß den natürlichen Bau eines Athleten, wollte aber in keine der Sportmannschaften der Schule, weil er Angst hatte, sich zu verletzen, denn wenn er sich verletzte, wer kümmerte sich dann um Charles Bobbit? Er kam vom Land und war in der Welt der Brooklyner Straßenjungen und Trickbetrüger ganz auf sich gestellt. Sie grinsten, klopften ihm mit der einen Hand auf die Schulter und leerten ihm mit der anderen die Taschen. Diese Hetze, das Gewühl und so wenig Platz, um sich bewegen zu können. Er träumte davon, da wieder herauszukommen.

1965, mit dreiunddreißig, als er sich ein Stück nach oben gearbeitet und einen guten Job hatte, nachts, als Gleisleger für die

New York City Transit Authority, lernte er James Browns Fahrer kennen. »Julius Friedman hieß er«, sagt Bobbit und lehnt sich auf seinem Stuhl zurück. »Stellen Sie sich das vor. Ein Bruder, mit so einem Namen.« Er kichert. Er ist ein korpulenter Mann mit einem Haarteil, und er hat etwas Jugendliches an sich. Er könnte leicht für fünfundsechzig durchgehen. »Er und ich, wir freundeten uns an. Wir unternahmen Sachen zusammen. Ich besuchte ihn bei sich zu Hause, oder wir gingen ins Restaurant, tranken Kaffee und was sonst noch alles.«

Brown wohnte damals in St. Albans, Queens, und hatte sich gerade einen Rolls-Royce gekauft. Eines Tages, als er eine Show im Apollo hatte, rief Brown seinen Fahrer Julius an und befahl ihm, zu seinem Haus in Queens zu fahren und ihm nach der Show seinen Rolls mit einem zusätzlichen Paar Schlüssel zu bringen. »Julius bat mich, mit ihm zu kommen«, sagt Bobbit.

Als sie zum Apollo Theater kamen, »sollte ich im Auto sitzen bleiben, während er hochging, um Mr Brown die Schlüssel zu bringen. Himmel, ich ging da mit hoch. Er trat durch die Tür in die Garderobe, und ich war hinter ihm. Ich klebte ihm am Hintern, Junge.«

Brown saß auf einem Stuhl vor einem Spiegel und kämmte sich die Haare. Der Raum war voller Männer mit Vierhundert-Dollar-Mohair-Anzügen und Krokodillederschuhen für zweihundert Dollar. Bobbit stand in seinen Sonntagssachen da, einem Fünfzig-Dollar-Anzug und einem Paar Thom-McAn-Schuhe, die acht Dollar gekostet hatten.

Brown fixierte ihn, sagte aber nichts. Er nahm nur die Schlüssel von Julius, und dann gingen Julius und Bobbit wieder.

Zwei Monate später kam Brown von einer Tournee in Übersee zurück, und Julius und Bobbit warteten am Ankunfts-Gate auf ihn. Kurz bevor er ins Auto stieg, drehte sich Brown zu

Bobbit hin und sagte: »Kommen Sie zum Haus. Ich möchte mit Ihnen sprechen.«

»Mit mir?«

»Yeah.«

Bobbit fuhr zu Browns Haus in St. Albans. »Als ich hereinkam, sagte er: ›Ich weiß, Sie fragen sich, warum ich Sie an dem Tag im Apollo so angestarrt habe.‹

Ich log und sagte: ›Oh, nein, nein.‹

Er sagte, und Sie müssen wissen, er sprach dieses schlechte Englisch, er sagte immer: *I and you*, nie *me and you*. Er sagte: ›Wir gleichen uns sehr. Ich meine ich und Sie. Wir hatten beide eine harte Jugend. Das sehe ich Ihnen an. Ich hab es gesehen, weil es an dem Tag in der Garderobe nur zwei wirkliche Männer gab, außer Mr Friedman. Ich meine ich und Sie. Die übrigen Ärsche…‹, er mochte das Wort, er fluchte nie, nur äußerst selten, aber er sagte ›Ärsche‹, ›die übrigen Ärsche, die taugen nichts. Wissen Sie, was ich mit Ihnen mache. Ich stelle Sie ein.‹

Ich sagte: ›Was?‹

›Ich stelle Sie ein. Ich mache sie zum Manager. Ich nehme Sie, weil Sie nichts wissen und nichts haben. Da kann ich Ihnen meine Vorstellungen in den Kopf pflanzen. Ich bringe es Ihnen bei und schicke Sie los. Sie sind ein gebildeter Mann, und ich kann Sie brauchen, um mich an Orten zu repräsentieren, an denen ich mich nicht selbst repräsentieren könnte. Ich mache Sie zu meinem persönlichen Manager. Ich stelle Sie nicht als Hausdiener, Träger oder so was ein. Sie sollen mein Manager sein. Ich und Sie, wir bleiben zusammen, bis einer von uns stirbt.‹

›Wirklich?‹

›Ja. Nehmen Sie den Job an oder nicht?‹«

Bobbit stand in Browns Wohnzimmer und war sprachlos.

Der große James Brown, der Godfather of Soul und Hardest Working Man in Showbusiness, bot ihm einen Job an.

Aber Bobbit hatte nicht um einen Job gebeten. Er hatte bereits einen. Einen guten, sicheren »City Job«, einen, für den die meisten Arbeiter alles tun würden. Und er hatte eine entzückende junge Frau und ein kleines Kind. Seinen sicheren Job aufgeben und im Showbiz arbeiten? Für den Rest seines Lebens? *Bis einer von uns stirbt*, hatte Brown gesagt. Das war, dachte er, ziemlich furchterregend, ganz gleich, wie man es betrachtete.

Aber Charles Bobbit hatte immer große Träume gehegt. Wenn er als Junge auf den Feldern von Franklin, North Carolina, Baumwolle pflückte, bis die Hände bluteten, wenn er an seine Mutter dachte, den einen Menschen, der ihn wirklich geliebt hatte, und dass sie nicht mehr da war, und wie sein Leben wohl aussähe, wenn sie noch lebte, dann sah er hoch zu den Flugzeugen, die über die Baumwollfelder flogen, und träumte vom Fliegen. Er träumte sich an Orte weit weg von den Schmalzbroten und Tabakfeldern Franklin Countys, wohin er im heißen Sommer aus Brooklyn geschickt wurde, um Tabak zu trocknen und Baumwolle zu pflücken, mit den Cousins, die ihn mit Steinen bewarfen, und Verwandten, die über seinen Kopf hinweg davon redeten, was sie mit ihm machen sollten, genau wie sie es direkt nach der Beerdigung seiner Mutter gemacht hatten, als er, sechsjährig und noch im geliehenen Anzug eines seiner Cousins, in ihrer Hütte stand. Er hatte gehört, wie sie sagten: »Ich will den verrotzten kleinen Nigger nicht. Nimm du ihn.« Die Wunden, die das verursachte, sollten bis ans Ende seines Lebens nicht verheilen. Manchmal lief er nachmittags davon und flog in seiner Phantasie hoch über die Köpfe seiner Verwandten, flog um die Welt und verschwand in der Zukunft, bis seine schmerzvolle Vergangenheit nur mehr ein Punkt war, ein winziger Kreis in seinem Kopf, der sich bald schon auflöste. Charles Bobbit, der Mann, der unter der Erde im Subway-System von New York City arbeitete, hatte immer vom Fliegen geträumt, und als er über Browns Angebot nachdachte, kam ihm der Gedanke, dass der Godfather of Soul in diesen Tagen vor allem eines ständig tat: fliegen.

»Ich bin dabei, Mr Brown.«

»Yeah.«

»Ich nahm den Job«, erklärt mir Bobbit, »weil ich dachte, ich könnte in Flugzeugen fliegen, in schönen Hotels wohnen und kündigen, wenn ich wollte.«

Natürlich lief es nicht ganz so wie geplant. Er flog in Flugzeugen. Er flog öfter um die Welt, als er zählen konnte. Er wohnte in Fünf-Sterne-Hotels und aß Dinge, von denen seine Verwandten nicht mal geträumt hätten. Er traf Staatsoberhäupter in Afrika und Asien, traf den König von Marokko und schüttelte selbst dem berüchtigten psychotischen Diktator Idi Amin die Hand. Viermal war er im Weißen Haus und gab vier verschiedenen amerikanischen Präsidenten die Hand. Er flog in einem Jahr mehr als die meisten Leute in ihrem ganzen Leben und setzte sich sogar ins Cockpit von Privatflugzeugen, mit denen sie den Atlantik überquerten. Aber was das Kündigen anging, das klappte nicht so. Denn auch wenn er den Job nach zwanzig Jahren aufgab – der Job gab *ihn* nicht auf. Niemand kündigte James Brown so einfach, und wie sich herausstellte, war Charles Bobbit tatsächlich der letzte Mensch auf dieser Welt, der James Brown lebend sah. James Browns Voraussage bewahrheitete sich: *Ich und Sie, wir bleiben zusammen, bis einer von uns stirbt.*

Wenn du ein Organisator bist, besteht deine Aufgabe darin, dafür zu sorgen, dass die Dinge funktionieren, und du musst schnell sein. 1968, als Brown morgens um drei für die Aufnahme von *Say It Loud – I'm Black and I'm Proud* dreißig Kinder als Background-Chor brauchte, schickte er Charles Bobbit, um sie im schwarzen Teil von Watt zusammenzusuchen. Wenn er einem der Musiker eine Strafe auferlegte, weil der einen Einsatz verpasst hatte, mit nicht präsentablen Schuhen oder einer nicht ordentlich gebundenen Schleife auf die Bühne gekommen war, sammelte Bobbit das Geld ein. Einen Dissens mit einem Veranstalter lösen? Das machte Bobbit. Einem Kind fünfhundert Dollar fürs College zustecken? Geh mal zu Mr Bobbit. Fünfundzwanzig oder fünfzig Riesen in bar vorab für einen Auftritt eintreiben, bitte nur in Hundert-Dollar-Scheinen und in einer fleckigen braunen Sandwichtüte? Mr Bobbit. Einem DJ ein paar Dollar zustecken, damit er seine Platten spielte? Bobbits Job. In den 60ern, als die James Brown Revue eine Art Wanderbühne mit Stars wie der hinreißenden Sängerin Yvonne Fair, dem legendären Komiker Pigmeat Markham, den Impressions mit dem großen Soul-Sänger Curtis Mayfield und mit Anna King war, war es Bobbits Aufgabe, das Geld zu verteilen. Er machte das so unaufgeregt, dass Nipsey Russell, ein beliebter schwarzer Komiker, der Teil der Revue war, ihn den Hundert-Dollar-Mann nannte. Der Spitzname blieb ihm erhalten. Immer loyal. Immer diskret. Ein Mann mit tausend Gesichtern. Der Hundert-Dollar-Mann war für alles zu gebrauchen: Er konnte einen Präsidenten der Vereinigten Staaten vollquasseln oder einem Gangster entgegentreten, der damit drohte, das Apollo mit Ratten zu fluten. Er konnte seinem Boss die .38er aus der Tasche holen, wenn Brown auszurasten drohte (Brown hatte sie immer dabei), und, wenn nötig, ins Publikum gehen und die Unruhestifter beruhigen, schließlich war er ein Schwarzgürtel dritten Grades und ehemaliges Mitglied der Nation of Islam. Es gab keinen besseren Soldaten, keinen diskreteren Lieutenant, keine bessere rechte Hand als den Hundert-Dollar-Mann.

»Ich lüge für niemanden, und ich lüge gegen niemanden«, sagt Bobbit. »Das liegt nicht in meiner Natur, und ich muss es nicht. Ich sage einfach nur die Wahrheit. Alles, was ich habe, viel davon, habe ich durch ihn.«

Der Hundert-Dollar-Mann erinnert sich an einen Freund, der ein Bruder und Tyrann war, und an ein Geschäft, das ihnen das Blut aussaugte und sie gleichzeitig mit Leben erfüllte.

»Ich gebe normalerweise keine Interviews«, sagt er. »Die ein oder zwei Mal, die ich es getan habe, habe ich letztlich immer das Gleiche gesagt, weil ich nicht gegen ihn rede. Was immer ich geschafft habe, hat viel mit ihm zu tun. So viele Leute behaupten, sie hätten ihn gekannt, aber das ist reiner Unsinn. Die meisten kannten ihn nicht, und zwar, weil er es nicht wollte. Wenn er dich kennenlernte, mochte er dich oder nicht. Da gab's kein langes Hin und Her.«

»Würden Sie sagen, dass Sie auch so sind?«, frage ich.

»Ja, weil ich in der Hinsicht viel von ihm gelernt habe. Ich meine, hey, nach all den Jahren, da hab ich ihn ins Herz geschlossen. Am Ende haben wir beide viel voneinander gelernt. Ich durchschaute ihn. Ich sagte: ›Lassen Sie mich kurz überlegen, mit welchem James Brown ich heute rede‹, weil es drei von ihm gab, zumindest für mich. Er hatte sogar zwei, drei Unterschriften. Eine für Verträge, eine für die Fans und eine für was sonst immer. Er wollte sich den Leuten nicht zu erkennen geben, aber das verstehen die meisten nicht.«

»Was für drei Browns waren das?«

Bobbit redet eine Weile im Kreis. Es ist die Angewohnheit eines alten Überlebenskünstlers. Diese alten Hasen aus dem

Plattengeschäft sind eine ganz eigene Spezies, sie sind es nicht gewohnt, geradeheraus zu reden. Wenn du zu klar warst in dem Geschäft, damals in den alten Zeiten, konntest du dich eines Tages mit dem Gesicht nach unten hinten in einem Abpackbetrieb wiederfinden und sahst von oben auf dich hinab. Endlich sagt er: »Er war großzügig, aber er konnte ohne Übergang erst lächeln und dann schreien, je nachdem, wie die Dinge standen. Er war ein komplexes Individuum. Wenn du was machtest, was ihm nicht gefiel, schiss er dich so was von an. Selbst in Gegenwart des Präsidenten. Ganz egal, wer sonst noch da war, ging er auf dich los. So was wie ›Darüber reden wir noch‹, das gab's bei ihm nicht, und dabei machte er keinen Unterschied zwischen seiner Haushälterin und mir, seinem Manager. Oder der Band. Die Band schiss sich in die Hosen, wenn er hereinkam. Bei ihm wurde nicht debattiert. Ihn von etwas überzeugen zu wollen wäre sowieso Zeitverschwendung gewesen. Da waren für ihn alle gleich.«

»Wer war der zweite Brown?«, frage ich.

Er spinnt den Faden noch etwas weiter und sagt schließlich: »Der zweite war der Geschäftsmann. Aber da war er nicht so gut, das gab er selbst zu. Er sagte, er sei zu etwa sechzig Prozent Entertainer und zu vierzig Prozent Geschäftsmann. Und der zweite konnte auch ein Dämon sein, wenn er wollte. Yeah, gemein und hinterhältig. Ohne Übergang ging das, von einem Lächeln zur Explosion. Je nachdem.«

Er sitzt am Tisch, knetet die Hände und denkt nach. »Sehr kompliziert. Aber er vergaß nie, woher er kam. ›Mr Bobbit‹, sagte er, ›vergessen Sie nicht, woher sie stammen.‹ Wenn er auf der Tour andere Entertainer traf, fragte er sie: ›Wann waren Sie das letzte Mal zu Hause?‹«

Bobbit rückt unruhig hin und her, öffnet und schließt die

Türen seiner Erinnerung, vielleicht gehen ihm die guten Geschichten aus. Was soll er ansprechen? Was nicht? Mit Bobbit zu reden ist, als würde man einen lebenden Dinosaurier irgendwo in einem Museum interviewen und ihn fragen, was er zuletzt gegessen hat. Aber seine letzte Mahlzeit interessiert ihn nicht, ihn interessiert immer nur die nächste. Er gehört zu einer aussterbenden Spezies: Amerikas Soul-Musik-Manager sind Männer – meist waren es Männer, wenn auch Gladys Hampton, die Frau von Lionel Hampton, eine unglaublich clevere und geschäftstüchtige Managerin war –, die genau wissen, wo jedes einzelne Skelett begraben liegt. Sie kennen jedes Geheimnis. Und sagen nie etwas. Bobbit ist da in vieler Hinsicht ein typischer Vertreter seiner Art.

Wenn er auch weder singt noch tanzt, wird er doch bei einigen Brown-Songs als Koautor genannt, hauptsächlich bei kleineren Hits. Amerikas Musikkataloge sind voll mit Managern, die auch als Koautoren fungieren. Duke Ellingtons Manager Irving Mills wird als Koautor bei einigen der bekanntesten Duke-Hits aufgeführt, und dabei war er, soweit ich es weiß, nur als Manager bekannt, während der große schwule Komponist Billy Strayhorn weit wichtiger für Dukes Musik war. Wobei Duke Ellington die glitschige Stange des Erfolgs ohne Mills nie so weit hätte hinaufklettern können. Mills gilt als einer der Ersten, der Schwarz und Weiß bereits im New York der 1920er auf der Bühne zusammenbrachte. Talent ist nur das Dessert im Menü des Pop-Business. Es geht darum, wer die wilde Fahrt auf dem Karussell erträgt, die dich zwingt, dich von deiner Selbstachtung zu befreien, von Anstand und Moral, und die Pistole zu ziehen, um den Wettbewerb zu bestehen. Schlag sie mit dem Knauf nieder, statt sie glatt zu erschießen, und dann zieh sie wieder hoch und sage: »Los doch, noch mal.« Ein Leben in der Popmusik kann jeden deiner Träume vernichten. Die alten Plattenmacher in Browns Leben, Henry Stone in Miami, Ben Bart von Universal, Charles Bobbit, sind die Überlebenden in einem Spiel, das nicht für alle gut endet. Es ist ein Spiel mit ungeschriebenen Regeln, die alle verstanden und die allen wichtig waren: Frisches Obst. Altes Obst. Schlechtes Obst. Gutes Obst. Verkauf es, wenn du kannst, weil wenn nicht, tut's der Nächste, und wenn die Feds anklopfen und was über Schmiergeld und DJs wissen wollen, oder wenn ein Anwalt mit polierten Schuhen auftaucht und Geld will, erinnere die Scherzbolde daran, dass sie wahrscheinlich auch eine Konservendose am Schwanz hängen haben, die man bis zur Federal Communications Commission oder einem Unterkomitee des Senats hören könnte, wenn sie versuchen, zu viel Lärm um dich zu machen. Alle im Plattengeschäft haben Geheimnisse, und das offensichtlichste Geheimnis ist genau das, was die Musiker am schwersten akzeptieren können: Talent gibt es überall. Ich weiß noch, wie ich vor Jahren mit einem legendären Plattenmanager in Los Angeles geluncht und ihn vollgequatscht habe mit all den großartigen unbekannten Sängern, die ich kannte. Der Mann hörte zu, nickte, gähnte und nahm einen Bissen von seinem Triple-Decker-Sandwich. »Tolle Sängerinnen und Sänger«, sagte er kauend, »gibt's wie Sand am Meer.«

In dieser Hinsicht ist Bobbit eine Mischung aus General Patton und Knetgummi. Man kann ihn hierhin und dorthin biegen, langziehen wie ein Gummiband, in den Schwitzkasten nehmen oder mit einer Kopfnuss traktieren, ihm gar mit Gefängnis drohen, er wird nichts sagen, was er nicht sagen will. Er ist Zeuge von mehr schwarzer Geschichte, als die meisten von uns je sehen werden, war Mitglied der Nation of Islam Mosque No. 7 im alten Hauptquartier an der Ecke von 116th Street und

Lenox Avenue in Harlem 1953, als zwei vielversprechende junge Geistliche, Malcolm X und Louis Farrakhan, der selbst ein geachteter Musiker war, an Bord kamen. Malcolm X war der Abtrünnige, der die Nation verließ und am 21. Februar 1965 im Audubon Ballroom in Harlem ermordet wurde. Farrakhan, ein Calypso-Sänger und Violinist, blieb. Bobbit kannte sie beide und sagt nie ein Wort über sie. Er war in den 60ern bei James Brown, als alle von den Black Panthern bis zur Mafia an die James Brown Revue heranwollten. Keine Chance. Brown wehrte sie ab, mit Schmiergeld, Gefälligkeiten, Konzerten und der Entschlossenheit, sich mit einer treuen Mannschaft zur Wehr zu setzen, in der Bobbit zugleich Lieutenant und Soldat war. Bobbit hielt in den 1970ern sogar den Kopf für Brown bei einer Schmiergeldintrige hin, indem er zugab, Frankie Crocker, dem legendären DJ von WBLS in New York, sechstausendfünfhundert Dollar gegeben zu haben, damit er Browns Platten spielte. Es kostete Bobbit Tausende an Anwaltskosten und eine zweijährige Bewährungszeit, um sich aus etwas herauszulavieren, was damals im Plattengeschäft gang und gäbe war.

Ich würde gern mehr darüber erfahren und frage Bobbit: »Hat Ihnen Mr Brown geholfen, als Sie den Kopf für ihn hingehalten haben?«

Bobbit lächelt, es trieft bis auf den Boden. »Das ist eine andere Geschichte für eine andere Gelegenheit«, sagt er. Diese andere Gelegenheit wird natürlich nie kommen. Stattdessen erzählt er mir von einer Wahrsagerin, die wusste, dass er nie ins Gefängnis gehen musste, nachdem er Brown bei dem Prozess so aus der Patsche geholfen hatte. »Alles, was sie sagte, ist eingetreten. Dank Gott, Allah, Jehova. Wie immer Sie ihn nennen wollen. Ich bin sauber daraus hervorgegangen.«

Kommt man vor einigen der alten Bandmitglieder auf Bobbit zu sprechen, versteift sich die Atmosphäre im Raum etwas. Ihr Lächeln bewegt sich zur Seite und treibt ziellos von links nach rechts, wie ein Tropfen Olivenöl auf einem Teller Wasser. Sie waren Freunde. Alle gehörten zur selben Truppe, alle erfuhren die gleiche Härte. Sie arbeiteten für Mr Brown, also sozusagen auf derselben Plantage. Aber Bobbit war zugleich Freund und Antreiber, er hatte Aufgaben, die in späteren Jahren Buddy Dallas und David Cannon zufielen. Der Rechtsstreit, der diese beiden Männer fast zerstörte, forderte auch der Karriere von Adele Pope, Anwältin aus South Carolina, einiges ab, einer erfahrenen, angesehenen Nachlassverwalterin und der einzigen wichtigen weiblichen Anwältin in dem Fall. Allein Bobbit, der James Brown so nahe gewesen war wie nur irgendwer auf dieser Welt, kam relativ unbeschadet davon. Es war Browns letztes Geschenk an ihn. »Mr Brown sagte mir vor seinem Tod: ›Ich weiß, Sie fragen sich, bei allen Dingen, die wir untereinander besprochen haben, warum ich Sie nicht zu einem Treuhänder oder so gemacht habe. Ich werde es Ihnen sagen: Ich will nicht, dass Sie da hineingezogen werden. Wenn ich sterbe, gibt's ein großes, großes Durcheinander. Wenn Sie dabei wären, würden Sie in die Mitte gerückt und alle mögliche Schuld würde auf Ihnen abgeladen. Es wird zehn Jahre oder mehr dauern, bis Klarheit geschaffen ist, weil die nicht wissen, wie sie's machen sollen. Der Grund dafür ist, dass die Leute Mr Brown nicht kennen.‹«

»Und wer ist Mr Brown?«, frage ich, denn auch nach etlichen Stunden sind wir da nicht weiter als ganz zu Anfang.

»Er wollte nicht, dass man ihn kannte.«

»Warum?«

Bobbit zögert einen Moment, betrachtet seine Hände und sagt endlich: »Aus Angst.«

»Vor was?«

Bobbit, der Meister-Erzähler, spinnt eine Weile an seinem Garn und sagt dann: »Vor den Weißen. Er war der Mr *Say-It-Loud*, aber er wusste, den Weißen gehört die Plattenindustrie. Er war nicht dumm. Er wollte vorn bleiben. Das sagte er mir immer wieder: ›Bleiben Sie vorn, dann kontrollieren Sie das Gespräch. Lassen Sie sich nicht über den Mund fahren, Mr Bobbit.‹ So hielt er es, selbst wenn er völlig falschlag.«

Er nimmt einen Schluck Wasser, und seine Erinnerung wandert zurück zu einem lange vergessenen Ereignis: dem Kampf zwischen Muhammad Ali und George Foreman in Zaire 1974, bei dem Brown und etliche andere Entertainer auftraten, dem berühmten *Rumble in the Jungle*.

»Sie hatten ein Flugzeug für die Künstler gechartert. B.B. King saß drin, Etta James, Sister Sledge und Bill Withers. Brown wollte seine Ausrüstung mitnehmen. Ich sagte: ›Das müssen Sie nicht. Im Übrigen haben sie eine andere Stromspannung in Afrika. Da gibt es 220, bei uns 110 Volt.‹ Aber er bestand darauf. Sie mussten dann eine Menge von seinem Zeug wieder aus dem Flugzeug rausholen, weil es zu schwer war. Er hielt den Flug auf. Die Maschine war so voll, dass sie kaum vom Boden hochkam. Oh mein Gott, Bill Withers drehte schier durch. Sie kamen zu spät nach Zaire wegen Bruder Brown.

Mobutu (der Präsident von Zaire) war berühmt dafür, Diamanten zu verschenken. Er ließ verbreiten, die Künstler sollten nach dem Konzert noch eine Weile bleiben, aber Mr Brown sagte: ›Ich bleibe nicht.‹

Er kam von der Bühne, ging in seine Garderobe, zog sich um und fuhr geradewegs zum Flughafen, wo er Stunden warten musste. Und er hätte einen Beutel Diamanten bekommen können. Aber er war ein Mann, der tat, was er tun wollte. So war er.

Deshalb sage ich, die meisten Leute kennen James Brown nicht. Sie kennen diese Seite von ihm nicht. Er ließ sie nur sehen, was er sehen lassen wollte.«

Bobbit sitzt grübelnd da.

»Haben Sie sich von ihm eingeschlossen gefühlt?«, frage ich.

»Nein«, sagt er leise. »Ich hab diesen Mann geliebt.«

Einundvierzig Jahre nachdem sich die beiden kennengelernt hatten, in den frühen Morgenstunden des ersten Weihnachtstages 2006, im Emory Crawford Long Hospital in Atlanta, bewahrheitete sich James Browns Vorhersage über sich und Charles Bobbit: *Ich und Sie, wir bleiben zusammen, bis einer von uns stirbt.* David Cannon war ein paar Stunden zuvor gegangen. Andre White, ein anderer enger Freund Browns, war gekommen und hatte ihm die Füße massiert, war dann aber auch wieder gegangen. Brown lag auf der Intensivstation, und sein Körper stellte die Arbeit ein. Seine Knie, seine Prostata, sein Herz, seine Zähne, die Lunge, nichts wollte mehr. Außer Charles Bobbit und James Brown war niemand im Raum.

Da setzte sich Brown plötzlich auf und sagte: »Mr Bobbit. Ich brenne! Ich brenne! Meine Brust verbrennt!« Damit legte er sich wieder hin und starb.

»Er schloss die Augen, ich fühlte seinen Puls, aber er hatte keinen mehr«, sagt Bobbit. »Ich weiß nicht, warum, aber ich sah auf die Uhr. Es war ein Uhr einundzwanzig, am Weihnachtsmorgen, und ich fühlte seinen Puls, aber er hatte keinen mehr. Ich griff nach dem Telefon, rief die Schwester, und sie kamen alle gerannt. Bis Viertel vor zwei haben sie es noch probiert und ihn dann für tot erklärt. Der Arzt sagte, ich solle hinausgehen, und ich ging und stand in der Tür, während sie sich abmühten. Dann sagte der Arzt: ›Sie können auch bleiben. Er ist gegangen.‹

Ich sagte: ›Gegangen?‹

Er sagte: ›Der Mann ist tot.‹

›Tot? James Brown ist tot?‹

Er sagte: ›Jaja. Er ist tot. Alle Menschen sterben.‹

Dann zogen sie die Decke hoch um seinen Hals. Sie deckten ihn nicht mal ganz zu. Sie zogen nur die Decke hoch und gingen hinaus.«

Kapitel 15

Das Schundblatt, das niemand liest

Sue Summer steuert ihren lädierten 2010er Toyota Prius über die Straßen von Newberry, South Carolina, als gehörte ihr die Stadt, biegt nach links, nach rechts und wieder nach links. Sie hat es eilig an diesem heißen Augustnachmittag, ihre zwei Jahre alte Enkelin Eleanor muss bald abgeholt werden. Eleanor ist eine echte Schönheit. Eine typische zukünftige Südstaatenschönheit? Nicht ganz, denn ihre stämmige, attraktive zweiundsechzigjährige Großmutter kümmert sich viel um die Kleine, und so ist Sue niemandes Schönheit. Sie spielt in der obersten Klasse, mit den großen Jungs.

Sie kommt am alten, Anfang des zwanzigsten Jahrhunderts erbauten Postamt vorbei. Der Benzinmotor bittet laut heulend um Gnade, bevor der Wagen bergab ins stumme Fach wechselt, nur vier Straßen von Bubba's entfernt, der Kneipe, in die ihr Bruder Danny Davis, ein Ex-Marine, der zweimal in Vietnam war, seine Soldatenfreunde schleppte, damit sie seine hübsche kleine Schwester »Annie Laurie« kennenlernten. Damals, als er noch in der Ausbildung in Camp Lejeune, North Carolina, war, einen Staat weiter, rief Danny Sue an und sagte: »Ich komm übers Wochenende nach Hause, Annie Laurie. Ein Kumpel nimmt mich mit.« *Annie Laurie.* Es war ein Code, der besagte, dass er neben einem Army-Trottel stand, für gewöhnlich einem Yank, der Danny umsonst nach Hause bringen sollte, weil er hoffte, bei einer von Dannys hübschen Southern-Belle-Schwestern Glück zu haben. Glück konnte er schon haben, zum Beispiel, wenn ihn Sue nicht unter den Tisch trank und zu Fuß nach Hause schickte. *Annie Laurie.* Yankees sind so dämlich.

Surrend passiert sie die C&L Railroad in der O'Neal Street und kommt in den Teil der Stadt mit den alten Baumwollfabriken, in dem ihre Mutter aufwuchs, biegt ab und prescht an der Newberry Middle School vorbei, direkt über dem heiligen Feld, auf dem einmal die Baseball-Legende Shoeless Joe Jackson mit der Mannschaft der Fabrik im nahen Greenville gespielt hat. Shoeless Joe ist der Bursche vom Chicago-Black-Sox-Skandal der World Series von 1919. Er nahm Schmiergeld, damit seine Mannschaft verlor, spielte aber dennoch auf Sieg. Bis zu seinem Tod stritt er ab, betrogen zu haben. Hier unten glauben sie ihm.

Sie biegt in eine von Bäumen gesäumte Straße, weicht einem Jungen mit einem Hund aus und fährt auf den Staats-Highway, immer noch mit hohem Tempo. Die ordentlichen Vorstadtheime weichen Farmland, holzverkleideten Häusern, Wohnwagen, auf Betonblöcken stehenden, von Unkraut umwucherten Autoruinen und winzigen Kirchen mit Plakaten, wie ich sie vorher schon gesehen habe: »Wie würdest du dich fühlen, wenn Gott dir nur eine Stunde in der Woche zuhörte?«, und: »Für mich kein I-Pad, I-Pray.« Gott ist hier unten in South Carolina eine ernste Angelegenheit. Wer hier abfällig über den Herrn, unseren Gott spricht, der sein Blut für uns alle vergossen hat, kann leicht eins über den Schädel gezogen bekommen, und zwar heftig genug, um den Rest seines Lebens so gebeugt zu fristen wie eine Blume nach einer Woche ohne Regen.

Sue hält gegenüber einer bescheidenen Schule, gleich bei Silverstreet, einer ruhigen Landstraße. Sie deutet aus dem Fenster ihres Autos. »Da sind wir«, sagt sie. »Das ist sie.«

Ich sehe zur Reuben Elementary School hinüber. Dort unterrichtet Sues Tochter. Die Schule hat einen »Rucksack-Dienst« wie Sues Kirche ihn auch in der nahen Gallman Elementary unterhält. Dieser »Rucksack-Dienst« versorgt jeden Tag Dutzende Kinder mit einem kostenlosen Frühstück und Mittagessen, und er heißt so, weil die Freiwilligen irgendwann feststellten, dass die Bedürftigkeit so groß war, dass sie den Kids auch was fürs Wochenende mitgeben mussten, weil sie zu Hause nicht genug zu essen bekamen. »Wenn wir ihnen das Essen in Papiertüten mitgegeben hätten, hätte das die Armen ausgesondert«, sagt Sue, also haben sie ihnen die Rucksäcke mit Cornflakes, Suppe, Erdnussbutter und Crackern gefüllt, damit sie bis Montag versorgt waren. Viele dieser Kinder sind weiß. Ihre Eltern halten Kühe im Garten, wegen der Milch, und haben gleichzeitig zwei, manchmal drei Jobs, um über die Runden zu kommen und ihren Stolz nicht zu verlieren.

Das sind die Kinder, denen James Brown sein Geld hinterlassen hat, und während die Rechtsstreitigkeiten unverändert weitergehen und der Wert des Nachlasses heftig sinkt, können sich die Kinder der Reuben Elementary School immer noch kein Schulessen leisten. Und nicht nur das: Weil so viele Kinder in Newberry County ohne Stift und Papier in die Schule kommen, haben Freiwillige eine Schulmaterial-Aktion gestartet – Sue ist schon seit fünfzehn Jahren dabei – und sammeln Stifte, Papier und Schreibhefte für die Kinder. Stell sich das einer vor, im Amerika des neuen Milleniums. Das sind die Kinder, von denen wir erwarten, dass sie mit denen aus Frankreich, China, Japan und Russland konkurrieren, und wenn sie keinen Erfolg haben, sagen wir, es ist ihr Fehler. Oder: Es liegt an den Videospielen. Den Eltern. Dem Hiphop. Nur die Anwälte und Politiker ein Stück die Straße hinauf sind nicht schuld, die sich am Geld dieser Kinder gütlich tun und ein eigentlich wasserdichtes Testament anfechten, für das James Brown zwanzigtausend Dollar ausgegeben hat.

Sue sitzt am Steuer ihres Autos und sieht zu dem leeren Schulhof hinüber. Ohne ein Wort schaltet sie in den Rückwärtsgang, wendet den Wagen und steuert zurück in Richtung Stadt.

Auf der Hinfahrt war sie gut gelaunt, doch jetzt graben sich tiefe Furchen in ihre Stirn. Sie fährt düster schweigend. Unkraut und schäbige Häuser huschen vorbei, während ihr alter Toyota Geschwindigkeit aufnimmt. Ich murmele, was für eine Schande das alles doch ist.

Sie sagt noch eine ganze Weile nichts, sondern sieht nur starr geradeaus. Endlich dann bricht sie ihr Schweigen: »Sie lügen alle«, sagt Sue. »Das ist mein Schluss.«

Sue Summer betreibt die Art von Journalismus, die sie uns, als ich 1980 dort studierte, an der Columbia University Graduate School of Journalism beizubringen versuchten. Ich weiß noch, wie ich an kalten Herbsttagen morgens um acht in den großen Hörsaal an der Ecke 116th und Broadway stolperte, mir den Schlaf aus den Augen rieb und mich tief auf meinen Platz in einer der hinteren Reihen sinken ließ, während uns der First-Amendment-Anwalt Benno Schmidt und der mächtige Fred Friendly, der Präsident von CBS News, die Bedeutung einer freien Presse in einer demokratischen Gesellschaft nahebrachten. Friendly war eine große, hoheitsvolle Erscheinung und so freundlich, wie sein Name es besagte. Er schritt vor uns auf und ab und unterhielt uns in seinem dröhnenden Bariton mit Geschichten über das hin- und herschwingende Pendel des Freedom of Information Act und wie er es wie einen Baseballschläger benutzte, um Türen einzutreten und aus den Quellen die Wahrheit herauszuholen. Er erinnerte sich an die Kämpfe, das Armdrücken, die Anspannung und die wütenden Auseinandersetzungen in den rauchgeschwängerten Produktionsräumen der CBS News Sekunden vor Sendebeginn, und wie er und der legendäre Radio- und Fernsehjournalist Edward R. Murrow mit dem Network rangen und es dazu zwangen, irgendeinen abscheulichen öffentlichen Skandal ins Visier zu nehmen oder einen aalglatten Ganoven, der seine Rechnungen mit ausländischem Geld bezahlte. Wie elektrisiert kam ich aus diesen Vorlesungen, bereit, aus dem Fenster zu springen und den Freedom of Information Act direkt dort, an Ort und Stelle, zu verteidigen, ihn zu konservieren und einzulegen, wie meine Tante Parthenia es daheim in Virginia mit Pfirsichen machte, um ihn anschließend wie eine Handgranate durchs Fenster jedes Pressefeindes zu werfen, der mir in die Quere kam. So inspiriert war ich.

Dann, nach dem Studium, brauchte ich einen Job. Und das war's dann.

Hätte ich gewusst, dass ich einmal Sue Summer kennenlernen würde, hätte ich mir womöglich mehr Mühe gegeben. Seit mehr als zwanzig Jahren arbeitet Sue nun als Reporterin und Kolumnistin für den finanziell klammen, einhundertdreißig Jahre alten *Newberry Observer*. Mehr als drei davon, seit August 2011, ist sie die einzige Journalistin, die das Recht der Öffentlichkeit auf Informationen im Fall James Brown überwacht, der sich seit mehr als neun Jahren unter dem Mantel fast völliger Geheimhaltung hinzieht, mit siebenundvierzig Klagen und über neunzig Anwälten.

Das Setup: Man stelle sich einen Boxring vor. In der einen Ecke steht ganz allein die Journalistin einer Kleinstadtzeitung, eine Großmutter, die den Löwenanteil ihres Berufslebens mit Backrezepten, witzigen Geschichten und Klatsch aus der Region zu tun hatte und plötzlich über eine große Geschichte stolpert. In der anderen Ecke stehen einige der reichsten, mächtigsten Musikmanager und politischen Gegner, denen niemand begegnen will, aus L.A., Atlanta und natürlich South Carolina. Auch sie sind über eine Geschichte gestolpert, die Geschichte einer Kiste voller Gold, eines Nachlasses und Testaments eines Toten, das noch nicht bis vor ein Nachlassgericht gelangt ist, das alles eingefroren und so gelassen hätte, wie der Tote es wollte. Stattdessen liegt die Sache wie ein Stück blutiges Fleisch beim Bezirksgericht. Wobei es nicht irgendein Testament ist, nicht von irgendjemandem. Es ist das Testament eines Schwarzen namens James Brown, eines verdammten Störenfrieds, der South Carolina einen Haufen Ärger gemacht hat, und das Einzige, was zwischen diesen Männern und James Browns Goldkiste steht, ist diese kleine, alte Frau und ihre kleine, alte Zeitung, die einer von ihnen »ein Schundblatt, das niemand liest« genannt hat.

Nun, wie sich zeigt, weiß diese alte Oma durchaus auszuteilen. Sie ist schnell wie Muhammad Ali und hat den Mut von Joe Frazier. Und das hier sind einige ihrer mächtigen Gegner, über die sie in ihrem Schundblatt, das niemand liest, schreibt, die Burschen in der anderen Ecke: Louis Levenson, der einige von Browns Kindern vertritt; die Anwälte Robert Rosen und S. Alan Medlin, Letzterer Juraprofessor an der University of South Carolina, die zusammen Tomi Rae Hynie vertreten, Browns Freundin, die später zu seiner Frau erklärt wurde; Aiken-County-Richter Doyet Early III, der dabei geholfen hat, James Browns ursprüngliche Stiftung aufzulösen, und dessen Urteil von 2015 Browns Freundin zu seiner »Witwe« machte; Peter Afterman, ein Produzent aus L.A., der den Musikkatalog der Rolling Stones vertritt; Russell Bauknight, Verwalter des Nachlasses von James Brown, der das Management des Musikkatalogs, also der Rechte, gleich an Afterman übertragen hat; die mächtige South-Carolina-Kanzlei von Nexsen Pruet, die, neben anderen, Bauknight repräsentiert; sowie das wechselnde Team aus Henry McMaster und Alan Wilson, dem früheren und gegenwärtigen Staatsanwalt, die der mächtigsten Rechtsvollzugsinstitution des Staates von South Carolina vorstehen.

Das sind die Schwergewichte. Sie repräsentieren Geld, Macht und Einfluss. Und die kleine, alte Sue Summer bereitet ihnen allen Kopfschmerzen. Warum? Weil sie zäh ist? Intelligent? Journalistin? Was?

»Weil ich deutlich bin«, sagt sie einfach.

Schön deutlich.

Die Auseinandersetzungen begannen bereits Stunden nach Browns Tod am 25. Dezember 2006, zunächst um seine Bestattung, doch schon bald folgte das erste rechtliche Sperrfeuer von zwei Parteien, Browns »Witwe« Tomi Rae Hynie und fünf von Browns anerkannten Kindern. Beide behaupteten, Brown sei gegen Ende seines Lebens von seinen von ihm ausgewählten Nachlassverwaltern Buddy Dallas, David Cannon und Albert »Judge« Bradley »unangemessen beeinflusst« worden. Die drei wurden von Aiken-County-Richter Early 2007 ihrer Ämter enthoben. Zu Nachfolgern ernannte er zwei örtliche Anwälte, Robert Buchanan und Adele Pope. Es folgte eine Fülle von Klagen und ein wildes rechtliches Durcheinander, einschließlich einer hastig anberaumten Versteigerung persönlicher Gegenstände Browns bei Christie's in New York, um die Anwaltskosten zu decken. Heraus kam eine ziemlich dürftige Summe für einige offenbar wertvolle Dinge.

Die Auseinandersetzungen kamen nie wirklich zur Sache. Es gab Anhörungen, um Anhörungen zu beschließen. Anhörungen zum Status anderer Anhörungen. Anhörungen hierfür, Anhörungen dafür. Zwei Gutachten zu Browns weltlichen Besitztümern. Kalkulationen und noch mehr Kalkulationen und Hunderte von Fragen, gestellt von Anwälten, die ihre Bemühungen, natürlich, dem Nachlass James Browns in Rechnung stellten. Sue kam 2011 dazu, als sie hörte, dass es eine Anfrage gemäß des Freedom of Information Act gebe. Die Anfrage hatte mit Tomi Rae Hynie zu tun, die Brown im Dezember 2001 geheiratet hatte. Brown stellte 2004 einen Antrag auf Annullierung der Ehe, als er erfuhr, dass Tomi Rae bereits mit einem anderen Mann verheiratet war. Das bedeutete damals natürlich, dass Hynie, die auf einen Prozentsatz seines Vermögens aus war, bei Browns Tod nicht seine Frau war. Tomi Rae führte ein Tagebuch, das angeblich sachdienliche Informationen über die Ehe oder Nicht-Ehe enthielt. Dieses Tagebuch wurde von Richter Early unter Verschluss gehalten, der es komplett konfiszierte, 2008 eine Nachrichtensperre darüber verhängte und sieben Jahre später das Urteil ergehen ließ, dass Hynie tatsächlich Browns Frau gewesen sei. Das Urteil erging, nachdem unsäglicherweise Hunderttausende von Browns Geld für Anwaltskosten ausgegeben worden waren.

In der Zwischenzeit hatten einige von Browns Kindern ihre eigenen Klagen eingereicht. Sie wurden und werden angeführt von Deanna Brown Thomas, der Hauptklägerin im Verfahren der Kinder. Brown Thomas begrub ihren Vater in ihrem Garten, ebenjenen Vater, den sie zusammen mit ihrer Schwester Yemma 2002 auf Tantiemen an Songs verklagt hatte, bei denen er sie zu Koautoren ernannt hatte, als sie drei und sechs Jahre alt waren. Das Gezerre zwischen den Parteien heizte sich derartig auf, dass sich der große Staat Georgia, dem die Hälfte der Ausbildungsstiftung Browns zusteht, zurückzog und es South Carolina überließ, die Sache auszufechten.

Durch die Auseinandersetzungen stürzte der Nettowert von Browns Nachlass, der nach seinem Buchhalter Cannon gut und gerne einhundert Millionen Dollar betrug, auf geschätzte, umstrittene vier Komma sieben Millionen ab, eine Zahl, die der vom Gericht eingesetzte Nachlassverwalter Russell Bauknight 2009 bekannt gab. Bauknight, sechsundfünfzig und aus Irmo, South Carolina, taucht in vielen von Sues Artikeln auf. Er ist klein, Buchhalter und derjenige, der den *Newberry Observer* als »ein Schundblatt, das niemand liest« bezeichnet hat. Darüber hinaus ist er stellvertretender Captain der Reserve des Lexington County Sheriff Departments, ernannt von einem Sheriff, der 2014 von der Bundespolizei wegen Bestechlichkeit angeklagt wurde. Bauknights Buch- und Rechnungsprüfungsfirma hat durch die Arbeit mit dem Nachlass des Godfather of Soul einige hübsche Einkünfte erwirtschaftet, dreihundertfünfundvierzigtausend Dollar im Jahr 2013 und dreihundertfünfzehntausend Dollar im Jahr 2014. Er selbst wird von der riesigen South-Carolina-Kanzlei von Nexsen Pruet vertreten, für die einhundertneunzig Anwälte arbeiten. Die Kanzlei stellte dem Nachlass für die Jahre 2013 und 2014 eins Komma sechs Millionen an Kosten in Rechnung. Bauknight, Nexsen Pruet, das Büro der Staatsanwaltschaft von South Carolina und die Anwälte der Brown-»Witwe« Tomi Rae Hynie, Medlin und Rosen, sind die Schlüsselfiguren in Sue Summers mehr als sechzig Artikeln zum Fall Brown. Ein Ergebnis: Sie wurde dreimal gerichtlich vorgeladen, einmal im Mai 2012, dann noch einmal sechs Monate später und wieder im Januar 2015. Bei den Terminen wurden von Summer Notizen, Tonaufnahmen, Quellen und Kontaktadressen verlangt. Sue weigerte sich, etwas herauszugeben. Eine der Vorladungen wurde überbracht, als sie gerade ihre damals einjährige Enkelin Eleanor schlafen legte. Sie sagte dem Boten: »Kommen Sie noch mal, wenn sie schläft.« Der Mann tat es. Zu ihrer zweiten Vorladung erschien sie mit Zahnbürste, Zahnpasta und zusätzlicher Unterwäsche für einen möglichen Gefängnisaufenthalt in der Handtasche. Einmal brachte sie ihre zweiundachtzigjährige Mutter Ethel mit, als »Backup« für den Fall, dass sie ihr Anwalt von der South Carolina Press Association nicht vor dem Gefängnis bewahren konnte. Bauknight und eines seiner Anwaltsteams behaupteten, die öffentlichen Dokumente, die Summer auf ihrer Facebook-Seite postete und im *Observer* abdruckte, stünden der Lösung des Falles James Brown auf seinem Weg zum Obersten Gericht South Carolinas im Wege. Währenddessen breitete eine zweite, Bauknight vertretende Kanzlei ihre Argumente direkt vor der Anhörung vor dem Obersten Gericht aus – in einem Interview mit dem Nexsen-Pruet-Anwalt David Black, das in über vierhundert Zeitungen erschien.

Es gab einmal eine Zeit, sagen wir, vor dreißig Jahren, als eine Geschichte, die so schlecht roch – Anwälte und Politiker, die sich um für Arme gedachtes Geld streiten und dabei eine einzelne Journalistin schikanieren –, in Amerika keine Zukunft hatte. Der Geruch wäre aus South Carolina nach Norden geweht, zum *Philadelphia Inquirer* zum Beispiel. Die Redaktion dort saß in den 1980ern voll mit einigen der besten Journalisten, die es je in diesem Land gab, allen voran den legendären Redakteuren Gene Foreman, Gene Roberts, einem weißen Südstaatler, der für die *New York Times* über die Bürgerrechtsbewegung berichtete, und Jim Naughton, einem der größten Zeitungsredakteure aller Zeiten. Der alte *Philadelphia Inquirer* hätte eine solche Geschichte mit der Gewandtheit eines Berglöwen aufgegriffen und wie einen Leckerbissen verschlungen. Die Ratten wären davongehuscht, die Burg ins Wanken geraten, und die großen Networks hätten den Rest besorgt. Dann wäre es vorbei gewesen und das Geld für die Bildung armer Kinder verfügbar geworden. Heute sind in Amerika die gedruckten Zeitungen die armen Kinder von nebenan, die ihre Werbeeinnahmen verlieren, und die einst mächtigen Nachrichtenredaktionen der großen Networks bewegen sich wie angeschlagene Boxer, erdrückt von Kürzungen und im ständigen Kampf gegen das Kabelfernsehen, das sich seinerseits gegen die noch in der Entwicklung befindlichen ernsthaften digitalen Nachrichtenseiten zu wehren hat (die Gott sei Dank anfangen, Muskeln zu zeigen), gar nicht zu reden von den Klatschseiten im Netz, die eine ständige Zufuhr an Kartoffelchips und Zuckerguss als Nachrichten verkaufen.

Ende 2014 schlenderten zwei unternehmungslustige Reporter der *New York Times*, Larry Rohter und Steve Knopper, nach South Carolina, lüfteten den Deckel und gaben der Nation eine satte Dosis des Gestanks darunter zu riechen. Ihre Titelgeschichte im September 2014 besagte im Grunde genau das, was Sue Summer in ihrem Schundblatt, das niemand liest, sagt: dass der Großteil des brownschen Nachlasses nicht bei den Kindern angekommen ist, denen er zugedacht war, stattdessen Millionen an Anwälte und Gläubiger gezahlt wurden und alles noch tief im Sumpf der Klagen steckt. Tags darauf rief die Londoner

Times bei Sue Summer an und war interessiert, die Geschichte weiterzuverfolgen. »Jetzt«, sagt Sue grimmig, »wissen die, dass da jemand zusieht.«

Die traurige Wahrheit ist jedoch, dass selbst wenn die größten Journalisten der Welt nach South Carolina kämen, um die Fakten auszugraben, sie ihre Schwierigkeiten damit hätten. Dieser Fall reicht so tief in die Geschichte hinein, dass nur eine mit den örtlichen Umständen vertraute Person wie Sue das alles zu durchschauen vermag. Der Fall wurzelt in Rassenproblemen, Blutsverwandtschaften, Vetternwirtschaft und Fehden, die bis in die Zeit der Sklaverei und die darauf folgende »Reconstruction« zurückreichen. Nur eine Ortsansässige versteht zum Beispiel, dass Adele Pope, die gegen das gleiche Einschüchterungsnetzwerk ankämpfte, das auch damit drohte, Sue einzusperren, eine Hammond und ihr Ururgroßvater der ehemalige Gouverneur South Carolinas James Henry Hammond ist, dem einmal das Land gehörte, auf dem James Browns Haus steht. Nur eine Ortsansässige versteht, dass sich der ehemalige Bundesstaatsanwalt Henry McMaster, der den Fall James Brown für zusätzliche fünf Jahre vor die Gerichte beförderte, indem er 2008 Browns Testament umschrieb, zu der Zeit in einer misslingenden Bewerbung um das Gouverneursamt befand und ein Spendensammler für die School of Law der University of South Carolina war, an der Tomi Rae Hynies Anwalt, S. Alan Medlin, Professor ist und die fast alle in diesen Fall involvierten Anwälte und Richter besucht haben, Richter Early eingeschlossen, der seinen Teil dazu beigetragen hat, dass der Leichnam die Straße hinuntergetreten wurde, damit alle was davon abbekamen. Viele dieser Männer, es sind kaum Frauen dabei, kennen sich. Sie spielen sich gegenseitig die Bälle zu. Sie gehen zusammen essen. Sie vergeben Aufträge untereinander. »Dieser Fall ist eine Art Milchfarm«, sagt Sue. »Eine politische Milchkuh, die sie alle nährt. Und sie melken und melken sie.«

Sue und ich sitzen am Küchentisch ihres hübschen Hauses in Newberry mit einer Drehplatte in der Mitte (»die ich nie gemocht habe«, scherzt sie), die der Großvater ihres Mannes Henry gebaut hat. Ich frage Sue, ob ihr James Brown früher als junger Frau schon ein Begriff war.

»Klar«, sagt sie, »aber damals habe ich probiert, den Shag zu lernen.« Das ist ein Tanz aus South Carolina, und ziemlich kompliziert. Ich hab's selbst versucht und hätte beinahe eine Bauchlandung hingelegt. »Beim Shag«, sagt Sue, »wird einem leicht schwindelig.«

Du schaust tief in die Psyche dieser Frau und bekommst jedes Mal die gleiche Temperatur. Kühl. Entschlossen. Eine tiefe Sturheit, ziemlich viel Menschenliebe und ein langes Gedächtnis für Gutes. Es liegt in ihrer Familie. Sues Mutter hat nach einer schwierigen Scheidung vier Kinder großgezogen. Ihr Bruder Danny kam aus dem Vietnamkrieg zurück und war entschlossen, seinem Leben einen Sinn zu geben. Danny hatte am Maschinengewehr eines Hubschraubers gesessen und verbrachte nach dem Krieg seine mittleren Jahre nicht mit der Hand am Abzug einer Waffe, sondern an der Handglocke einer Kirche. In Mexiko baute er Häuser für Obdachlose, meldete sich für alle erdenklichen Aufgaben in der Kirche und arbeitete als Freiwilliger am dreizehnten Loch des Augusta National Golf Club, dem schwierigen, das zur »Amen Corner« gehört, wie sie es nennen. Da ist Danny auch heute, zumindest ein Teil seiner Asche, hineingeschmuggelt von einem Freund, der sie zwischen Azaleen und dem Grün vergrub. Im Juli 1999 kam er dorthin, im Alter von siebenundvierzig Jahren. Die Bitterkeit Vietnams hat ihn nicht gekriegt, aber der Krebs.

Sue bekommt Danny nicht aus dem Kopf. Er war genauso, wie sich ihre Eltern ihre Kinder vorgestellt hatten. Das ist einer der Gründe, warum sie weiterkämpft, weiter allein in feindliche Gerichtssäle geht, eine einzelne Journalistin von einem Schundblatt, das niemand liest, einem Schundblatt, das der Wachhund für Tausende bedürftiger Kinder ist, die keine Stimme haben und eine anständige Schulbildung verdienen. Für diese Kinder ist das Schundblatt, das niemand liest, das wichtigste Schundblatt der Welt. »Es bricht einem das Herz«, sagt Sue zu der ganzen Geschichte. »Wenn es nicht so schrecklich wäre, könnte man nur lachen.« Sie gluckst bitter.

Sue nimmt mich mit in die Central United Methodist Church. Es ist ein milder Frühlingsnachmittag. Ihre Enkelin Eleanor ist bei uns, Eleanor begleitet Sue überallhin. Wir sind hergekommen, weil Sue mir die schönen Buntglasfenster zeigen möchte. »Die Leute kommen von überall, um sie zu sehen«, sagt sie. Ich kann es verstehen. Zwei deutsche Einwanderer haben sie 1891 angefertigt. Es sind biblische Bildnisse, Jesus mit dem Lamm, der Apostel Paulus, der zum Licht hinaufwinkt, Jesus im Garten Gethsemane, wie er die Trauernden tröstet. Die Fenster sind wundervoll und fast nicht zu beschreiben. Das Glas trägt das Licht und die Farben bis in jede Ecke des weiten Altarraums. Es ist, als stünde der Herr persönlich direkt über dem Gebäude und hielte ein Arbeitslicht in der Hand.

Summer deutet auf ein riesiges Buntglasporträt von Jesus direkt hinter der Kanzel. Er hält die Arme ausgebreitet und winkt. Es ist eines der größten noch erhaltenen Ludwig-von-Gerichten-Fenster, und sie mag es besonders gern. »Ein Sturm hat es beschädigt«, erklärt sie mir. »Die Gemeinde hat das Geld aufgebracht, um es zu reparieren.«

»Wie viel hat es gekostet?«, frage ich.

Sie nimmt ein Gesangbuch, blättert darin und reibt nachdenklich über die Seiten. »Eine halbe Million«, sagt sie. »Irgendwie hat die Gemeinde das Geld zusammenbekommen. Sie sagen, die Fenster sind mindestens vier Millionen wert.«

»Ich wette, das ist mehr als das gesamte Gebäude«, sage ich.

Sie zuckt mit den Schultern und bleibt stumm. Eine seltsame Stimmung scheint den Raum zu erfüllen. Ich hebe den Blick. Die Fenster tauchen alles in ein warmes, schützendes Licht. So eine Kirche habe ich noch nie gesehen, und ich war in vielen.

»Wie oft kommen Sie her?«, frage ich.

Sie lacht und legt das Gesangbuch zurück an seinen Platz.

»Wenn Sie mich danach fragen, ob ich viel bete«, sagt sie, »ist die Antwort ja.«

Sie steht auf, um zu gehen, nimmt die kleine Eleanor und bewegt sich langsam in Richtung Ausgang. Das Abendessen für Henry muss gemacht werden, der ihr bei ihrem Kampf treu zur Seite steht. Ihr erwachsener Sohn kommt zu Besuch nach Hause. Sie hat gerade ein weiteres Freedom-of-Information-Act-Gesuch eingereicht und damit gewissermaßen eine weitere Granate über den Zaun geworfen, um zu sehen, wie es mit dem Fall James Brown weitergeht, was eine neuerliche Vorladung bedeuten könnte, einen weiteren Gerichtstermin für eine Frau, die ein lädiertes Auto fährt und in einem einfachen Haus lebt, in einer einfachen Straße einer einfachen Stadt, wo nichts, nicht mal ein einfaches Geschenk für arme Kinder, einfach ist. Dankenswerterweise haben sich die örtlichen Anwälte Jay Bender von der South Carolina Press Association und Tom Pope, dessen Vater einmal den *Newberry Observer* vertreten hat, für sie ins Gefecht begeben und ihr das Gefängnis erspart. Dieses Mal. Aber was geschieht als Nächstes? Das weiß nur Gott.

Ich sehe ihr hinterher, wie sie an der Kanzel vorbeigeht,

direkt unter dem Buntglasfenster von Jesus im Garten Gethsemane her, der seine Arme zu einem Willkommensgruß ausbreitet. Er lächelt warmherzig über ihre Schulter, während sie auf die Tür zusteuert. Und dann ist sie weg, und die polierte Glastür des Gotteshauses schließt sich ohne ein Geräusch hinter ihr, still, sicher, gesegnet und fest.

Kapitel 16

Sis

Sie rumpelt in einem ansehnlichen Lincoln Continental zu dem heruntergekommenen gelben Haus in Augustas Schwarzenviertel, kommt fast zum Stehen, fährt mit einem Rad auf den Bordstein und plumpst wieder herunter, stoppt und macht den Motor aus. Der Wagen steht etwas schief da. Auf der anderen Straßenseite schlurft ein verdächtig aussehender Kerl in einem weiten T-Shirt und Jeans den Bürgersteig herunter und linst neugierig zu der hübschen, hellhäutigen schwarzen Frau mit dem schönen weißen Hut herüber, die da aus ihrem Wagen steigt. Er hebt eine Hand, um ihr zuzuwinken, langsam und schwer. »Miss Emma.«

»Hey.«

Alle erkennen Miss Emma an ihren Kirchenhüten. Sie hat wenigstens ein Dutzend, in allen Größen und Formen. Aber sie wäre auch so schwer zu übersehen, so stattlich und schön ist sie. Als ich ein Junge war, nannten sie so eine Frau eine »Redbone«. Sie ist sechsundsechzig, sieht aber zwanzig Jahre jünger aus, ist auf die klassische Südstaatenart elegant und cool, nie neugierig oder aufdringlich, stellt keine persönlichen Fragen und hält sich, was das angeht, auch selbst bedeckt. Sogar ihre neugierigen Nachbarinnen wissen nichts von ihren Rückenschmerzen, der Schleimbeutelentzündung und dem brüllenden Schmerz in ihrer Hüfte, der sie etwa einen Monat lang in Schrecken versetzte. Sie ist allergisch gegen so gut wie jede Medizin und auch dagegen, um Hilfe zu bitten. So ist sie großgezogen worden, nur das Gute zu sehen, gut über die Leute zu reden und freundlich zu sein: Sie erinnert sich noch an die Tage ihres Familienunternehmens, McBowman's Motor Inn, in dem über Jahre viele aus James Browns Kreis umsonst unterkamen, Maceo, Rev. Sharpton, Country Kellum, Jimmy Nolen, es waren wundervolle Tage. Sie alle haben Maisbrot, Süßkartoffeln und Huhn an ihrem Küchentisch gegessen. Dann später, als sie in dieses Haus hier zog, folgten ihr viele von ihnen, selbst der Rev kam. Das Haus ist längst zu groß für sie. Die Arbeitsplatte in der Küche ist zu lang, und sie hat Schwierigkeiten, die schweren Töpfe zu heben. Die opulenten Sofas und Sessel, auf denen sich die Musiker ausruhten, wenn sie zu ihr kamen, tun ihrem Rücken weh, wenn sie sich über sie beugt, um sie abzustauben. Der schöne weiße Flügel, auf dem sie einst bis in die frühen Morgenstunden improvisierten, steht stolz im Wohnzimmer, und die Bibel, die daraufliegt, ist eindeutig viel benutzt worden. Die Jungs liebten das Haus. Viele von ihnen sind tot mittlerweile. Aber sie haben immer geschrieben und sie aus der ganzen Welt angerufen, weil sie Miss Emma liebten. Miss Emma und das Haus. Es ist ein schönes Haus, weil Miss Emma darin wohnt. Und Gott wird in ihrem Haus geachtet. Gott ist gut. Immer. Er ist gut zu Miss Emma.

Sie steigt aus ihrem Lincoln in die warme Luft Augustas, wirkt heiter und glücklich, lächelt herzlich und blickt an den alten Häusern entlang. Einige sind vernagelt, die anderen wie ihres ordentlich und gepflegt. Sie sieht die Straße hinauf und hinunter wie jemand, der irgendwo auf Jamaika an einem sonnenbeschienenen Sandstrand steht. Ihr Blick fällt auf mich, der ich leicht verlegen dastehe, und sie lacht.

»Warum stehen Sie da so? Hören Sie schon auf. Kommen Sie ins Haus und gönnen Sie Ihren Füßen etwas Ruhe.«

Ich betrete das Haus einer der vielen Frauen James Browns. Einer Frau, die er liebte. Und sie erwiderte seine Liebe wie keine andere.

Diese Frau, die er Sis nannte.

Als James Brown 2006 zu sterben begann, ihn sein Prostatakrebs langsam auffraß, ihm die Zehen und Zehennägel Probleme machten, seine Zähne keine Ruhe ließen, die Knie schmerzten und der ganze Körper unter Arthritis litt, war eine der Ersten, die den im Bett liegenden, ausruhenden Brown regelmäßig besuchte, Miss Emma, die Frau seines besten Freundes Leon Austin. Auch andere kamen immer wieder: Leon selbst, Al Sharpton, Charles Bobbit, der ehemalige Football-Star Al White, Browns erste Frau Velma und sein Sohn Terry. Velma rief er aus dem Krankenhaus an, wobei er ihr nie sagte, von wo er anrief. Sie alle verstanden ihn, sahen ihn als den, der er war, und wollten nichts von ihm. Aber Miss Emma war etwas Besonderes. Sie war weder ein Mann noch geschäftlich mit ihm verbunden, weder Geliebte noch Ehefrau. Aber sie kannte seine Geschichte und ihn selbst vielleicht besser als seine vier Frauen, mit Ausnahme von Velma (»sie wohnte immer in seinem Herzen«, sagt Emma über sie), denn sie hatte seine letzten drei Ehen und die mit ihnen verbundenen Schwierigkeiten verfolgt. Miss Emma wuchs in Augusta auf, lernte Brown 1966 kennen, nachdem sie Leon geheiratet hatte, und war die eine Frau, die offen mit ihm sprach. 2006, im letzten Jahr seines Lebens, rief er Sis zu allen Tages- und Nachtzeiten an, fast jeden Tag, wenn er zu Hause war, aber manchmal auch auf Tour, besonders wenn Leon krank war. Um zwei Uhr morgens klingelte das Telefon: »Hey, Sis, schläfst du?«

»Nicht mehr, Mr Brown.«

»Wie geht's Leon?«

»Er schläft, Mr Brown. Aber er fühlt sich besser. Danke der Nachfrage.«

»Sag ihm, er soll auf keiner Beerdigung mehr spielen. Die nächste könnte seine eigene sein.«

»In Ordnung, Mr Brown.«

Klick.

Mittags klingelte das Telefon wieder. »Hey, Sis, du weißt, dass ich ein schmutziges Haus nicht ertrage. Womit machst du deine Küche sauber?«

»Da fragen Sie die Falsche, Mr Brown. Da hab ich zwei linke Hände.«

»Du kochst diese Gemüsesuppe!«

»Die kann ich.«

»Könntest du mir eine kochen? Ich bin so um sechs zu Hause.«

»In Ordnung, Mr Brown.«

Am nächsten Abend um elf: »Sis, was machst du gerade? Liest du? Was liest du? Hast du sie heute in der Swanee Quincy Show kreischen gehört? Gott, die haben sich einen abgebrochen, oder ...«

Miss Emma sah, dass James Brown, der für sie immer schon der einsamste Mensch gewesen war, den sie kannte, in jenem letzten Jahr seines Lebens noch weit einsamer wurde.

Setz einen Mann in ein Haus. Überhäufe ihn mit materiellen Dingen, nenn ihn zweiundvierzig Jahre lang einen Star, und dann sag ihm, er ist durch, ein Oldies-Act. Dass er seine eigene Revolution überlebt hat. Das lässt ihn stürzen. Und der Sturz ist lang und schmerzhaft, und niemand fängt ihn auf dem Weg nach unten auf. Brown hatte Geld. Er war berühmt. Er hatte ein großes Comeback hingelegt. Aber er hatte kaum Freunde und Vertraute und schuldete allen etwas: seinen Ex-Frauen für sein Verhalten, seinen Kindern und Enkeln, weil er nicht der Vater und Großvater gewesen war, den sie gebraucht hätten, seinen unehelichen Kindern für die schreckliche Art, wie er sie verleugnete, und natürlich all den Frauen, mit denen er geschlafen und die er missbraucht hatte. Miss Emma jedoch, dieser warmherzigen, positiv denkenden Frau, einer ehemaligen Angestellten eines seiner Radiosender, die sich um seinen besten Freund Leon Austin bis zu dessen eigenem barmherzigen Treffen mit dem Tod kümmerte, Miss Emma schuldete er nichts, und so konnte er sie unbelastet anrufen.

»Sis, könnte sein, dass ich was an meinen Zähnen machen lasse.«

»Haben Sie das nicht schon, Mr Brown?«

»Ich mach es noch mal.«

»Quälen Sie sich nicht, Mr Brown.«

»Ist alles in Ordnung.«

Eine Stunde später:

»Sis, vielleicht lass ich auch was an meinen Zehen machen.«

»Also das sollten Sie, Mr Brown, wenn sie Ihnen Beschwerden machen.«

Eine weitere Stunde später:

»Sis, störe ich?«

»Nicht wirklich...«

Er rief nie an, um sie um etwas zu bitten. Er wollte nur reden. Stundenlang redete er, über alles, von den Inkas bis zu einzelnen Bibelversen. Sie nickte ein, wachte wieder auf, und er redete immer noch. Manchmal ging Leon ans Telefon, und Brown redete bis so tief in die Nacht, dass er seiner Frau den Hörer gab und sagte: »Emma, nimm du ihn.« Dann redete Brown eine halbe Stunde nur über Leon. Aber einen Gefallen? Den wollte er nie. Dazu war er zu stolz. Höchstens mal indirekt, und sie verstand ihn.

»Sis, wann hast du das letzte Mal deine Gemüsesuppe gemacht? Ich weiß, ich hab schon mal danach gefragt, und ich nehme an, du hast es vergessen.«

»Komisch, dass Sie fragen, Mr Brown. Ich wollte heute eine kochen. Ich bring etwas vorbei.«

»In Ordnung, Sis.«

Und sie ging ihre Suppe kochen und brachte sie zu seinem Haus in Beech Island, das so fest verschlossen war und aus dem er seine vierte Frau nach L.A. in die Drogenrehabilitation verbannt hatte. Das Haus, für das seine Kinder einen Termin vereinbaren mussten, wollten sie ihn sehen. Auf fünfzehn Hektar im Nirgendwo hatte er es gebaut, mit Blick auf die mächtigen Türme der Atombombenfabrik. Sie wusste um Browns Paranoia in seinen späteren Jahren, hatte gehört, was er Adrienne, seiner dritten Frau, und Mr Bobbit über die Funktürme erzählt hatte – dass die Regierung Mikrofone in seine Zähne implantiert hatte, so dass sie jedes seiner Worte mithören konnte. Sie störte sich nicht daran. Das war seine Einsamkeit, dachte sie.

Wenn sie ins Haus kam, setzten sie sich in sein Zimmer, er sah fern, und sie redeten über die alten Zeiten und das alte Augusta, nach dem sie sich zurücksehnten, das Augusta, in dem schwarze Geschäfte gediehen und schwarze Kinder nicht dazu gezwungen werden mussten, in die Schule zu gehen, sondern etwas lernen wollten, ordentlich angezogen waren und die Hosen nicht um den Hintern hängen hatten, ein Augusta, in dem die Menschen arm waren, aber ohne Drogenprobleme, in dem die Eltern zu Hause blieben und sich um ihre Kinder kümmerten, und wenn dein Nachbar seinem Kind ein paar hintendrauf gab, weil es etwas angestellt hatte, musste er nicht fürchten, dafür eingesperrt oder gar erschossen zu werden. Sie hatte sich diese Gespräche mit James Brown verdient, denn sie war ein Teil des alten Augusta.

Gemeinsam hatten sie verfolgt, wie sich die Welt veränderte. Sie wusste, er war nicht der Vater, der er hätte sein können, oder der Mann, der er hätte sein sollen. Sie war einige Jahre seine persönliche Assistentin gewesen, damals, als ihm sein Radiosender in Augusta, WRDW, noch gehörte, später war sie ein beliebter DJ geworden. Sie war mit ihm gereist, bis nach Afrika, hatte seine Frauen gekannt, seine langjährigen Freundinnen und kurzzeitigen Geliebten, die Frauen für eine Nacht. Damals hatte sie ihnen bei Browns Reisen die Hotelzimmer gebucht, die eine kam in den zweiten, die andere in den vierten Stock, eine weitere in den dritten, irgendwann waren es insgesamt fünf. Brown rannte zwischen ihnen hin und her. Miss Emma begann die Sache zu stinken, als sie sich mit seiner zweiten Frau, Dee Dee, anfreundete. »Ich kann das nicht mehr«, verkündete sie ihm und erwartete, dass er durch die Decke ging und schrie: »Du bist gefeuert!« So ging es die ganze Zeit. Er explodierte wegen irgendeiner kleinen Sache und schrie irgendeine arme Seele an: »Du bist gefeuert!« Bei ihr machte er das auch mehrmals, aber sie störte sich nicht daran, denn am nächsten Tag klingelte wieder das Telefon in ihrem Büro und er sagte: »Sis, ähm ... wie hieß noch dieser Veranstalter in Milwaukee?

Du weißt schon ...«, und schon redete er los, zum Beispiel, dass er was für sein Gedächtnis tun sollte, damit es so gut würde wie ihres, obwohl sie doch beide wussten, dass er ein Gedächtnis wie eine Schiffspumpe hatte und sich ohne großes Nachdenken an die Namen und Telefonnummern von zwei, drei Dutzend Veranstaltern erinnerte. Es war seine Art, sich zu entschuldigen und ihr zu sagen, dass alles in Ordnung sei, und manchmal kam er sogar auf Bücher zu sprechen, weil er doch wusste, dass sie gern las, schließlich war sie aufs College gegangen, die Fisk University in Nashville, und dann sagte er: »Sis, was liest du im Moment?«, und wenn sie es sagte, flötete er: »Das könnte ich auch lesen«, wenn es ihr nichts ausmache, es später bei ihm vorbeizubringen, ja, da war doch sein Wirtschafter, Mr Washington, und dann konnte sie gleich auch noch bei dem Restaurant in der Stadt vorbeifahren und was von dem Reis und den Bohnen für Leon mitnehmen... Und so redete er dahin, als wäre nichts gewesen. Als wäre es völlig normal, dass er sie in seinem Büro anrief und sie dort ans Telefon ging, nachdem er sie doch gerade gefeuert hatte. Es störte sie nicht weiter. Tatsache ist, dass sie nie aufhörte, für ihn zu arbeiten, wenn er sie wieder mal rausgeworfen hatte. Sie beendete ihren Arbeitstag wie immer und trat am nächsten Morgen wieder an. Sie wusste, wie er war, und konnte den Job hinschmeißen, wann immer sie wollte. Das wusste er auch.

Einige Außenstehende begriffen das nie. Danny Ray allerdings schon. Auch er war ein Insider. Der gute alte Danny Ray, der große Zeremonienmeister James Browns, war der Mann, dessen Hauptaufgabe fünfundvierzig Jahre lang darin bestand, ihm bei seinem *Please, Please, Please* ein Cape um die Schultern zu legen und von der Bühne zu helfen, der Mann, der auf dem Höhepunkt jeder Show ins Mikro sagte: »*Ladies and Gentle-*

men, introducing the star of our show, Mr Dynamite himself. Soul Brother Number One. The Hardest Working Man in Showbizness! Mr... Jaaaammmees Brown!« Danny Ray, dünn wie ein Kleiderbügel, damals ein Trinker sondergleichen und der netteste Kerl, der je ein Schnapsglas an seine Lippen geführt hatte, der arme Danny wurde gefeuert, als gehörte es einfach dazu. Bei einer Gelegenheit in Browns Radiosender wurde er wegen irgendeiner lange vergessenen Sache, etwas Albernem, das Brown aber an einer empfindlichen Stelle traf, rausgeworfen. Brown schrie: »Du bist gefeuert!« Danny Ray drehte sich um und wollte gehen, aber Brown sagte: »Wo willst du hin, Danny Ray? Da draußen gibt es nichts für dich. Du musst hier bei mir bleiben.«

Danny Ray ging also nicht und hörte gleich wieder: »Du bist gefeuert!«

Dann: »Wohin willst du?«

»Du bist gefeuert!«

Es war der reine Irrsinn. Viele im Sender ertrugen es nicht – die ungedeckten Schecks, die betrunkenen Manager, Browns Wutanfälle und ständigen Anrufe. DJ Youngblood, eine bekannte, besonnene Radiostimme aus Atlanta, der seinen ersten größeren Job nach dem College bei WRDW bekam, erinnert sich: »James war ein zerrissener Charakter. Sein Drive und seine Entschlossenheit waren gut und bewundernswert. Er mochte mich. Er wusste Bildung zu schätzen und respektierte sie. Aber die Bezahlung war peinlich, und wie er die Leute behandelte, schrecklich. Er feuerte sie, nur weil sie nach ihrem Geld fragten. Wenn du ihn links die Straße herunterkommen sahst, wechseltest du auf die rechte Seite.«

Das war die Kehrseite der Medaille, die Seite für die, die nicht hereingelassen wurden. Aber hinter der Fassade, hinter Lärm und Gegeifer, Wutanfällen und Geschrei, fand sich ein zerrissener Mann, der sich davonstahl, um eine Zigarette zu rauchen, damit ihn niemand dabei sah. Er trank öffentlich kaum etwas, fluchte oder kam aus der Deckung, also vor anderen Leuten, überhaupt vor jemandem. Punkt. Er war ein unglaublich einsamer, überreizter, sensibler Mensch, der allein in sich lebte.

Miss Emma verstand ihn, weil sie seinen besten Freund verstand. Leon Austin hatte immer große Träume, und wenn sie sich nicht erfüllten, nahm er es mit einem Schulterzucken. »Was macht es schon?«, sagte Leon. »Wir zwei sind zusammen, du und ich. Wir sind die Welt, du und ich.« Das bedeutete ihr alles. Und es war etwas, das Brown nicht hatte. Er beschwerte sich: »In Japan kann ich keine zwei Schritte tun, ohne bedrängt zu werden, Miss Emma. Aber hier in meiner Heimatstadt...« Er verstummte und sagte nichts mehr. Sie begriff: Er fühlte sich nie wirklich zu Hause. In seiner Heimatstadt fühlte er sich weder geschätzt noch akzeptiert. Augusta als Großstadt niedergehen zu sehen, war für Brown, als sähe er zu, wie die Luft aus einem Ballon entwich. Was stimmt nicht mit uns, Sis?, fragte er. Darauf gab es keine einfache Antwort. Wenn ein schwarzer Mann einen Traum entschwinden sieht, wenn er in Herzensdingen versagt, wenn er zusehen muss, wie die Stadt, der er so viel gegeben hat, von Kräften zerschlagen wird, die außerhalb seiner Kontrolle liegen, wen kann er dafür verantwortlich machen? Die Drogen? Das Verbrechen? Wenn sein Traum zerbricht oder sich nicht einstellen will, wem kann er dann seinen Schmerz zeigen, die Qual seines Herzens, wem kann er zeigen, wie sehr er leidet, wenn das Bühnenlicht erloschen und er allein im Dunkeln sitzt, wenn die Stadt, die er liebt, unheilbar dahinzutaumeln scheint und ihm nicht vergelten kann, was er ihr gegeben hat?

»Ich habe nie jemanden gekannt«, sagt sie in ihrem Wohnzimmer, eine Tasse Tee in den Händen und in ihren Erinnerungen versunken, »der härter daran gearbeitet hätte, seine wahren Gefühle zu verbergen. Wer das erkannte, musste nicht viel mehr von ihm wissen.«

In unseren internetverliebten Zeiten ist es eine gefährliche Sache, die gähnenden Schluchten und steil aufragenden Gipfel eines Lebens zu beschreiben zu versuchen. Es reicht eine Verrückte, die kommt und sagt: »Ich war mit ihm im Bett«, und der gesamte Ruf und die Ehrbarkeit eines Mannes fallen wie ein Kartenhaus in sich zusammen. Die Gerüchteküche des Internets vermag selbst noch das Leben der anonymsten Bürger zu zerstören. Man stelle sich vor, was es mit Brown gemacht hat, einem verletzten Kind, das zum Superstar und später zu einem im Verborgenen Lebenden wurde. Ähnlich zu leiden hatte Michael Jackson, der Brown liebte. In den sechs Monaten, die ich für die Zeitschrift *People* über Jackson berichtete, war ich der einzige Journalist, der durch bestimmte Umstände oder Zufall bei den Proben mit seiner Band anwesend sein durfte. Jackson war so genau und achtete auf jedes Detail, dass die Musiker hinterher völlig erschöpft waren. Ich habe nie jemanden derart intensiv proben sehen. Und doch galt Jackson in jenen Jahren als Freak und Möchtegern-Weißer. Er war weit ernsthafter, als die Leute dachten, und fast schon übertrieben mitfühlend. Ich lernte seine Mutter kennen, eine intelligente, gutherzige, tief religiöse Frau, und sah, warum ein Mann, so zurückhaltend und empfindsam, so gütig und talentiert, verstecken musste, wer er wirklich war. Genau wie Brown hinterließ Jackson Kindern Millionen, und wie Brown fühlte er sich zutiefst missverstanden und verletzt.

James Brown versteckte alles und war im Spiel der sofortigen, allgegenwärtigen Information am Ende der große Verlierer, denn die Informationsmaschine macht aus der Wahrheit eine Lüge und aus der Lüge eine Wahrheit, und Irrglaube und Stereotype werden so leicht und geschmeidig zu Tatsachen, dass man nach einer Weile, wie auch ich, zu glauben beginnt, dass die Medien nicht Spiegel der amerikanischen Kultur sind, sondern sie lehren. Solange James Brown Platten verkaufte, ließ er dem Irrsinn seinen Lauf. Es war ihm egal. Die Medien arbeiteten zu seinen Gunsten und halfen, seinen Erfolg zu steigern. Aber sie zerstörten seinen Ruf, und als es mit dem Erfolg vorbei war, blieb nichts.

Allgegenwärtige Information lässt die Mischung aus Rasse und Klasse zu einem Sud der Doppelzüngigkeit werden. Wenn du eintauchst und nach Sinn und Wahrheit suchst, stößt du auf nichts als heiße Luft und den Beschluss, das Neger-Wort nicht mehr zu gebrauchen. Na, toll. Ob du das gefürchtete N-Wort benutzt oder nicht, ändert nichts. Im Internet-Zeitalter widerspricht jede Wahrheit einer anderen. Brown war verrückt, Brown war ein Genie. Brown hat Frauen geschlagen, Brown wurde von geldgeilen Frauen ausgenutzt. Brown war geizig, Brown hätte noch seine letzten Dollar verschenkt. Steckst du den Finger in den Deich, um ein Lügenleck zu verschließen, schießt das Wasser auch schon aus einem anderen Loch. Du musst dir aussuchen, was du glauben willst. Und darin liegt die wahre Geschichte des James Brown, der vor allem ein Südstaatler war, jenseits seiner Hautfarbe, eher ein empfindsamer Künstler als ein Superstar.

Miss Emma linst durch die Jalousien vor ihrem Fenster, hinaus in die raue Ödnis einer einst blühenden Mittelklasse-Gemeinde. Der Geruch des Niedergangs, das Tuten eines Güterzugs in der Ferne, die verlassenen Schlachthöfe, der alte Gestank des Kanals, die gefährlichen, verlassenen Bahnübergänge am Walton Way – für die Schwarzen, die sich an das Augusta der 40er und 50er erinnern, ist die Stadt heute ein fremdes Land. Bist du ein Yuppie und suchst nach einem Starbucks, fühlst du dich in Miss Emmas Teil der Stadt so einsam wie ein Barkeeper in Hongkong an einem Sonntag. An fast jeder Straße stehen vernagelte Häuser. Gleich um die Ecke gibt es ein leerstehendes Schulgebäude, ein halb verlassenes Ladenzentrum am Gordon Highway, einen geschlossenen Winn-Dixie, einen Ramschladen, ein Mr-Cash-Leihhaus. An Orten wie diesem vermieten sie dir Möbel, und in der Kirche gibt es die Zukunft obendrauf – wer genug opfert und leidet, kommt in den Himmel. In einem Gemischtwarenladen ein Stück die Straße hinunter habe ich zwei schwarze Sicherheitsbedienstete gesehen, nebeneinander, aber in den Uniformen zweier Unternehmen. Die Armen überwachen sich hier gegenseitig. Das ist das wahre Augusta, nicht das, das sie jedes Frühjahr auf dem Sportsender ESPN zeigen, das Augusta des glitzernden Masters-Turniers im Augusta National Golf Club mit Tiger Woods, dem Mann, kichern die Schwarzen, der vergaß, dass er schwarz ist, bis er in Schwierigkeiten kam und es endlich wieder begriff. Das hier ist James Browns Augusta. Miss Emmas Augusta. Und in gewissem Maße unser aller Augusta.

Miss Emma lässt die Jalousie ganz herunter und setzt sich auf ihr Sofa. »Es würde ihm das Herz brechen zu sehen, was aus Augusta geworden ist.«

Ich weise darauf hin, dass sie eine Statue von ihm aufgestellt haben. Sie haben eine Arena nach ihm benannt. Der Bürgermeister kannte ihn. Die Leute mochten ihn. Und sie verschenken in seinem Namen zu Thanksgiving immer noch Truthähne und zu Weihnachten Spielzeug.

»Almosen waren nicht Mr Browns Sache«, sagt sie nur. »Er hat sie gehasst.« Er wollte armen Kindern helfen, nicht indem er ihnen etwas schenkte, sondern durch Bildung. Indem er ihnen einen Grund zum Arbeiten gab. »Er wollte, dass sein Geld Kindern hilft, etwas aus sich zu machen. Das sagte er immer wieder. Statt irgendwo vor Gericht zu landen.«

»Aber er ist hier berühmt«, sage ich.

Sie zuckt mit den Schultern, wendet den Blick ab und schüttelt traurig den Kopf. Es war Browns Traum, dieser Stadt Jobs und Freude zu bringen. Er wünschte sich glückliche Kinder. Aber dem entgegen stehen Verwandte, die sein Geld für sich wollen, standen sein fehlender Geschäftssinn, der Sohn eines Cousins, der sein Büro niederbrannte, Radiosender, die pleitegingen, Scheidungen, zu nichts führende Geschäftsideen, Frauen, die es überhatten, sich von ihm auf seine Weise behandeln zu lassen, Bands, die ihm den Rücken kehrten. Alle wollten mehr, und er hatte nicht mehr. »Er hat so viele Leute gestützt«, sagt sie. »Und so wenige wollten ihn stützen. Er hatte immer die besten Absichten, und wenn es nicht funktionierte, schmerzte es ihn. Das hat er versteckt. Weil die Leute ihn benutzten. Und nach einer Weile wusste er nicht mehr, wem er trauen sollte. Wenn Mr Brown Sie in seinen inneren Kreis aufnahm, hieß das, dass er Ihnen traute«, sagt sie. »Und wenn Sie sich nicht gegen ihn wandten, wenn Sie offen blieben, ganz gleich, was er tat – und was *Sie* taten –, waren Sie ein Verbündeter.«

Es klopft an der Tür. Ein junger Bursche kommt mit kalter Coca-Cola herein. Ich stelle erschrocken fest, dass es der komisch aussehende Kerl ist, der die Straße heraufkam, als Miss Emma den Wagen parkte. Sie lächelt ihm zu, und sein Gesicht hellt sich zu einem Grinsen auf. Er stellt zwei Dosen Cola auf den Kaffeetisch. Sie dankt ihm und steckt ihm dezent ein paar Dollar zu.

Ich nehme mir eine Dose, reiße sie auf und hebe sie an die Lippen.

Ohne ein Wort verschwindet Miss Emma aus dem bescheiden eingerichteten Wohnzimmer, kommt mit einem Glas zurück und schenkt sich ein.

»Mr Brown rauchte Zigaretten«, sagt sie. »Aber er wollte nie, dass die Leute es erfuhren. Er wollte nicht, dass die jungen Leute es sahen. Mit dem Alkohol war es genauso. Wobei er sowieso nicht viel trank. Er war ein anständiger Mann.«

Und was ist mit den Drogen? Und seinem Verhältnis zu Frauen? Den Schlägen, der Unmenschlichkeit?

Sie überlegt lange, und ihre braunen Augen sehen mich nachdenklich an. Endlich holt sie tief Luft. »Selbst in meinem Alter«, sagt sie, »beschämt es mich, Dinge über meine Eltern zu sagen. Und sie sind lange tot. Ich habe gelernt, nicht schlecht von jemandem zu reden. Besonders, wenn er tot ist. Eine Menge Leute haben eine Menge Dinge gesagt, seit er tot ist, und einiges davon, vieles, ist nicht richtig. Oder übertrieben.«

Ich sage, so sanft ich kann, dass das nichts an den Tatsachen ändert. Der Mann war viermal verheiratet. Berichten zufolge schlief er mit einigen seiner Sängerinnen und hatte alle möglichen Auseinandersetzungen mit Frauen. Die Motown-Sängerin Tammi Terrell soll er wirklich schrecklich behandelt haben. Er war wegen Vergewaltigung angeklagt und hatte wenigstens vier uneheliche Kinder neben den sechs, die er anerkannte. Tatsächlich waren es wohl sogar dreizehn. Das ist etwas anderes, als seinem besten Freund das Essensgeld zu klauen.

»Mr Brown«, sagt sie, »dachte, dass sich Frauen ändern sollten.« Sich formen lassen, sagt sie. Wie ein Haustier behandeln lassen. Nach seinem Ideal. Mit Nerzen, Schönheitsoperationen und neuen Autos. Mit Geld. »Er war Teil dieser Generation«, sagt sie. »Viele Männer dachten damals so.«

Ich argumentiere, auch wenn Brown Tausende für seine Frauen ausgab, für Schönheitsoperationen, medikamentöse Behandlungen, Fettabsaugung – laut Buddy Dallas hat er allein fünfzigtausend für Tomi Raes Drogenrehabilitation bezahlt und zweiunddreißig ihrer Zähne ersetzen lassen –, gab ihm das noch lange nicht das Recht, sie grausam zu behandeln.

»Ich kann zu alledem nichts sagen«, antwortet Miss Emma. »Was zwischen ihm und all diesen Frauen war, geht über meinen Horizont. Aber eines weiß ich: Seine Frauen, die, die ich kannte, waren gute Frauen. Nur«, fügt sie noch trocken an, »über die letzte weiß ich nichts zu sagen. Ich habe sie nie richtig kennengelernt.«

Teil III

Und Schluss!

Kapitel 17

Verabschiedet euch vom King

Es war fast Mittagszeit am 29. Dezember, und der Bestatter Charles Reid aus Augusta saß in seinem Büro und versuchte wach zu bleiben. James Brown war seit vier Tagen tot, und der Zirkus um seinen Tod, die wild gewordenen Medien, das Geheul der Verwandten, die bereits zu streiten begannen, sowie die zahllosen Einzelheiten in Bezug auf die geplanten Gedenkgottesdienste, hatten Reid fast bis zur Besinnungslosigkeit erschöpft.

Er hatte seit vier Tagen nicht geschlafen und wollte gerade den Kopf auf den Tisch legen und für fünf Minuten die Augen schließen, als das Telefon klingelte. Er nahm ab. Eine Stimme am anderen Ende sagte: »Michael Jackson möchte kommen und James Brown sehen.«

»Wann?«

»Heute Abend. Wir verlassen L.A. etwa in einer Stunde mit dem Flugzeug.«

Reid legte auf und erhob sich von seinem Schreibtisch. Er war hundemüde, aber es gab noch so viel zu tun.

Das Chaos um den Tod James Browns ließ sich mit nichts vergleichen, was Reid bisher erlebt hatte. Brown war am ersten Weihnachtstag gestorben, und am nächsten Tag kam seine Familie zusammen, einschließlich Al Sharpton, um die Trauerveranstaltungen zu planen, und beschloss drei davon, die erste im Apollo in Harlem, wo Brown seine großen Live-Alben aufgenommen hatte. Die nächste sollte eine private für die Familie am 29. Dezember in South Carolina sein, die dritte eine öffentliche tags darauf in der Arena von Augusta, die gerade erst nach ihm benannt worden war.

Die Unzahl der Dinge, an die für die drei Feiern zu denken war, hatte Reid alle Kraft gekostet. Den Sarg dort überallhin zu bekommen war ein reiner Alptraum. Die Familie wollte ein vergoldetes Modell, das fünfundzwanzigtausend Dollar kostete. Reid hatte ihn bei einer Firma in Nashville bestellen müssen. In Augusta ankommen sollte er am 27. Dezember um achtzehn Uhr dreißig, am Tag vor der Trauerfeier im Apollo im eintausenddreihundert Kilometer entfernten New York. Ursprünglich hatte er geplant, Browns Leiche zusammen mit der Familie in einem Privatjet nach New York zu fliegen, doch dann hatte er Sharpton angerufen und ihm ein unerwartetes Problem erklärt.

»Der Sarg ist zu schwer für den kleinen Jet. Sie müssen mir ein größeres Flugzeug besorgen.«

Sharpton schlug einen Linienflug vor.

»Das geht nicht. Der Sarg kommt hier heute Abend nicht vor halb sieben an«, sagte Reid, »und das letzte größere Flugzeug verlässt Atlanta etwa um acht. Wir haben nicht die Zeit, den Sarg abzuholen, den Toten hineinzulegen und rechtzeitig nach Atlanta zu bringen. Sie müssen mir ein größeres Flugzeug besorgen.«

Sharpton rief an, wen er kannte. Ein Anwalt in Florida hatte einen größeren Jet, aber der war gerade nicht flugfähig. Der New Yorker Mogul Donald Trump sagte, er würde ja gerne helfen, aber sein Flugzeug werde im Moment in Kalifornien repariert.

Sharpton rief Reid an, verzweifelt. »Ich kann kein Flugzeug finden.«

»Ich weiß nicht, was wir machen sollen«, sagte Reid. »Es funktioniert nicht.«

»Sind Sie sicher, dass der Sarg um halb sieben ankommt?«, fragte Sharpton.

»Ja, er ist unterwegs.«

Sharpton legte auf und kam ins Bestattungsinstitut. Die beiden Männer grübelten über mögliche Lösungen nach, während sie auf den Sarg warteten. Reid war normalerweise ein ruhiger, bedächtiger Mann und alle Arten von Krisen im Zusammenhang mit Tod und Bestattungen gewöhnt, wenn Familien aus der Fassung gebracht und bestürzt waren. Das jetzt versetzte auch ihn in Aufregung. Es war nicht einfach nur das logistische Problem, Browns Leiche nach New York zu bringen, oder sein Telefon, das ohne Unterlass mit Anfragen und Bitten aus der ganzen Welt klingelte, die Sache rührte ihn auch persönlich an. Er hatte James Brown fast sein ganzes Leben gekannt. Sein Vater, Charles Reid sr., ein Bürgerrechtler und einer der erfolgreichsten schwarzen Geschäftsmänner in der Geschichte Augustas, war fast fünfzig Jahre mit Brown befreundet gewesen. Die beiden Männer waren sogar eine Zeitlang Geschäftspartner, ihnen hatte ein beliebter Club in Augusta gehört, der Third-World-Club, der im Oktober 1973 unter mysteriösen Umständen abbrannte, von einem mutmaßlichen Brandstifter angesteckt, der nie gefasst wurde. Reid hatte die Beerdigungen von Browns Vater, Browns dritter Frau Adrienne und etlichen seiner Freunde und Angestellten ausgerichtet. Das jetzt war nicht einfach nur ein Job, sondern eine Pflicht einem treuen Freund gegenüber.

Reid zermarterte sich das Hirn, während Sharpton, der normalerweise nicht um Worte verlegen war, bedrückt schweigend dasaß. Endlich erklärte Reid: »Ich will Ihnen sagen, was ich tun werde. Sie sagen, die Totenfeier in New York beginnt um elf Uhr. Ich werde seinen Sarg hinten in den Transporter stellen, besorge einen Fahrer, und wir bringen ihn da hoch. Wir können in zwölf bis vierzehn Stunden da sein.«

Sharpton sagte: »Sie denken, Sie schaffen das?«

»Wir fahren um neun, dann sind wir um acht oder neun morgen früh da. Sie nehmen den Jet mit der Familie. Wir sehen uns im Apollo.«

»In Ordnung«, sagte Sharpton.

Sharpton ging, und Reid rief zwei Fahrer an, einer von ihnen war William Murrell, James Browns langjähriger Chauffeur. Dann eilte er nach Hause, duschte, rasierte sich, holte einen Anzug aus dem Schrank und warf ihn in den Wagen. Zurück in seinem Bestattungsinstitut, wartete er darauf, dass Miss Ella Overton, Browns alte Friseurin, dem Toten ein letztes Mal das Haar herrichtete. Sie hatte Tränen in den Augen, als sie ihm mit einem großen, grobzinkigen Kamm durch das Haar fuhr, wie nur Brown ihn benutzte, und er allein hatte auch gewusst, wo man so was bekam. Als die alte Frau fertig war, präparierte und kleidete Reid Brown sorgfältig ein und legte ihn in den schweren, vergoldeten Sarg, den sie in den Transporter luden. »Das Ding war so schwer«, sagte Reid später, »dass der Wagen hinten tief in die Federn ging und vorne hoch in die Luft ragte.«

Als er den schwer beladenen Wagen auf die Straße fahren

wollte, öffnete sich die Tür der Garage, und Al Sharpton kam herein.

»Ich dachte, Sie wollten nach New York fliegen?«, sagte Reid.

»Ich fahre nach New York, im Auto«, sagte Sharpton. »Ich werde ihn auf seinem Weg begleiten. Mr Brown hätte mich auch nicht allein gelassen.« Sharpton stellte seinen Koffer in den Wagen, tätschelte Browns Sarg und sagte: »Ich bin so weit.«

Sie fuhren die ganze Nacht durch, Reid, Sharpton, Murrell und noch ein zweiter Fahrer. Sharptons Hand lag fast während der gesamten Fahrt auf Browns Sarg, und sie hielten nur, um zu tanken. Bei einem Stopp in North Carolina mitten in der Nacht sahen zwei der Verkäuferinnen des Ladens, zwei junge schwarze Mädchen, Sharpton aus dem komisch tiefhängenden Transporter steigen, dessen hinteres Ende fast über den Asphalt kratzte, und die beiden zählten eins und eins zusammen. Eine griff nach ihrem Handy und lief hinaus, um ein Foto zu machen. Sharpton explodierte: »Was soll das?« Er wollte nicht, dass sie den komisch aussehenden, überladenen Wagen an der Zapfsäule fotografierten, mitten in der Nacht und mit James Browns Leiche. Brown hätte das nie erlaubt. James Brown, der sich nur herausgeputzt in der Öffentlichkeit sehen ließ, der sein Haar vor und nach jeder Show neu herrichtete und dessen Haus so sauber war, dass man vom Boden essen konnte. Brown hätte sich öffentlich niemals schlampig sehen lassen. Der Mann präsentierte sich. *Komme wichtig und gehe wichtig, Rev. Kill sie, und weg. Rev. Kill sie, und weg.*

»Ihr macht dieses Foto nicht«, sagte Sharpton.

Ein hastiger Kompromiss wurde gefunden. Die Mädchen fotografierten Sharpton und die Fahrer, nicht aber den Wagen. Dann ging es weiter.

Als sie den New Jersey Turnpike direkt außerhalb von Manhattan erreichten, dämmerte es, und die Nachricht von ihrer Ankunft hatte sich bereits verbreitet. »Die Leute standen im Tunnel«, sagt Reid. »Ich weiß nicht, wie so viele davon erfahren konnten. Reverend Sharpton hatte keine Menschenseele informiert.« Der Plan war, vor dem Gebäude nicht weit von der Ecke 60th Street und Madison Avenue, in dem Sharpton wohnte, zu parken, Browns Sarg diskret in einen Leichenwagen zu verladen und ihn uptown zu einer Kutsche zu bringen, die Sharpton zum Büro seines National Action Network in der 145th Street bestellt hatte. Von dort wollten sie Brown zu Fuß zum Apollo begleiten, zwanzig Straßen weiter südlich in der 125th Street. Als sie zu Sharptons Hauptquartier kamen, hatten sich dort schon Tausende Menschen versammelt, und viele folgten der Kutsche in einer Trauerprozession die Lennox Avenue hinunter. Entlang des Wegs, zwanzig Blocks weit, standen die Bürgersteige voller Leute. Einige winkten, andere hielten Bilder von Brown in die Höhe, und viele schluchzten. Als sie die 125th Street erreichten, »kamen wir mit der Kutsche kaum weiter«, sagte Sharpton. »Alles war voller Menschen.« Es war der 28. Dezember, kurz vor Silvester. Die Reichen und Berühmten waren nicht in der Stadt. Es waren hauptsächlich Leute aus Harlem, die über all die Blocks die Bürgersteige bevölkerten, so wie sie es früher bei Browns Konzerten gemacht hatten. Irgendwann beugte sich Sharpton über den Sarg und sagte: »Mr Brown, Sie haben es wieder mal geschafft. Sie haben das Apollo ein letztes Mal ausverkauft.«

Reid war erschöpft von der langen Fahrt.

»Als ich am Apollo ankam, gab es keine Möglichkeit, ein Bad zu nehmen oder mir meinen Anzug anzuziehen«, sagt er. »Im Aufenthaltsraum schlief ich ein, und als ich wieder aufwachte, hatte jemand ein Büfett aufgebaut. Ich stand auf und bediente mich ausgiebig. Yes, Sir, mein Freund, ich hatte Hunger.« Im Übrigen herrschte allgemeines Chaos. »Keiner wusste, wo was war. Sie stellten mir alle möglichen Fragen.« Reid tat sein Bestes, eine improvisierte, riesige Trauerveranstaltung an einem Ort zu organisieren, den er nie zuvor gesehen hatte. Zwischendurch rief Sharpton nach ihm und sagte nervös: »Charlie, Mr Brown schwitzt!«

Reid sah sich den Körper an. »Das sind die Lichter, die auf ihn gerichtet sind. »Das Lanolin kommt aus ihm heraus.«

Er lacht, als er sich an Sharptons Gesichtsausdruck erinnert. »Ich glaube, er dachte, Mr Brown wache wieder auf.«

Nachdem sie endlich die Türen des Apollo geschlossen hatten, die Stunden länger als geplant offen gewesen waren, standen immer noch einige Tausend Menschen draußen, um James Browns Leiche zu sehen, aber Reid musste ihn eiligst zurück nach Augusta zur privaten Trauerfeier der Familie bringen. Er fuhr vierzehn Stunden, direkt in sein Bestattungsinstitut, wo er dem Godfather des Soul einen frischen Anzug anzog. Er schaffte es rechtzeitig zur Messe, brachte den schweren Sarg anschließend ein weiteres Mal zu sich und zog Brown ein drittes Mal um.

»Dreimal habe ich ihn frisch angezogen«, sagt Reid. »James war müde, und ich auch.«

Das war just der Augenblick, in dem das Telefon klingelte. Michael Jackson wollte am Abend nach Augusta kommen.

Reid schob Browns Körper in einen vornehmen Warteraum, brachte alles in Ordnung und versicherte sich genau wie Sharpton, dass sein alter Freund bereit und präsentabel war, um seinen Besucher zu empfangen.

Später am Abend klingelte das Telefon wieder. Diesmal war es Michael Jackson selbst, der fragte, ob er kommen und Brown sehen könne.

»Kommen Sie. Wir sind hier.«

Kurz nach Mitternacht bog eine Karawane von vier SUVs auf den Parkplatz. Einige stumme, düster dreinblickende Männer mit Anzügen und Schleifen, Leibwächter der Nation of Islam, stiegen aus, und hinter ihnen kam, groß und still, Michael Jackson selbst aus einem der SUVs. Er trug ein einfaches Hemd und eine normale Hose und hatte ein Tuch um sein Haar gebunden. Kein eleganter Aufzug. Kein elegantes Gefolge.

Reid brachte ihn zu Brown in den vornehmen, mit cremefarbenem Satin ausgeschlagenen Raum. Michael Jackson starrte ihn an. Sanft berührte er James Browns Gesicht und stand stumm zehn Minuten da. Eine halbe Stunde. Eine Stunde.

Nach einer Stunde verließ Reid den Raum.

Michael Jackson hatte viel mit James Brown gemeinsam. Oft erzählte er Freunden, dass seine Tanzschritte von Brown beeinflusst waren. Er erinnerte sich daran, wie ihn seine Mutter, da war er sechs Jahre alt, aufgeweckt hatte, als Brown im Fernsehen auftrat. Und auch Michaels militärische Präzision war etwas, das er mit Brown gemeinsam hatte. Schon die frühen Jackson-5-Bands waren straffe Einheiten. Als ich Michael 1984 einige Wochen lang bei seinen Proben in den SIR-Studios in L.A. beobachtete, vor seiner *Victory Tour*, arbeitete er übergenau und rieb seine Musiker förmlich auf. Einmal übten sie über Stunden einen einzigen Takt, bei dem er einen One-Kick-Tanzschritt zu machen hatte. Es war ein Takt, ein gemeinsamer Schlag, und dazu Michaels Tanzschritt. Aber er kam nicht gut, nicht präzise genug. Michael justierte die Klangtechniker und Musiker, unter ihnen den talentierten Schlagzeuger Jonathan »Sugarfoot« Moffett, ursprünglich aus New Orleans, und den verstorbenen David Williams, einen fabelhaften Gitarristen aus Virginia, bis sie kaum mehr aus den Augen sehen konnten. Genau das war auch James Browns Spezialität gewesen, seine Band bis auf die Knochen zu fordern, bis sie klar und straff wie eine Trommel klang.

Aber Jackson und Brown verband mehr als nur ein ähnlicher Ansatz bei Musik und Tanz. Michael war, wie Brown, äußerst ehrgeizig. Er wollte alle anderen übertreffen und wie Brown in seinen besten Jahren seine Widersacher an die Wand spielen – bei Brown waren es Leute wie Isaac Hayes, Little Willie John, Jackie Wilson und die gesamte Motown-Maschine. Aber unter all dem Ehrgeiz schlummerte auch ein tiefer Respekt für seine Konkurrenten. Sharpton erzählte mir, dass Brown Ende der 70er Jahre, als der Soul-Star Isaac Hayes bankrott gegangen war, unangekündigt an die Tür von dessen Wohnung in Atlanta klopfte. Hayes machte auf, und seine Miene erhellte sich. »James Brown!«, sagte er. Brown gab ihm dreitausend Dollar und sagte: »Isaac, sag niemandem, dass ich dir ausgeholfen habe. Die Leute müssen nicht wissen, dass du Unterstützung brauchtest. Als wir Rivalen waren, wollte ich dich schlagen. Aber ich will dich auf den Beinen sehen, um dich wieder zu schlagen.« Jackson war genauso: Prince, die Stones, die Beatles, Bruce Springsteen, das waren seine Konkurrenten, die er respektierte und bewunderte. Und genau wie Brown wollte er gut aussehen. Er hätte sich nie erlaubt, wie auf einem der schrecklichen *National-Inquirer*-Fotos ohne Hemd erwischt zu werden, mit nacktem Bauch an einem Strand oder irgendwo in Santa Fe beim Nichtstun. Er war religiös, ohne darüber zu reden, wie Brown. Brown gab Tausende für den Wiederaufbau der

St. Peter Church nahe seinem Zuhause in Ellenton, in der er getauft worden war und die er manchmal sonntags ohne großes Aufhebens besuchte. Hin und wieder sang er sogar noch im Chor mit. Jackson war von seiner Mutter zu einem gläubigen Zeugen Jehovas erzogen worden. Auf der Höhe seines Erfolges, während der *Victory Tour*, machte er mit falschem Bart und Hut und begleitet von Leibwächtern in verschiedenen Städten Missionierungsbesuche, wie es die Zeugen Jehovas nun mal tun. Die Presse hatte ihren Spaß daran, Leute zu interviewen, die auf sein Klopfen hin ihre Tür aufmachten und praktisch in Ohnmacht fielen, als sie begriffen, dass da der größte Superstar der Welt mit falschem Bart und Hut vor ihnen stand. Ich sah dezent zur Seite, wenn Michael so etwas tat, und gab solche Leckereien kaum einmal an die Zeitschrift *People* weiter, die sie bestimmt gleich verschlungen hätten.

Wie James Brown hatte auch Michael kaum Freunde außerhalb der Familie. Beide, Jackson und Brown, waren in öffentlichem Besitz, zwei Dinosaurier, die allein ihren Weg gingen. Zwei schwarze Superstars. Und beide wussten um die elende Einsamkeit des anderen.

2003, als sich Michael sieben Anklagen wegen Kindesmissbrauchs gegenübersah, lebte Al Sharpton in New York und war tief in der Bürgerrechtsbewegung involviert, als sein Handy klingelte. Er nahm ab. Es war Brown.

»Rev, wo bist du?«

»In New York.«

»Du solltest unten in Kalifornien sein und Michael helfen.«

»Nun, Michael ist in Schwierigkeiten.«

Einen Moment herrschte Schweigen, und Sharpton spürte, wie Brown in Fahrt kam. »Oh, 'tschuldigung«, sagte Brown. »Tut mir leid. Ich hab die falsche Nummer. Ich bin bei den

Veteranen gelandet. Ich dachte, es wäre die Zentrale der Bürgerrechtsbewegung. Dafür bist du doch da, oder? Leuten, die in Schwierigkeiten sind, zu helfen? Entschuldigen Sie, Sir. Ich habe vergessen, wen ich da angerufen habe.«

Damit beendete er das Gespräch. Sharpton rief ihn zurück.

»Ich habe nicht gesagt, dass ich ihm nicht helfen werde«, sagte er.

Aber Brown hatte bereits zu einer Kanonade angesetzt. »War Michael nicht bei dir in der Zentrale in Harlem, als du Probleme hattest?«, fragte er.

»Ja.«

»Ein Mann hilft dir, und du lässt ihn im Stich.«

»Da habe ich nicht gesagt, Mr Brown.«

»So habe ich dich nicht erzogen«, sagte Brown. »Du gehst dahin, wohin sich die anderen nicht trauen. Der Grund, warum sie nicht bei Michael sind, ist, dass sie ihn für schuldig halten und Angst haben. Ich habe dir nie beigebracht, Angst zu haben.«

»Nein, Sir.«

Sharpton legte auf, packte seine Tasche und stieg in ein Flugzeug nach Kalifornien. Nach der Urteilsverkündung, nach seinem Freispruch, sah ich im Fernsehen, wie Michael zwischen den klickenden Kameras der Fotografen aus dem Gerichtssaal kam. Da stand er, groß und so dünn – die Leute vergessen, wie groß er war –, und neben ihm, mit seiner typischen James-Brown-Frisur, mit dem Riesenkamm, den er von seinem Adoptivvater hatte, in Position geharkt, Reverend Al Sharpton. Im Anzug, der Jogginganzug und die Goldkette gehörten längst der Vergangenheit an. Und während die Kameras klickten und die Aufnahmeapparate surrten, sagte Michael kein Wort, aber Al Sharpton, der sagte ein Menge. Er sagte alles das, was James

Brown hätte sagen wollen, wäre er da gewesen, und es lief auf Folgendes hinaus: »Ich wusste es von vornherein. Ich habe es euch allen gesagt. Ihr alle habt ihn den Geiern zum Fraß vorgeworfen, ohne auch nur zu wissen, was für ein Mensch er ist.«

Drei Stunden später fand sich Reid dabei wieder, wie er dem King of Pop sein Unternehmen zeigte. Die meisten Leute schrecken zurück, wenn es um den Tod geht, sagte Reid, Jackson nicht. Er stellte gezielt und überlegt Fragen. Er wollte mehr über das Herrichten des Körpers erfahren, was ebenfalls ein Thema ist, das die Leute eher meiden. »Er wollte wissen, wie es gemacht wird«, sagte Reid. »Welche Flüssigkeiten benutzen Sie?«, fragte Michael.

»Er stellte nur Fragen, die er sich überlegt hatte«, erklärte mir Reid. »Er war sehr genau, und ihn interessierte, wonach er fragte. ›Frischen Sie ihn auf?‹, wollte er über Browns Leichnam wissen. Zogen wir ihn um? Waren seine Haare hergerichtet worden? Und wie?«

Jackson ging durch den Raum mit den Sargmodellen. Reid erläuterte sie ihm. »Wer hat den vergoldeten Sarg gewollt?«, fragte Jackson.

»Das war eine Familienentscheidung.«

»Hätte Mr Brown ihn gewollt?«

»Entertainer wollen immer massives Gold«, sagte Reid.

Michael lachte und ging zurück in die Kapelle.

Jackson erzählte von seiner Liebe zu Brown und dem Einfluss, den der Tote auf seine Kindheit gehabt habe. Fünf Stunden blieb er und setzte sich kein einziges Mal hin.

Zurück in der Kapelle, hielt sich Reid im Hintergrund, während Jackson ein letztes Mal zu Brown ging, sein Gesicht berührte und ihm die Haare zurechtstrich. Reid sah auf die Uhr.

Es war halb sechs am Morgen. Die Trauerfeier für James Brown in der nach ihm benannten Arena würde später stattfinden. Später. Im Moment waren da nur diese beiden Männer, der Godfather of Soul und der King of Pop. Sie hatten ihre fantastischen Leben allein gelebt, in der Risikozone von Ruhm und Reichtum, selbst als sie die Welt elektrisierten und veränderten. Einer lag in einem vergoldeten Sarg, und in weniger als drei Jahren sollte der andere in seinem liegen. Es würde das Ende einer Ära sein und das schwarze Amerika auf ewig ein anderes.

Kapitel 18

Der Traum

William Forlando Brown, siebenundzwanzig, steht am Übungs-Tee des Heritage Golf Links, einem öffentlichen Golfplatz in Tucker, Georgia. Er holt locker aus und schlägt den Ball mit großer Kraft. Du siehst ihn hoch in die Luft steigen, sicher hundert, hundertzwanzig Meter, und in dem Augenblick, da er in den klaren, blauen Himmel Georgias fliegt, siehst du den Traum des alten Mannes:

Sie kommen zum Weihnachtsessen in seinem Haus zusammen. Alle die üblichen Verdächtigen. Die ganze Familie. Seine Ex-Frauen Velma, Dee Dee und Tomi Rae, die liebende Mutter von James jr., den James Brown »Little Man« nannte, dazu all die anderen Kinder und Enkel, einschließlich Teddys Tochter. Und sie essen alle. Sie essen, was er isst, denn er isst gutes Essen. »Essen mit Fett schmiert die Gelenke, macht dich biegsam und stark«, pflegte er zu sagen: Reis, Bohnen, überbackenes Steak, Hähnchen. Und wenn sie fertig sind, fahren sie hinüber nach Barnwell, in die St. Peter Church in Elko, nicht weit vom alten Ellenton, wo es mit der Familie anfing. In die alte Kirche, für deren Renovierung er Tausende gegeben hat und die besser aussieht als alle anderen Kirchen in der Gegend, mit neuen Holzbalken, einem neuen Dach, einer Akustikdecke, neuen Instrumenten und einem frisch gepflasterten Parkplatz. In seinen letzten Jahren fuhr er sonntags nach St. Peter, um im Chor zu singen, sein Lieblingslied war *God Has Been Good to Me*, und seinen Lieblingsvers in der Bibel aufzuschlagen, den Vers, den sie am Morgen nach seinem Tod aufgeschlagen neben seinem Bett fanden, Vers 37:1 aus dem Buch der Psalmen: »Erzürne dich nicht über die Bösen, sei nicht neidisch auf die Übeltäter.« Hineingehen würde er und seine alten Freunde begrüßen, den Pfarrer, seine Tante Saree und seine gute Freundin Ruth Tobin und ihre Kinder. Ruth, die alle bis auf ihn »Mutt« nannten. Er nannte sie Sis. Jeden Monat oder so rief er sie an und sagte: »Was machst du, Sis? Betest du für mich? Ich bete für dich. Bete für mich, Sis.« Und das tat sie. Und tut es heute noch.

Singen würden sie, beten und Gott für alles danken, was er ihnen in die Wiege gelegt hat. Anschließend würde sich die Familie, seine Familie, in die Autos setzen, seine Autos. Er hat dreißig, und keines von ihnen hat mehr als achttausend Kilometer auf dem Tacho. Sie springen in seine Autos und fahren zurück nach Augusta, hin zum Augusta National Golf Course, einem Golfplatz für Weiße, der sich, als James Brown ein kleiner Junge war, genauso gut auf dem Mars hätte befinden können, und sie sehen zu, wie sein Enkel William Forlando Brown eine Runde dieses Spiels des weißen Mannes spielt. Und er wird sagen: »Ich weiß nicht, was er darin sieht. Aber er macht es gut.«

Zurück in Tucker steht William Brown groß und schlank da, athletisch und mit ernstem Gesicht, gekleidet in eine weiche Jogginghose und ein Golfhemd. Den Schläger noch erhoben, sieht er aufmerksam zu, wie sich sein Ball senkt und etwa drei Meter vom angezielten Loch liegen bleibt. Er zieht die Stirn kraus. »Ich ziehe den Kopf zu weit nach rechts«, sagt er.

Wenn er es wirklich tut, kann ich es nicht erkennen. William ist der Mann, zu dem James Brown geworden wäre, hätte er bessere Chancen gehabt. Der alte Mann war so stolz, einen Enkel auf dem College zu haben. William Brown und sein Vater Terry waren die einzigen anerkannten Nachkommen, die sich weitgehend weigerten, sich an der frühen massiven Klageattacke von Kindern und Witwe gegen Browns letzten Willen zu beteiligen. Terry war so angewidert, dass er seinem Sohn alle Rechte übertrug und sagte: »Kümmere du dich darum.« William seinerseits folgte seinem Vater, hielt sich, so gut es ging, aus den Rechtsstreitigkeiten heraus und bestand darauf, dass Browns Millionen genau wie von ihm beabsichtigt an die armen Kinder gingen. Im September 2015 wurde seinem Vater, und William als dessen Vertreter, eine »Beilegung« des Konflikts angeboten, zwei Millionen Dollar dafür, dass sie grundsätzlich kapitulierten und sich den klagenden Parteien anschlossen, die das Chaos dadurch beenden wollten, dass sie Browns Testament umschrieben und das Geld zwischen Browns Kindern, Tomi Rae und der Stiftung aufteilten. Die beiden lehnen ab. Sie wollen, dass das Geld dort ankommt, wo Brown es sehen wollte. So sagt William, der für sich und seinen Vater spricht: »Warum sollten wir uns gegen Großvaters Wünsche wenden? Er hat dafür gearbeitet und getanzt. Er hat dafür geschwitzt. Er wollte armen Kindern eine Chance geben, etwas aus sich zu machen. So einfach ist das.«

Von dem Zeitpunkt an, da William, oder »Flip«, wie Brown ihn nannte, aufs College der University of West Georgia, Hauptfach Politik, ging, überprüfte Brown, der für seine Ausbildung zahlte, seine Noten und ermahnte ihn immer wieder, sich anzustrengen und das College auf jeden Fall zu beenden. Der alte Mann war manchmal so kritisch, dass der Junge die Zähne zusammenbeißen musste, doch das konnte er ertragen. Als sich Brown dann von der Welt abzuschotten begann und verkündete, seine Kinder müssten einen Termin mit ihm ausmachen, wollten sie ihn besuchen, sagte William: »Vergiss es«, kletterte über den Zaun und tauchte unvermittelt im Wohnzimmer seines Großvaters auf.

»Was machst du hier?«, fragte Brown.

»Ich möchte dich besuchen. Dafür brauche ich keinen Termin.«

Brown mochte diese Art von Entschlossenheit. Er drängte darauf, dass der Junge noch mehr für die Schule arbeitete, indoktrinierte ihn auf seine Weise, und einmal, als sie auf Browns Veranda in Beech Island saßen, gab er William einen Besen. »Fege das Gras«, sagte er.

William fegte. Eine Stunde. Zwei Stunden. In der heißen Sonne. Drei Stunden. Der Junge war völlig erschöpft, aber das wollte er sich vor dem alten Mann nicht anmerken lassen. Endlich sagte Brown: »Okay, es reicht.«

William war wütend. »Wozu war das jetzt gut?«, schimpfte er.

»Wenn du die Schule nicht beendest, ist das die Art Job, die du haben wirst«, sagte Brown.

Der Junge hörte auf ihn und war gut in der Schule, und als er seinen Abschluss an der University of West Georgia vor Augen hatte und anfing, über seine Zukunft nachzudenken, beschloss er zu tun, was sein Großvater tat.

Er beschloss, seinem Traum zu folgen.

Sein Traum war, ein professioneller Golfer zu werden. Er kaufte sich einen Schläger. Und noch einen. Ein ganzes Set.

Dann besorgte er sich einen Job in einem Golfladen und brachte alles über Golffanatiker in Erfahrung, über Golftrainer und schließlich auch Profis. Er las Bücher und studierte das Spiel. Er übte auf öffentlichen Golfplätzen – Privatclubs gab es für ihn nicht, dazu fehlte ihm das Geld. Während der nächsten acht Jahre entwickelte sich sein Spiel, und 2014 hatte er sich an den Rand der PGA, der Professional Golfers' Association, herangearbeitet, obwohl er es in der Highschool nicht mal in die Schulmannschaft geschafft, sondern Trompete gespielt hatte. Seine Lehrer dachten, William würde einmal Musiker werden, oder Anwalt, dabei hatte er damals schon für sich entschieden, nicht der nächste James Brown sein zu wollen. Er mochte seine Trompete, Golf aber liebte er. Er liebte es, draußen zu sein, liebte die Luft, den weiten Raum und den Wettbewerb. Heute ist dieser Junge, der es nicht mal in die Golfmannschaft seiner Schule geschafft hat, einer der vielversprechendsten jungen Golfer des Südens.

Es war ein schwieriger Weg. Golfer brauchen professionelle Trainer, private Plätze und Übungszeiten mit Tutoren. Was natürlich alles Geld kostet, von dem der sich mühende Sportler nur sehr wenig hat. Jeder Cent, den er mit seinen verschiedenen Jobs verdient, mit Rasenmähen und dem Verkaufen von Golfausrüstung, geht ins Training. William wird alt für das Spiel, und er weiß es. Aber nicht zu alt. Noch nicht. Ein Jurastudium, vielleicht eine Promotion, das kommt später, das ist die Zukunft. Das weiß er auch. Warum? Weil er ein Brown ist. Er weiß, dass Bildung alles ist. Im Moment liebt er seinen Traum.

Er hält den Schläger zur Seite und betrachtet den Schlag, den er gerade gemacht hat. »Golf ist ein ehrliches Spiel«, sagt er. »Entweder beherrschst du es oder nicht. Der Ball rollt dahin, wohin du ihn schlägst. Mit Zauberei hat das nichts zu tun. Es ist harte Arbeit. So geht das Spiel. So hat mein Großvater es mir beigebracht.«

Er tut die Dinge, die auch Brown getan hätte. Als Nafloyd Scott 2015 im Alter von achtzig Jahren starb und Scotts Familie nicht das Geld für seine Beerdigung hatte, war William Brown einer von denen, die vortraten und sich an den Kosten beteiligten. Er redet so, wie Brown es sich für sich selbst gewünscht hätte. »Du beherrschst die Sprache«, sagte Brown, und William sieht so aus, wie wahrscheinlich auch Brown gern ausgesehen hätte: groß, cool, mandelbraun. Er ist ein auffallend attraktiver junger Mann, und er spielt das Spiel, so wie Brown es gespielt hätte. Fair und hart. Er könnte, wenn er wollte, hinüber zu dem so gut geschlagenen Ball gehen und ihn einlochen. Drei Meter, das macht er mit geschlossenen Augen. Beim Putten kann er sich meist mit den Großen messen. Aber er ist hier, um seine Distanzschläge zu verbessern. Die anderen Golfer hier sind fast alle Amateure, die mit ihren Schlägen gut aussehen wollen. William ist zum Arbeiten hier.

Er legt einen weiteren Ball aufs Tee. Der Wind frischt kurzzeitig auf. William wartet, bis er sich wieder legt. Holt aus und trifft den Ball mit einem mächtigen Schlag.

Der Ball fliegt hoch hinauf, höher noch als der erste, und und während du ihm mit dem Blick hinauf in den Himmel Georgias folgst, siehst du Browns Traum wieder ... Da ist er ...

Epilog

Schwester Lee

Im Jahr 1955 gründeten meine Eltern eine kleine Kirche, die New Brown Memorial Baptist Church. Sie liegt in Brooklyn, in der Clinton Street 609, im Red-Hook-Wohnbauprojekt, wo ich geboren wurde. In dieser Kirche habe ich zum ersten Mal eine Orgel gehört, und die Frau, die darauf spielte, war Schwester Helen Lee.

Als ich Mrs Lee spielen hörte, sah ich auch zum ersten Mal, wie jemand seine Musik vom Blatt las. Ich kann damals nicht älter als sieben oder acht gewesen sein. Die Noten so vom Blatt zu lesen kam mir äußerst beeindruckend vor. Und mehr noch, wenn jemand in der Kirche aufstand, um Zeugnis abzulegen, zu erzählen, was der Herrgott für ihn oder sie getan hatte, und zu singen begann, schloss Schwester Lee ihre Noten und spielte einfach so mit. Sie ging mit der Orgel um, als wäre es ein Raumschiff. Sie zog die Register, drückte Knöpfe und arbeitete mit den Pedalen. Sie änderte den Klang und swingte wie verrückt. Jede Viertelnote swingte, während ihre Füße über die Pedale tanzten und die Hände über die Tasten flogen.

1991 habe ich in der Kirche geheiratet. Ich habe noch ein Foto von Schwester Lee, wie sie an dem Tag lächelnd in der Sakristei sitzt. Sie war eine großartige Musikerin und allen in der Kirche, auch meiner Mutter, eine Freundin. Sie war bestimmt, schwatzte nicht einfach so herum und sagte offen, was sie empfand. Die Sängerinnen und Sänger in ihrem Kinderchor hielten sie für streng. Weil sie es war. Sie wollte, dass sie rechtzeitig da waren. Vorbereitet. Entschuldigungen akzeptierte sie nicht. Sie kam zu jeder Messe, spielbereit, und erwartete, dass sie ihr darin folgten. Zu einem der Kinder sagte sie einmal: »Wenn ihr mir nicht alle wichtig wärt, würde ich nichts sagen.« Sie liebten sie.

Schwester Lee war ein absoluter Profi und über mehr als fünfzig Jahre die Organistin der New Brown, kam immer rechtzeitig, ob bei Regen, Schnee oder Hagel, und begleitete unzählige Beerdigungen und Messen. 2009 erkrankte sie, kam jedoch immer noch sonntags zur Messe. Alle boten Schwester Lee an, sie mitzunehmen, ob nun zur Kirche oder anderswohin. Im selben Jahr starb der alte Pfarrer und wurde kurzzeitig durch einen Burschen ersetzt, der beschloss, dass er in seiner Kirche keine alte Organistin brauchte. Er wollte die neue Gospelmusik, die so klingt wie alles andere, was man gerade gehört hat. Er spielte CDs in der Messe und verkaufte sogar welche aus dem Kofferraum seines Autos. Ich hörte, dass er Schwester Lee und ihre mächtige Orgel in eine Ecke hinter der Kanzel verbannt hatte.

Sie kam ins Krankenhaus, wo ich sie im Sommer 2011 besuchte. Es ging ihr gar nicht gut, und es war das erste Mal in meinem Leben, nach fünfzig Jahren, die ich sie kannte, dass ich Schwester Helen Lee ohne ihre Perücke sah. Das ist eine ziemliche Geschichte für ältere schwarze Frauen ihrer Generation, ohne ihre Perücke gesehen zu werden, fast so, als sähe man sie ohne ihre Kleider. James Brown war genauso. Er saß drei Stunden unter seiner Trockenhaube, bevor er sich irgendwem außerhalb seines Kreises zeigte. Aber Schwester Lee freute sich, mich zu sehen. Ich brachte ihr ein Stück Schokoladenkuchen mit. »Ich weiß, dass Sie so was eigentlich nicht essen sollten«, sagte ich.

»Hol mir eine Gabel«, antwortete sie.

Wir lachten und aßen den Kuchen, und ich begann ein Gespräch über Musik. Sie sprach über verschiedene Lieder und wie man an sie heranging und erzählte, wie es war, in Fonde, Kentucky, aufzuwachsen, nicht weit von der Grenze nach Tennessee. Ihre Eltern zahlten einer Nachbarin fünfundzwanzig Cent, um sie zu unterrichten, und ihre Lehrerin erklärte ihr die Viertelnoten – wie wichtig sie sind und wie man mit ihnen swingt. Sie erklärte ihr den Einsatz von Oktavtriolen ganz oben auf der Tastatur, um mehr Dramatik zu erzielen, und wie man der Musik mit den tieferen Tönen Rhythmus gibt, gab es in ihrer Kindheit in der Kirche doch kein Schlagzeug. Die Gemeinde klatschte und trat mit den Füßen auf den Boden, und die linke Hand der Pianistin fügte Rhythmus und Bass hinzu. Ich hatte mit Schwester Lee noch nie über Musik gesprochen, war in dem Moment aber klug genug, zu begreifen, dass sie mir etwas Besonderes mitgab. Bis heute habe ich kaum mehr jemanden wie sie spielen gehört. Mit Ausnahme einiger jüngerer Könner wie dem verstorbenen Moses Hogan aus New Orleans, Joseph Joubert und Shelton Becton aus New York oder Fred Nelson III. aus Chicago, der heute für Aretha Franklin dirigiert, kenne ich persönlich nicht viele Pianisten, die so spielen können, wobei ich sicher bin, dass es einige gibt. Aber eine Menge amerikanische Kirchenmusik ist mittlerweile wie die in Broadway-Shows, ein Cowboyhut ohne Cowboy, mit viel Licht und Lärm, das Schlagzeug dirigiert alles von Anfang bis Ende, und mächtige Chöre singen Texte, die keiner versteht. Lauter Schall und Rauch. Der alte Gospel-Swing von Musikern wie Schwester Lee, die, wenn sie der Geist erfasste, die Augen schloss, den Kopf in den Nacken warf und jene alten Lieder mit Kraft zum Himmel hob, er verschwindet.

Kurz nach meinem Besuch starb Schwester Lee, am 11. August 2011.

New Brown zerfiel. Es war eine schwere Zeit, doch Gott sei Dank erholte sich die Gemeinde wieder, warf den neuen Geistlichen hinaus und bekam einen guten, starken, intelligenten Pfarrer, den alle lieben. Langsam wurde die Kirche wieder zu dem, was sie einmal gewesen war.

Im Gedenken an Schwester Lee habe ich ein Musikprogramm für Kinder aus den umliegenden Wohnprojekten gegründet. Seit drei Jahren jetzt treffen wir uns jeden Donnerstagabend, und die Kids sind zwischen acht und vierzehn Jahre alt. Zu Anfang waren wir fünfzehn und trommelten auf Plastikeimern. Ich unterrichte Klavier und Musikgeschichte und habe einen zweiten Lehrer gefunden, der wie ich auf dem Oberlin College in Ohio war.

Für den musikgeschichtlichen Teil unseres Kurses habe ich fünfundzwanzig Künstler auf mein iPad heruntergeladen. Das Ganze ist so konfiguriert, dass man nur eine Nummer drücken muss, und der Künstler beginnt. Zum Beispiel hat Maria Callas die Nummer drei, Ennio Morricone die sieben, John Coltrane ist die vier, John Lee Hooker die neun, und natürlich ist auch James Brown vertreten. Er ist Nummer vierzehn auf meiner Liste.

Es ist schwer und vertrackt, den Kindern nach der Schule noch etwas beibringen zu wollen, wenn sie hungrig und müde sind, und verlangt einiges: engagierte Eltern, Geduld und dass die Kinder zu Hause ein Klavier zum Üben haben. Die Sache verursacht einiges an Kopfschmerzen, und mitunter auch Kummer. Ich habe eine Schülerin, ein hübsches, elfjähriges afroamerikanisches Mädchen, das in den letzten fünf Jahren beide Eltern verloren hat. Vor zwei Monaten habe ich auf der Beerdigung ihres Vaters gespielt. Vincent Joyner war ein wundervoller Mann. Als ich mein Programm vor drei Jahren anfing, war er der *einzige* Vater, der sich beteiligte, und zwei Wochen nach seinem Tod starb auch Mrs Vivian Miles, die mir bei der Gründung geholfen hatte, die oft einzelne Kinder abholte, zur Kirche brachte und sie manchmal bei sich übernachten ließ. Beide waren ganz besondere Menschen und ihr Tod ein schwerer Verlust.

Manchmal überwältigt mich das alles, und der Unterricht fühlt sich wie eine Schreiübung an. Die immer gleichen Probleme, die Kosten, das ständige Einfordern von Disziplin, was Geduld erfordert, mühsames Üben, es kann für die Kinder wie für mich frustrierend sein in einer Welt, in der sich innerhalb von Sekunden auf einem Zwanzig-Dollar-Handy ein wahrer 3-D-Zauber heraufbeschwören lässt. Ich zwinge sie, der Musik *zuzuhören*. Ich zeige ihnen, wie sehr ich sie liebe, und hoffe, dass es auf sie abfärbt. Manchmal jedoch ermüden mich die Tonleitern und Harmonien so sehr, dass ich die Klaviere ausschalte, das Licht herunterdrehe, Kekse verteile und ein Musikgeschichts-Quiz veranstalte. Ich hole mein iPad hervor und verkünde: »Der Gewinner bekommt drei Dollar«, und die Kids verstummen und rufen: »Los!« Sie wollen das Geld gewinnen, und ich fange an.

Ich drücke die drei (Maria Callas), und alles fängt an zu schreien. Es ist eine wilde Raterei.

»Rosetta Tharpe!«

»Celia Cruz!«

»Nein, nein, nein...«, sage ich. »Hört auf zu raten. Ihr liegt weit daneben.«

Ich spiele den nächsten Song. Nummer neun (John Lee Hooker).

»B.B. King!«

»Rubén Blades!«

»Willie Colón!«

»Nein, nein, nein«, sage ich. »Vergesst es. Es ist schrecklich mit euch.«

Aber wenn ich die Nummer vierzehn drücke, gibt es keine Raterei. Alle Hände schießen in die Höhe. Die Gesichter leuchten. Sie hören ihn singen, sie hören ihn schreien. Hören den Groove, die Präzision, und ich sage mir: Sie vergessen ihn nicht. Er wird dafür sorgen, dass sie ihn nicht vergessen. Aus der Tiefe der Geschichte singt er für sie, und er tut es so, dass sie wissen, wer er ist. Vanessa weiß es, und Cecil. Maddy. Laura. Helen. Und sogar die kleine Ni Ni und die Zwillinge Malcolm und Malik. Und da sie wissen, wer er ist, werden sie eines Tages vielleicht auch wissen, wer sie sind.

Und in dem Moment, genau in dem Moment, da sie seinen Namen rufen, ist alles richtig in dieser Welt.

»James Brown!«

Dank

Dieses Buch hätte nicht ohne die Hilfe vieler Menschen geschrieben werden können, und ich möchte ihnen allen danken. Nur erinnere ich mich nicht an alle. Hier sind die, die mir im Gedächtnis geblieben sind.

Ich denke an Armsted Christian, einen Engel auf Erden, dessen Freundschaft und Zuspruch alle inspiriert haben, die ihn kannten. Und natürlich danke ich meinem Rechercheteam, besonders Faith Briggs, deren Fähigkeiten und Schweiß sich überall auf diesen Seiten wiederfinden und von der die Kapitelzusammenfassungen stammen. Dank auch an Georgette Baker und Margaret Saunders für ihre soliden Berichte und an Monica Burton für ihr stundenlanges Transkribieren.

Die Musiker: Dank besonders an Alfred »Pee Wee« Ellis und Fred Wesley, die mehr James-Brown-Sound schufen als sonst zwei Musiker auf dieser Welt. Dank auch ihren beiden Ehefrauen, Charlotte Crofton-Sleigh und Gwendlyn Wesley.

Dank an William Forlando Brown, der mich als Erster einlud, und an seinen Dad Terry Brown und Dahlia Brown, die gemeinsam eine so würdevolle wie couragierte Familie sind. Dank an Sue und Henry Summer für ihren unermüdlichen Kampf für bedürftige Kinder in South Carolina. Tiefsten Dank auch an Mrs Velma Warren Brown und Mrs Emma Austin, deren Gebete und Freundschaft mein Leben bereichert haben und die ich nie vergessen werde.

Dank an meine Schwester Helen McBride Richter und meinen Schwager Dr. Gary Richter für all ihre liebevolle Gastfreundschaft. Ein respektvolles Nicken und Dank auch an David und Maggie Cannon sowie Buddy und Denise Dallas für ihren Mut und ihre Entschlossenheit, das zu vollenden, worum James Brown sie gebeten hat.

Und besonderen Dank an Mr Charles Bobbit und seine herzlich erinnerte Frau Ruth Bobbit für ihre Einsichten und ihre Herzensgüte.

Ich danke dem United House of Prayer in Augusta, James und David Neal aus Toccoa, Georgia, Joya Wesley aus Greensboro, North Carolina, und Andrew White aus Atlanta.

Ein besonders dankbares Nicken hin zu Reverend Al Sharpton für seine Einsichten zu James Brown.

Dank an Carol L. Waggoner-Angleton, Assistentin für Spezialsammlungen der Reese Library in Augusta, an Christine Miller-Betts, Geschäftsführerin des Lucy Craft Laney Museum of Black History, und Michelle R. Austin, Leiterin der Toccoa-Stephens County Public Library. Dank auch an George Wingard und das Savannah River Archaeological Program.

Tiefer Dank an Charles Reid vom C.A. Reid Sr. Memorial Funeral Home in Augusta sowie an seinen verstorbenen Vater Charles A. Reid sr.

Dank an Tony Wilson, den unvergleichlichen James-Brown-Imitator, und den Gutachter Tom Wells. Ebenfalls tiefer Dank an Joe Thomas, die ganze Familie Thomas sowie besonderen Dank an Ruth »Mutt« Tobin und die Mitglieder der St. Peter Church in Elko, South Carolina.

Und auch an andere Mitglieder von Browns Band und aus seiner »Musikfamilie«. Ich weite meinen Dank aus und schließe John »Jabo« Starks mit ein, Manager Kathie Williams, Clyde Stubblefield, Nafloyd Scott und den hochtalentierten Sweet Charles Sherrell und seine gesamte holländische Familie.

Dank auch an Greta Reid, Alan Leeds, Brenda Kelly und den Violinisten/Musikdirektor Richard Jones aus Philadelphia, der, zusammen mit Sylvia Medford, Marlon Jones und Vivien Pitts, James Browns erste Streichergruppe bildete. Dank an die Pianistin und musikalische Vorreiterin Geneva Woode aus Cincinnati, Ohio, die ihre lange und beeindruckende musikalische Karriere als Studio-Backup-Sängerin begann, als sie noch zur Highschool ging.

Weiterer Dank an Mrs Iola Brooker und Perry Lee Wallace von Brooker's Restaurant in Barnwell, South Carolina, ich bin dankbar für ihre Gastfreundschaft und Liebenswürdigkeit.

Großer Dank an CR Gaines, Shelleree Gaines, Desai Ewbanks und Duane Ewbanks, allesamt aus Barnwell.

Tief dankbar bin ich den ehemaligen Sidemen und Trompetern Joe Davis und Joe Dupars sowie dem Pianisten George Caldwell, dem Saxofonisten Patience Higgins, den Schlagzeugern Damon Due White und Dwayne Broadnax sowie Bill Singer, mit dem ich mir zwanzig Jahre lang eine New Yorker Wohnung geteilt habe und der ein unvergleichlicher Saxofon-Reparateur ist, danke für eure Gedanken zu James Brown und die Musik im Allgemeinen.

Tiefsten Dank auch an Howard L. Burchette von der Burchette Media Group für seine unbezahlbaren Radiointerviews mit Mitgliedern der Welt James Browns.

Dank an Jay Bender von der South Carolina Press Association und besonderen Dank an meine Kollegen von der Abteilung für Journalismus der New York University, Charles Seife und Pam Newkirk, deren Einsichten in die investigative Arbeit mir durch etliche schwere Momente bei Protokollierung dieser Arbeit geholfen haben. Und ich weite meinen Dank erneut aus, an meine Freunde vom Oberlin College, an Chesley Maddox-Dorsey, den Bassisten und Komponisten Leon Lee Dorsey und David Stull, den früheren Dekan des Oberlin Conservatory, der den Ball tatsächlich erst ins Rollen brachte.

Dank an die Mitglieder und Crew meiner Band: Trevor Exter, Keith Robinson, Showtyme Brooks, Adam Faulk, Jonathan Duckett, Henry Jordan und Henry Tindal. Ihr habt die Musik lebendig gehalten.

Und schließlich Dank an meinen inneren Kreis, an die, die mich am besten kennen, meinen Agenten Flip Brophy, der sich seit Jahrzehnten um mich kümmert und mich in der Spur hält, an meine Lektorin Cindy Spiegel, deren Arbeit an *Die Farbe von Wasser* meine Schriftstellerkarriere in Gang setzte und deren Freundschaft und geistige Großzügigkeit ich mein Leben lang nicht vergessen werde. Dank an die New Brown Memorial Baptist Church für ihre Gebete und Liebe, Dank an meine Geschwister dafür, dass sie immer da sind, und endlich auch an Azure, Jordan und Nash McBride sowie meine Nichte Kawren Scott Logan, weil sie einen sehr beschäftigten Vater und Onkel zu ertragen hatten, der sie trotz allem mehr als alles liebt.

The greatest gift of all is love, and love is free.
Armsted R. Christian (20. Mai 1951 – 4. Januar 2016), eine immerwährende Stimme der Liebe

James McBride
Lambertville, New Jersey